JN001017

みんなの日本語

初級I 第2版

Minna no Nihongo

මූලික ජපන් භාෂාව I
පරිවර්තනය සහ ව්‍යාකරණ විස්තරය: සිංහලෙන්

翻訳・文法解説
シンハラ語版

スリーエーネットワーク

© 2021 by 3A Corporation

Published by 3A Corporation.
Trusty Kojimachi Bldg., 2F, 4, Kojimachi 3-Chome, Chiyoda-ku, Tokyo 102-0083, Japan

ISBN978-4-88319-849-8 C0081

First published 2021
Printed in Japan

පෙරවදන

"සැමට ජපන් භාෂා ප්‍රවේශය" නමැති මෙම ග්‍රන්ථය එහි පරිසමාප්ත අර්ථයෙන්ම ප්‍රථම වරට ජපන් භාෂාව හදාරන සැමට වඩාත් සරලව සැහැල්ලුවෙන් ඉගෙනීමට හැකි වනු පිණිස මෙන්ම, ඉතා කැමැත්තෙන් සහ උනන්දුවෙන් ඉගැන්විය හැකි වනු පිණිස වසර තුනකට අධික කාලයක් පුරා සැලසුම් කොට සංස්කරණය කර ඇති පාඨ ග්‍රන්ථයක් වන අතර, "නව්‍ය ජපන් භාෂාවේ පදනම" නමැති ග්‍රන්ථයේ විකාශනයක් වශයෙන් සැලකිය හැකි සියලු පහසුකම් සහිත පාඨ ග්‍රන්ථයක් වේ.

ඔබ දන්නා පරිදි, "නව්‍ය ජපන් භාෂාවේ පදනම" නමැති ග්‍රන්ථය තාක්ෂණික පුහුණුව ලබන්නන් සඳහා සකසා ඇති පාඨ ග්‍රන්ථයක් වුවද, මූලික මට්ටමේ ජපන් භාෂාව ඉගැන්වීමේ මෙවලමක් වශයෙන් එම ග්‍රන්ථයේ අන්තර්ගතය ප්‍රාමාණිකව සැලසුම් කොට ඇති බැවින් මෙන්ම, කෙටි කාල වකවානුවක් තුළ ජපන් භාෂා සන්නිවේදන හැකියාව වර්ධනය කරගැනීමට බලාපොරොත්තුවෙන් සිටින සිසුන් සඳහා ඉතා ඉහළ කාර්යක්ෂමතාවකින් යුතුව ජපන් භාෂාව ග්‍රහණය කරගැනීමට අවස්ථාව සලසා දෙන බැවින් ද, අද දක්වාම ජපානය තුළ මෙන්ම විදේශ රටවල ද, ඉතා පුළුල් ආකාරයෙන් පරිශීලනය කරනු දක්නට ලැබේ.

ජපන් භාෂා අධ්‍යයනය ඉතා ශීඝ්‍රයෙන් විවිධත්වයට පත්වෙමින් පවතී. ජාත්‍යන්තර සම්බන්ධතා වර්ධනයත් සමඟ විවිධ රටවල ජනතාව අතර අන්තර් පුද්ගල සන්නිවේදනය වඩාත් තීව්‍රවෙමින් පවතින අතරතුර, විවිධ පසුබිම් සහ අරමුණු සහිත විදේශකයින් ජපානයේ ප්‍රාදේශීය වශයෙන් විවිධ සමාජතලයන් හි පිළිගැනීමට ලක්ව තිබේ. මෙවැනි විදේශකයින්ගේ සංඛ්‍යාව ඉහළ යාමත් සමඟ ජපන් භාෂා අධ්‍යයනය වටා දිවෙන සමාජ පසුබිම වෙනස් වීම තුළින්, ජපන් භාෂා අධ්‍යාපනය ලබාදෙන එක් එක් ආයතන කෙරෙහි විශාල බලපෑමක් ඇතිව තිබේ. එබැවින් සිසුන්ගේ ඉගෙනුම් අවශ්‍යතා සම්බන්ධයෙන් සිදුව ඇති විවිධත්වයට උචිත වන පරිදි අවශ්‍ය පියවර ගත යුතුව ඇත.

ඒ අනුව, 3 ඒ. නෙට්වර්ක් සමාගම විසින් ජපානයේදී මෙන්ම වෙනත් විදෙස් රටවල්වලදී ද දීර්ඝ කාලයක් පුරා ජපන් භාෂා අධ්‍යාපනයෙහි නියැළුණු බොහෝ දෙනෙකුගේ අදහස් සහ යෝජනා මත "සැමට ජපන් භාෂා ප්‍රවේශය" නමැති ග්‍රන්ථය ප්‍රකාශයට පත් කරන ලදී. "නව්‍ය ජපන් භාෂාවේ පදනම" නමැති ග්‍රන්ථයේ අන්තර්ගත ලක්ෂණ, ඉගෙනුම් කරුණු සහ පහසුවෙන් අවබෝධ කරගත හැකි ඉගෙනුම් ක්‍රම ආදිය පදනම් කරගනිමින්, විවිධ පසුබිම් සහිත සිසුන්ට ගැළපෙන පරිදි සංවාදමය අවස්ථා පිළිබඳ විශේෂ සැලකිල්ලක් යොමු කොට වඩාත් පුළුල් භාවිතයකට යෝග්‍ය වන පරිදි "සැමට ජපන් භාෂා ප්‍රවේශය" ග්‍රන්ථය සැලසුම් කර ඇත. එමෙන්ම සංවාදාත්මක අවස්ථාවන් නව්‍යකරණයට ලක් කිරීමෙන් ද, ජපානයේ මෙන්ම වෙනත් විදෙස් රටවල සිසුන්ට කිසිදු ගැටලුවකින් තොරව, ඒ ඒ රටවලට අනන්‍ය වූ ලක්ෂණවලට කිසිදු බලපෑමක් ඇති නොවන පරිදි, ජපන් භාෂා අධ්‍යයනය වඩාත් විනෝදයෙන් කළ හැකි වන පරිදි ග්‍රන්ථයේ අන්තර්ගතය තවදුරටත් වර්ධනය කිරීම සඳහා වඩාත් සූක්ෂ්ම ආකාරයෙන් සැලසුම් සකස් කරන ලදී.

"සැමට ජපන් භාෂා ප්‍රවේශය" නමැති ග්‍රන්ථය, රාජකාරි ස්ථාන, නිවස, පාසල, සමාජය යනාදි ස්ථානවල වඩාත් ඉක්මනින් ජපන් භාෂාවෙන් සන්නිවේදනය කිරීමේ අවශ්‍යතාවක් සහිත විදේශකයින් සඳහාම ය. මෙය ප්‍රාථමික මට්ටමේ ඉගැන්වීම් මෙවලමක් වුවද, විදේශකයින් සහ ජපන් ජාතිකයන් අතර ගනුදෙනු කිරීමේ සංවාදමය අවස්ථාවන්හි, ජපානය පිළිබඳ තොරතුරු, ජපන් ජාතිකයන්ගේ සමාජ ජීවිතය මෙන්ම

දෛනික ජීවිතය හැකි පමණින් පිළිබිඹු කිරීමට උත්සාහ කරනු ලැබ ඇත. මෙම ග්‍රන්ථය ප්‍රධාන වශයෙන්ම සාමාන්‍ය ජනතාව සඳහා වුවත්, විශ්වවිද්‍යාල ප්‍රවේශය සඳහා වන සූදානම් වීමේ පාඨමාලා සඳහා මෙන්ම, වෘත්තීය තාක්ෂණ විද්‍යාලවල සහ විශ්වවිද්‍යාලවල කෙටි කාලීන කඩිනම් පුහුණු පාඨමාලා සඳහා ද, අනිවාර්ය පාඨ ග්‍රන්ථයක් වශයෙන් නිර්දේශ කළ හැකි ග්‍රන්ථයකි.

විවිධ සිසුන්ගේ අවශ්‍යතාවන් මෙන්ම අධ්‍යාපන ආයතනවල විවිධ අවශ්‍යතාවන් සඳහා ද, අවශ්‍ය ඉගෙනීමේ ද්‍රව්‍ය අතිශය උනන්දුවෙන් නිර්මාණය කරමින් පවතින බැවින්, ඉදිරියටත් සියලු දෙනාගේ අනුග්‍රහය ඒ සඳහා බලාපොරොත්තුවෙන් සිටිමු.

මෙම ග්‍රන්ථය සංස්කරණය කරන අතුරතුර එක් එක් ක්ෂේත්‍රවලින් විවිධ අදහස් ඉදිරිපත් කරමින් මෙන්ම ග්‍රන්ථය විවිධ ආයතනවලදී අත්හදා බලමින් විශාල සහයෝගයක් ලබා දුන් සැමට කෘතඥ පූර්වක වෙමු. 3 ඒ. නෙට්වර්ක් සමාගම මඟින් ඉදිරියටත් ජපන් භාෂාව ඉගෙනීම සඳහා වූ ඉගෙනුම් මෙවලම් ප්‍රකාශයට පත් කිරීම මඟින් ලොව පුරා අන්තර්පුද්ගල සබඳතා පුළුල් කරනු පිණිස ඔබ සියලු දෙනාගේ නොමසුරු සහය අපේක්ෂා කරන්නෙමු.

1998 මාර්තු මස,

සීමාසහිත 3 ඒ.නෙට්වර්ක් සමාගම,

විධායක සභාපති ඔගාවා ඉවාඕ.

දෙවෙනි මුද්‍රණයේ පෙරවදන

—"සැමට ජපන් භාෂා ප්‍රවේශය" (දෙවෙනි මුද්‍රණය) ග්‍රන්ථයේ ප්‍රකාශනය සඳහා—

"සැමට ජපන් භාෂා ප්‍රවේශය" නමැති ග්‍රන්ථයේ පළමුවන මුද්‍රණයේ පෙරවදනෙහි සඳහන් වූ පරිදි, තාක්ෂණික පුහුණුව ලබන්නන් සඳහා නිර්මාණය කර ඇති "නව්‍ය ජපන් භාෂාවේ පදනම" නමැති ග්‍රන්ථයේ විකාශනයක් ලෙස සැලකිය හැකි පාඨ ග්‍රන්ථයක් වශයෙන් "සැමට ජපන් භාෂා ප්‍රවේශය" (දෙවෙනි මුද්‍රණය) ප්‍රකාශයට පත් කරන ලදී.

මෙම ග්‍රන්ථයේ පළමුවන ප්‍රකාශනයේ ප්‍රථම මුද්‍රණය, 1988 වසරේ මාර්තු මස ප්‍රකාශයට පත්විය. ජාත්‍යන්තර සම්බන්ධතා වර්ධනයත් සමඟ, ජපන් භාෂා අධ්‍යයනය වටා දිවෙන සමාජ පරිසරය වෙනස් වීමෙන්, ජපන් භාෂාව හදාරන සිසුන්ගේ සංඛ්‍යාව ශීඝ්‍ර ලෙස වර්ධනය විය. ඒ සමඟම ඉගෙනුම් අරමුණු සහ ඉගෙනුම් අවශ්‍යතාවන්ගේ සිදු වූ විවිධත්වය අනුව ඊට උචිත පරිදි පියවර ගන්නා ලදී. ජපානයේදී මෙන්ම විදේශ රටවලදී ද ජපන් භාෂා අධ්‍යයනයෙහි නිරත වී සිටි සැමගේ අදහස් සහ යෝජනා මත "සැමට ජපන් භාෂා ප්‍රවේශය" නමැති ග්‍රන්ථය 3 ඒ. නෙට්වර්ක් සමාගම විසින් ප්‍රකාශයට පත් කරන ලදී.

පහසුවෙන් අවබෝධ කරගත හැකි ඉගෙනුම් කරුණු සහ ඉගෙනීමේ ක්‍රම, විවිධ පසුබිම් සහිත සිසුන්ට ගැළපෙන පරිදි වඩාත් පුළුල්ව භාවිත කළ හැකි වන අයුරින්, ඉගැන්වීමේ මෙවලමක් වශයෙන් ග්‍රන්ථයේ අන්තර්ගතය ප්‍රාමාණිකව සැලසුම් කොට ඇත. ඒ අනුව කෙටි කාල වකවානුවක් තුළ ජපන් භාෂා සන්නිවේදන හැකියාව වර්ධනය කරගැනීමට බලාපොරොත්තුවෙන් සිටින සිසුන්ට ඉතා ඉහළ කාර්යක්ෂමතාවකින් ඉගෙනීමට අවස්ථාව සලසා දෙන බැවින් "සැමට ජපන් භාෂා ප්‍රවේශය" නමැති ග්‍රන්ථය අගය කළ හැකි ය. එබැවින්, වසර 10කට වඩා වැඩි කාලයක් පුරා මෙම ග්‍රන්ථය භාවිත කරනු ලැබ ඇත. නමුත් "භාෂාව" කාලයත් සමඟ විකාශනය වේ. එම කාලයත් සමඟ ලෝකය ද ජපානය ද දැඩි පෙරළියට ලක්ව තිබෙන අතර, විශේෂයෙන්ම මෙම වසර කිහිපය තුළ ජපන් භාෂාව සහ එය හදාරන සිසුන්ගේ පසුබිම විශාල ලෙස වෙනස් වී ඇත.

මෙම තත්ත්වය පදනම් කරගෙන මෙවර අප සමාගම විසින් විදේශකයින් ජපන් භාෂා අධ්‍යාපනය කෙරෙහි වඩ වඩාත් නැඹුරු කරගැනීම සඳහා ප්‍රකාශන සහ පුහුණු කිරීමේ වැඩ කටයුතු පිළිබඳ අත්දැකීම්, සිසුන්ගෙන් සහ අධ්‍යාපන ආයතනවලින් ලැබුණු අදහස් සහ ප්‍රශ්න සියල්ලන්ටම ප්‍රයෝජනවත් වන පරිදි "සැමට ජපන් භාෂා ප්‍රවේශය I, II" නමැති ග්‍රන්ථවල ඇතැම් කොටස් සංශෝධනය කරනු ලැබ ඇත.

සන්නිවේදන හැකියාව වර්ධනය කිරීම සහ වෙනස් වීගෙන යන කාලයත් සමඟ වර්තමානයට නුසුදුසු වචන සහ සංවාදමය අවස්ථා වෙනස් කිරීම මෙම සංශෝධනයේ අරමුණ වශයෙන් සඳහන් කළ හැකි ය. එමෙන්ම සිසුන් සහ අධ්‍යාපන ආයතන විසින් ඉදිරිපත් කරන ලද අදහස් කෙරෙහි අවධානය යොමු කරමින්, 'පහසුවෙන් ඉගෙනගත හැකි, පහසුවෙන් ඉගැන්විය හැකි' යන ප්‍රතිපත්තිය මත පදනම්ව අභ්‍යාස සහ ප්‍රශ්න වැඩි ප්‍රමාණයක් ඇතුළත් කරන ලදී. එහි අරමුණ වන්නේ, හුදෙක් උපදෙස් අනුව යාන්ත්‍රිකව පුහුණු නොවී, තමාගේ දැනුම මට්ටම තමන්ම වටහාගෙන, තම අදහස් ප්‍රකාශ කිරීමේ හැකියාව වර්ධනය කිරීම ය. ඒ සඳහා චිත්‍ර බොහොමයක් භාවිත කරන ලදී.

මෙම ග්‍රන්ථය සංස්කරණය කරන අතුරතුර එක් එක් ක්ෂේත්‍රවලින් අදහස් ලබාදෙමින්, අධ්‍යාපන ආයතන

තුළ එම ග්‍රන්ථය අත්හදා බලමින් විශාල සහයක් ලබාදුන් සැමට කෘතඥ පූර්වක වෙමු. ඉදිරියටත් අප සමාගම ජපන් භාෂාව ඉගෙනීම සඳහා වූ ඉගෙනුම් මෙවලම් ප්‍රකාශයට පත් කිරීම මඟින් පුද්ගල සබඳතා වඩාත් ශක්තිමත් කරනු පිණිස ඔබ සියලු දෙනාගේ නොමසුරු සහයෝගය අපේක්ෂා කරන්නෙමු.

2012 ජූනි මස,

සීමාසහිත 3 ඒ.නෙට්වර්ක් සමාගම,

විධායක සභාපති කොබයාෂි තකුජි.

මෙම ග්‍රන්ථය පරිශීලනය කරනු ලබන පාඨකයන් වෙත

I. ආකෘතිය

"සැමට ජපන් භාෂා ප්‍රවේශය I" ග්‍රන්ථයේ දෙවැනි මුද්‍රණය, "පෙළ පොත" (සී.ඩී. තැටි සහිත) සහ "පරිවර්තනය සහ ව්‍යාකරණ විස්තරය" යන කොටස්වලින් සමන්විත වේ. "පරිවර්තනය සහ ව්‍යාකරණ විස්තරය" සඳහා ඉංග්‍රීසි පරිවර්තිත පිටපත මෙන්ම ඊට අමතරව වෙනත් භාෂා දොළහකින් ද පිටපත් ප්‍රකාශයට පත් කිරීමට නියමිතව ඇත.

මෙම පාඨ ග්‍රන්ථය, ජපන් භාෂාව කතා කිරීම, සවන් දීම, කියවීම සහ ලිවීම යන සිව් ආකාර හතර කුසලතාවන් හැදෑරීම සඳහා සකස් කරනු ලැබ තිබේ. එනමුත්, හිරගනා, කතකනා සහ කංජි යන අක්ෂර කියවීම හා ලිවීමට ඉගැන්වීම, මෙම "පෙළ පොත" හා "පරිවර්තනය සහ ව්‍යාකරණ විස්තරය" නමැති ග්‍රන්ථ ද්විත්වයට අන්තර්ගත කොට නොමැත.

II. අන්තර්ගතය

1. පෙළ පොත

1) ජපන් භාෂාවේ උච්චාරණය

ජපන් භාෂාව උච්චාරණය කිරීමේදී අවධානයට යොමු කළ යුතු කරුණු පිළිබඳව ප්‍රධාන උදාහරණ මඟින් විස්තර කෙරේ.

2) පන්ති කාමරයෙහි භාවිත වන යෙදුම්, එදිනෙදා ආචාර කිරීමේ යෙදුම්, සංවාදමය යෙදුම් සහ සංඛ්‍යා

පන්ති කාමරයෙහි භාවිත වන වචන, එදිනෙදා ජීවිතයේ මූලික ආචාර කිරීමේ ආකාර ආදිය සඳහන් කෙරේ.

3) පාඩම

පළමුවෙනි පාඩමේ සිට විසිපස්වෙනි පාඩම දක්වා ඇතුළත් වේ. එක් එක් පාඩම්වල අන්තර්ගතය පහත සඳහන් පරිදි වෙන් වෙන් වශයෙන් හඳුනාගත හැකි ය.

① වාක්‍ය රටාව

එක් එක් පාඩමෙන් විස්තර කරනු ලබන මූලික වාක්‍ය රටා පිළිබඳව සඳහන් කෙරේ.

② උදාහරණ වගන්ති

මූලික වාක්‍ය රටා සැබෑ ලෙසම භාවිත වන ආකාරය පිළිබඳව කෙටි සංවාදයන් මඟින් ඉදිරිපත් කෙරේ. එමෙන්ම, ක්‍රියා විශේෂණ හෝ සමුච්චයාර්ථයේ නිපාත යනාදි අලුත් වචනවල භාවිතය මෙන්ම මූලික වාක්‍ය රටාවලට අමතරව උගත යුතු කරුණු පිළිබඳව ද සඳහන් කෙරේ.

③ සංවාදය

සංවාදවලදී හමුවන ජපානයෙහි ජීවත් වන විදේශිකයන් විසින් විවිධ කතා තේමාවන් ඉදිරිපත් කරනු ලබයි. එම සංවාද සකස් කරනු ලබන්නේ, එක් එක් පාඩමේ ඉගෙනගත යුතු කරුණුවලට අමතරව, දෛනිකව ආචාර කිරීමේදී භාවිත වන යෙදුම් යනාදි සාම්ප්‍රදායික යෙදුම් යොදාගනිමින් ඉදිරිපත් කරනු ලබන ප්‍රකාශනයන් ද ඇතුළත් කිරීමෙනි.

කාලය ප්‍රමාණවත් නම් "පරිවර්තනය සහ ව්‍යාකරණ විස්තරය" නමැති ග්‍රන්ථයේ සඳහන් වචන භාවිත කිරීමෙන් සංවාදයේ එන කතා වස්තු තව දුරටත් ඉදිරියට විස්තර කිරීම සුදුසු ය.

④ අභ්‍යාසය

අභ්‍යාසය A, B, C යන පියවර 3කින් සකස් කරනු ලබයි. ව්‍යාකරණ ව්‍යුහය පහසුවෙන් වටහාගත හැකි වන පරිදි වඩාත් ආකර්ෂණීය ස්වරූපයකින් අභ්‍යාස A සකසා ඇත. මූලික වාක්‍ය රටා හැසිරවිය හැකි වීම මෙන්ම, වර නැඟෙන රූප සකස් කරන ආකාරය, වාක්‍ය කොටස් එකිනෙකට සම්බන්ධ කිරීමේ ක්‍රමය යනාදි කරුණු පහසුවෙන් ඉගෙනගත හැකි ආකාරයෙන් ඉදිරිපත් කිරීම කෙරෙහි වැඩි අවධානයක් යොමු කොට ඇත.

අභ්‍යාස B හි අරමුණ වන්නේ, විවිධාකාර ක්‍රියාකාරකම් භාවිත කිරීමෙන් මූලික වාක්‍ය රටා මනාව හැසිරවීමට හැකියාව ය. කෙටි ඊතලයක් '➡' මඟින් නිරූපණය කෙරෙන රූපසටහන් ආශ්‍රයෙන් වාක්‍ය නිර්මාණය කරමින් පුහුණු විය යුතු අභ්‍යාස මෙමඟින් දැක්වේ.

අභ්‍යාස C යනු, සන්නිවේදන හැකියාව වර්ධනය කිරීමේ අභ්‍යාස වේ. පෙළ පොතෙහි සඳහන් වූ සංවාදයෙහි ඇති යටින් ඉරි ඇඳි වචන වෙනුවට එක් එක් අවස්ථාවලට අනුව සුදුසු වචන ආදේශ කරමින් සංවාදය ඉදිරිපත් කෙරේ. නමුත් අදාළ වචන ආදේශ කිරීමේ ක්‍රියාකාරකමක් පමණක්ම බවට පත් නොවනු පිණිස හැකි සෑම අවස්ථාවකම ආදේශ කිරීමට යෙදෙන වචන අක්ෂරවලින් නිරූපණය කිරීම වළක්වා ගෙන ඇත. එමඟින් එක් රූප සටහනක් උපයෝගී කරගනිමින් එක් එක් සිසුන් විසින් වෙන වෙනම සංවාදයක් නිර්මාණය කළ හැකි පරිදි පුළුල් නිදහසක් සහිත අභ්‍යාසයක් බවට පත් වී තිබේ.

අභ්‍යාස B සහ අභ්‍යාස C සඳහා ආදර්ශ පිළිතුරු පෙළ පොතෙහි අවසානයේ දැක්වෙන උපග්‍රන්ථයේ අන්තර්ගත වේ.

⑤ අභ්‍යාස ප්‍රශ්න

සවන් දීමේ ප්‍රශ්න, ව්‍යාකරණ ප්‍රශ්න සහ කියවීමේ ප්‍රශ්න යනුවෙන් අභ්‍යාස ප්‍රශ්න වර්ග තුනකට බෙදෙයි. කෙටි ප්‍රශ්නවලට පිළිතුරු සැපයීම සහ කෙටි සංවාදවලට සවන් දී ප්‍රධාන කරුණු ආශ්‍රයෙන් අවබෝධ කරගැනීම වශයෙන් සවන් දීමේ ප්‍රශ්න නැවතත් කොටස් දෙකකට බෙදා දැක්වේ. වචන මාලාව සහ ව්‍යාකරණ කරුණු පිළිබඳ අවබෝධය, ව්‍යාකරණමය ප්‍රශ්න මඟින් පරීක්ෂා කෙරෙයි. මෙතෙක් ඉගෙනගත් වචන මාලාව සහ ව්‍යාකරණ කරුණු භාවිතයෙන් සරල ඡේදයක් කියවා ඊට අදාළ අභ්‍යාසයන්හි නියැළීම, මෙම කියවීම සම්බන්ධ ප්‍රශ්නවල අරමුණ වේ.

⑥ සමාලෝචනය

සෑම පාඩම් කිහිපයකටම පසුව ඉගෙනගත් කරුණුවලින් වැදගත්ම කරුණු සම්පිණ්ඩනය කොට දැක්වීම මෙහි අරමුණ වේ.

⑦ ක්‍රියා විශේෂණ, සමුච්චයාර්ථයේ නිපාත සහ සංවාදමය ස්වරූපයේ යෙදුම් පිළිබඳ සාරාංශය

එක් එක් පාඩමේ සඳහන් වූ ක්‍රියා විශේෂණ, සමුච්චයාර්ථයේ නිපාත සහ සංවාදමය ස්වරූපයේ යෙදුම් පිළිබඳ දැනුම ලබාදීම සඳහා උපකාර වන අභ්‍යාස සහ ප්‍රශ්න මෙම පාඨ ග්‍රන්ථයෙහි ඇතුළත් වී ඇත.

4) ක්‍රියා පදයේ රූප

මෙම පාඨ ග්‍රන්ථයෙහි ඉදිරිපත් වූ ක්‍රියාපදවල රූප පිළිබඳ සාරාංශයක් එම ක්‍රියාපදවල රූපවලට පසුව එකතු වන වචන සමඟ සඳහන් වේ.

5) ඉගෙනුම් කරුණු පිළිබඳ පෙළ පොතේ අවසානයේ සඳහන් වන ලැයිස්තුව

මෙම පාඨ ග්‍රන්ථයෙන් ඉදිරිපත් කරන ලද ඉගෙනුම් කරුණු, අභ්‍යාස A කේන්ද්‍ර කරගනිමින් පිළියෙල කොට ඇත. එම නිසා අභ්‍යාස B සහ අභ්‍යාස C අතර ඇති සම්බන්ධතාව වටහාගත හැකි

වන අයුරින් වාක්‍ය රටා, උදාහරණ වගන්ති සකසා ඇත.

6) වචන සූචිය

“පන්ති කාමරයෙහි භාවිත වන යෙදුම්”, “එදිනෙදා ආචාර කිරීමේ යෙදුම් සහ සංවාදමය ස්වරූපයේ යෙදුම්”, එක් එක් පාඩමක අලුත් වචන මාලාව සහ යෙදුම් යනාදි කරුණු පෙළ පොතේ ප්‍රථම වරට සඳහන් වූ පාඩමේ අංකය සමඟ සඳහන් වේ.

7) අමුණා ඇති සී. ඩී. තැටි

එක් එක් පාඩමක සංවාදය, අභ්‍යාස ප්‍රශ්න සඳහා සවන් දිය යුතු කොටස් පටිගත කරන ලද සී.ඩී. තැටි පෙළ පොතට අමුණා ඇත.

2. පරිවර්තනය සහ ව්‍යාකරණ විස්තරය

1) ජපන් භාෂාවේ ලක්ෂණ, ජපන් භාෂාවේ අක්ෂර සහ ජපන් භාෂාවේ උච්චාරණ විලාසය පිළිබඳ විස්තරය

2) පන්ති කාමරයෙහි භාවිත වන යෙදුම්, එදිනෙදා ආචාර කිරීමේ යෙදුම් සහ සංවාදමය ස්වරූපයේ යෙදුම්වල පරිවර්තන

3) පළමුවෙනි පාඩමේ සිට විසිපස්වෙනි පාඩම දක්වා
   ① අලුත් වචන මාලාව සහ එම පරිවර්තනය
   ② වාක්‍ය රටා, උදාහරණ වගන්ති සහ සංවාදවල පරිවර්තන
   ③ එක් එක් පාඩම ඉගෙනීමට ප්‍රයෝජනවත් වන වචන මාලාව සහ ජපානය පිළිබඳ සරල හැඳින්වීම
   ④ වාක්‍ය රටා සහ යෙදුම් පිළිබඳ ව්‍යාකරණ විස්තරය

4) සංඛ්‍යාව, කාලය පිළිබඳ යෙදුම්, කාල වකවානුව දක්වන ආකාරය, ගණක ප්‍රත්‍ය, ක්‍රියා පදයේ වරනැඟීම ආදිය පිළිබඳ සාරාංශය

III. ඉගෙනීමට අවශ්‍ය වන පැය ගණන

සාමාන්‍යයෙන් එක් පාඩමකට පැය 4 - 6ක් වශයෙන් එකතුව පැය 150ක් ඉගෙනීම සඳහා අවශ්‍ය වේ.

IV. වචන මාලාව

දෛනික ජීවිතයෙහි වැඩි වාර ගණනක් භාවිත කරන වචන වලට ප්‍රමුඛත්වය ලබාදී වචන 1,000ක පමණ ප්‍රමාණයක් තෝරාගෙන ඇත.

V. අක්ෂර වින්‍යාසය

ප්‍රතිපත්තියක් වශයෙන් පොදුවේ භාවිත වන කංජි අක්ෂර “දෛනික භාවිතය සඳහා කංජි අක්ෂර වගුව” (1981 වසර කැබිනට් දැනුම්දීම) යනුවෙන් ඉදිරිපත් කරන ලද වගුවට අනුව දක්වා ඇත.

1) “ජුකුජිකුං” (දෙකකට වඩා වැඩි කංජි අක්ෂරවලින් සංයෝග වී විශේෂ ආකාරයෙන් ශබ්ද වන කංජි) අතරින් “ජෝයෝ කංජි හොයෝ” නමැති කංජි අක්ෂර වගුවේ “හුහොයෝ” (උපග්‍රන්ථය) හි ඉදිරිපත් කරන ලද වචන කංජි අක්ෂරවලින් දක්වා ඇත.

   උදා:- 友達(ともだち) මිතුරා　　果物(くだもの) පලතුරු　　眼鏡(めがね) උපැස් යුගල

2) රටවල්වල නම්, ස්ථාන නාම හෝ කලාව, සංස්කෘතිය යනාදි විශේෂ විෂය ක්ෂේත්‍රවල භාවිත වන වචන ලිවීම සඳහා “ජෝයෝ කංජි හොයෝ” නමැති කංජි අක්ෂර වගුවේ නොමැති කංජි අක්ෂර සහ “ඔන්කුන්” (චීන භාෂාවේ ශබ්ද කිරීම් මුල් කරගත් උච්චාරණ විධි සහ ජපන් භාෂාවේ උච්චාරණ

විධි) අක්ෂර ද භාවිත කෙරේ.

උදා:- 大阪（おおさか） ඕසකා 奈良（なら） නරා 歌舞伎（かぶき） කබුකි නාට්‍ය

3) පහසුවෙන් කියවිය හැකි වන පරිදි ඇතැම් වචන ලියන විට කංජි අක්ෂර භාවිත නොකර හිරගනා අක්ෂර භාවිත කෙරේ.

උදා:- ある（有る・在る） හිමිවෙනවා · තියෙනවා たぶん（多分） සමහරවිට

きのう（昨日） ඊයෙ

4) ප්‍රතිපත්තියක් වශයෙන් සංඛ්‍යා දැක්වීම සඳහා අරාබි ඉලක්කම් භාවිත කෙරේ.

උදා:- 9時（じ） වේලාව නවය යි 4月1日（がついたち） අප්‍රේල් මාසෙ පළමුවෙනිදා

1つ（ひと） එකක්

VI. ඊට අමතරව

1) වාක්‍යයක් තුළ ලොප් කළ හැකි වචන අහු වරහන් [ ] මගින් නිරූපණය කරනු ලබයි.

උදා:- 父（ちち）は 54［歳（さい）］です。 තාත්තාට වයස [අවුරුදු] 54 යි.

2) වෙනත් වචන හෝ යෙදුම් ඇතොත් සරල වරහන් ( ) මගින් නිරූපණය කරනු ලබයි.

උදා:- だれ（どなた） කවුද

පෙළ පොතේ සඳහන් ඉගෙනුම් කරුණු ඵලදායී ලෙස භාවිත කරනු ලබන ආකාරය

1. වචන කටපාඩම් කළ යුතු ය.

"හොන්යකු බුන්පෝ කයිසෙත්සු" නම් ග්‍රන්ථයේ එක් එක් පාඩමට අදාළ අලුත් වචන සහ එම පරිවර්තනය ඉදිරිපත් කෙරේ. එසේ ඉදිරිපත් වූ අලුත් වචන යොදා කෙටි වගන්ති සකස් කරමින් කටපාඩම් කිරීම වඩාත් සුදුසු ය.

2. වාක්‍ය රටා පුහුණු විය යුතු ය.

වාක්‍ය රටාවල අර්ථ නිවැරදිව අවබෝධ කරගෙන වාක්‍ය ස්වරූප නිවැරදිව හුරුපුරුදු වන තෙක් ශබ්ද නගා "අභ්‍යාස A", "අභ්‍යාස B" පාඩම් කරන්න.

3. සංවාදය පුහුණු විය යුතු ය.

"අභ්‍යාස C" යනු කෙටි ගනුදෙනු කිරීම් ය. මෙහි අරමුණ වන්නේ, වාක්‍ය රටා පුහුණු වීම පමණකින් සෑහීමකට පත් නොවී, සංවාදයක් පවත්වාගෙන යාමේ හැකියාව පුහුණු වීම ය. දෛනික ජීවිතයෙහි සැබෑ වශයෙන්ම මුහුණ දෙන අවස්ථාවන් මුල් කරගනිමින් සංවාදය සකස් කෙරේ. සී.ඩී. තැටිවලට සවන් දීමෙන් සැබෑ සංවාදයකදී සිදුකරනු ලබන ශාරීරික අංග චලන මනාව සංකලනය කොට ගනිමින් සංවාදයෙහි යෙදීම මඟින්, ස්වභාවිකව ගනුදෙනු කිරීමේ රිද්මය හුරුපුරුදු විය හැකි වේ.

4. උගත් පාඩම් කරුණු තහවුරු කරගත යුතු ය.

එක් එක් පාඩම මැනවින් අවබෝධ කරගැනීම සඳහා "අභ්‍යාස ප්‍රශ්න" ඇත. එමඟින් නිවැරදිව අවබෝධ කරගත් බව තහවුරු කරගත හැකි ය.

5. ස්වභාෂිකයන් සමඟ කරනු ලබන භාෂාමය ගනුදෙනු වලදී තමන් උගත් භාෂා කරුණු සැබෑ ලෙසම භාවිත කළ යුතු ය.

ඉගෙනගත් ජපන් භාෂාව භාවිත කරමින් ජපන් ජාතිකයන් සමඟ සංවාදයෙහි යෙදීම මඟින් ඉතා ඉක්මනින් භාෂා ප්‍රවීණත්වයට පත්විය හැකි ය.

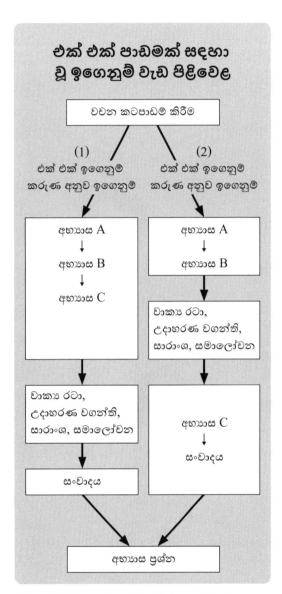

(1) හෝ (2) හි සඳහන් අනුපිළිවෙළින් ඉගෙනුම් කරුණු උගත යුතු ය. ඉගෙනුම් කරුණු පිළිබඳව පෙළ පොතේ අවසානයෙහි සඳහන් වන ලැයිස්තුව බලන්න.

චරිත

මයික් මිලර්

ඇමෙරිකානු ජාතිකයෙකි,

අයි.එම්.සී සමාගමේ සේවකයෙකි

සතෝ කේකෝ

ජපන් ජාතිකයෙකි,

අයි.එම්.සී. සමාගමේ සේවිකාවකි

ජොසෙ සන්තොස්

බ්‍රසීලියානු ජාතිකයෙකි,

බ්‍රසීලියානු ගුවන් සමාගමේ සේවකයෙකි

මරියා සන්තොස්

බ්‍රසීලියානු ජාතිකයෙකි,

ගෘහණියකි

කරිනා

ඉන්දුනීසියානු ජාතිකයෙකි,

ෆුජි විශ්ව විද්‍යාලයේ ශිෂ්‍යාවකි

වන් ෂුඑ

චීන ජාතිකයෙකි,

කෝබෙ රෝහලේ වෛද්‍යවරයෙකි

යමදා ඉචිරෝ

ජපන් ජාතිකයෙකි,

අයි.එම්.සී. සමාගමේ සේවකයෙකි

යමදා තොමොකො

ජපන් ජාතිකයෙකි,

බැංකු සේවිකාවකි

මත්සුමොතො තදාෂි

ජපන් ජාතිකයෙකි,

අයි.එම්.සී සමාගමේ අංශාධිපති

මත්සුමොතො යොෂිකො

ජපන් ජාතිකයෙකි,

ගෘහණියකි

කිමුරා ඉසුමි

ජපන් ජාතිකයෙකි,

නිවේදකයෙකි

ජෝන් වොට්

බ්‍රිතාන්‍ය ජාතිකයෙකි,

සකුරා විශ්ව විද්‍යාලයේ මහාචාර්යවරයෙකි

කාර්ල් ස්මිත්

ජර්මන් ජාතිකයෙකි,

විදුලිබල සමාගමේ ඉංජිනේරුවරයෙකි

ඊ ජින් ජු

කොරියානු ජාතිකයෙකි,

ඒ.කේ.සී ආයතනයේ පර්යේෂිකාවකි

තෙරේසා සන්තොස්

බ්‍රසීලියානු ජාතිකයෙකි, පාසල් සිසුවියකි (අවු:9)

ජොසෙ සන්තොස්ගේ සහ මරියාගේ දියණියකි

යමදා තරෝ

ජපන් ජාතිකයෙක්, පාසල් සිසුවෙකි (අවු:8)

යමදා ඉචිරෝගේ සහ තොමොකොගේ පුතෙකි

ගුප්තා

ඉන්දියානු ජාතිකයෙකි,

අයි.එම්.සී සමාගමේ සේවකයෙකි

තවාපොන්

තායිලන්ත ජාතිකයෙකි,

ජපන් භාෂා පාසලක ශිෂ්‍යයෙකි

※**IMC** (පරිගණක මෘදුකාංග සමාගමක්)

※**AKC** (アジア研究(けんきゅう)センター：ආසියානු පර්යේෂණ ආයතනය)

පටුන

ජපන් භාෂාවේ ලක්ෂණ 2
ජපන් භාෂාවේ අක්ෂර මාලා 2

හැඳින්වීම
I. ජපන් භාෂාවේ ශබ්ද 3
II. පන්ති කාමරයෙහි භාවිත වන කියමන් 7
III. එදිනෙදා ආචාර කිරීම් සඳහා භාවිත වන කියමන් 7

ඉගැන්වීම සඳහා භාවිත වන කියමන් 8
භාවිත වූ සංකේත 9

පළමුවන පාඩම 10

I. වචන මාලාව
II. පරිවර්තනය
වාක්‍ය රටා සහ උදාහරණ වගන්ති
සංවාදය:
ආයුබෝවන්.
III. අදාළ වචන සහ තොරතුරු
රට, ජාතිය සහ භාෂාව
IV. ව්‍යාකරණ විස්තර
1. නාම පද$_1$ は නාම පද$_2$ です
2. නාම පද$_1$ は නාම පද$_2$ じゃ（では） ありません
3. නාම පද$_1$ は නාම පද$_2$ ですか
4. නාම පද も
5. නාම පද$_1$ の නාම පද$_2$
6. ～さん

දෙවන පාඩම 16

I. වචන මාලාව
II. පරිවර්තනය
වාක්‍ය රටා සහ උදාහරණ වගන්ති
සංවාදය:
ඉදිරියේදී ඔබේ සහයෝගය අපේක්ෂා කරනවා.
III. අදාළ වචන සහ තොරතුරු
නම්
IV. ව්‍යාකරණ විස්තර
1. これ／それ／あれ
2. この නාම පද／その නාම පද／あの නාම පද
3. そうです
4. ～か、～か
5. නාම පද$_1$ の නාම පද$_2$
6. නාම පද වෙනුවෙන් යෙදෙන の
7. お～
8. そうですか

තුන්වන පාඩම ⋯⋯⋯⋯⋯⋯⋯⋯⋯⋯ 22

I. වචන මාලාව

II. පරිවර්තනය

වාක්‍ය රටා සහ උදාහරණ වගන්ති

සංවාදය:

මේක දෙන්න.

III. අදාළ වචන සහ තොරතුරු

සුපිරි වෙළඳ සංකීර්ණය

IV. ව්‍යාකරණ විස්තර

1. ここ／そこ／あそこ／こちら／そちら／あちら

2. නාම පද は ස්ථාන です

3. どこ／どちら

4. නාම පද$_1$ の නාම පද$_2$

5. こ／そ／あ／ど (නිදර්ශක පද)

6. お〜

හතරවන පාඩම ⋯⋯⋯⋯⋯⋯⋯⋯⋯⋯ 28

I. වචන මාලාව

II. පරිවර්තනය

වාක්‍ය රටා සහ උදාහරණ වගන්ති

සංවාදය:

ඔය කාර්යාලය කීය වෙනකම් විවෘතයි ද?

III. අදාළ වචන සහ තොරතුරු

දුරකථනය සහ ලියුම

IV. ව්‍යාකරණ විස්තර

1. 今 －時－分です

2. ක්‍රියා පද ます／ක්‍රියා පද ません／ක්‍රියා පද ました／ක්‍රියා පද ませんでした

3. නාම පද (වේලාව) に ක්‍රියා පද

4. නාම පද$_1$ から නාම පද$_2$ まで

5. නාම පද$_1$ と නාම පද$_2$

6. 〜ね

පස්වන පාඩම ⋯⋯⋯⋯⋯⋯⋯⋯⋯⋯ 34

I. වචන මාලාව

II. පරිවර්තනය

වාක්‍ය රටා සහ උදාහරණ වගන්ති

සංවාදය:

මේ කෝච්චිය කෝෂිඔන්වලට යනවා ද?

III. අදාළ වචන සහ තොරතුරු

මහජන නිවාඩු දින

IV. ව්‍යාකරණ විස්තර

1. නාම පද (ස්ථානය) へ 行きます／来ます／帰ります

2. どこ[へ]も 行きません／行きませんでした

3. නාම පද (වාහන) で 行きます／来ます／帰ります

4. නාම පද (කෙනෙක්／සතෙක්) と ක්‍රියා පද

5. いつ

6. 〜よ

7. そうですね

හයවන පාඩම ·· 40

I. වචන මාලාව
II. පරිවර්තනය

වාක්‍ය රටා සහ උදාහරණ වගන්ති

සංවාදය:

මාත් එක්ක යමු ද?

III. අදාළ වචන සහ තොරතුරු

ආහාර

IV. ව්‍යාකරණ විස්තර

1. නාම පද を ක්‍රියා පද (සකර්මක ක්‍රියාව)
2. නාම පද を します
3. 何を しますか
4. なん සහ なに
5. නාම පද (ස්ථානය) で ක්‍රියා පද
6. ක්‍රියා පද ませんか
7. ක්‍රියා පද ましょう
8. 〜か

හත්වන පාඩම ·· 46

I. වචන මාලාව
II. පරිවර්තනය

වාක්‍ය රටා සහ උදාහරණ වගන්ති

සංවාදය:

කරුණාකරලා එන්න.

III. අදාළ වචන සහ තොරතුරු

පවුල

IV. ව්‍යාකරණ විස්තර

1. නාම පද (උපකරණය/උපක්‍රමය) で ක්‍රියා පද
2. "වචන/වාක්‍ය" は 〜語で 何ですか
3. නාම පද₁ (කෙනෙක්) に නාම පද₂ を
   あげます ආදි
4. නාම පද₁ (කෙනෙක්) に නාම පද₂ を
   もらいます ආදි
5. もう ක්‍රියා පද ました
6. නිපාත ලොප් කිරීම

අටවන පාඩම ·· 52

I. වචන මාලාව
II. පරිවර්තනය

වාක්‍ය රටා සහ උදාහරණ වගන්ති

සංවාදය:

දැන් යන්න ඕන.

III. අදාළ වචන සහ තොරතුරු

වර්ණය සහ රසය

IV. ව්‍යාකරණ විස්තර

1. නාම විශේෂණ
2. නාම පද は な- නාම විශේෂණ [な] です
   නාම පද は い- නාම විශේෂණ (〜い) です
3. な- නාම විශේෂණ な නාම පද
   い- නාම විශේෂණ (〜い) නාම පද
4. 〜が、〜
5. とても／あまり
6. නාම පද は どうですか
7. නාම පද₁ は どんな නාම පද₂ ですか
8. そうですね

නවවන පාඩම ··· 58

I. වචන මාලාව

II. පරිවර්තනය

වාකෟ රටා සහ උදාහරණ වගන්ති

සංවාදය:

කතාගාටුයි.

III. අදාළ වචන සහ තොරතුරු

සංගීත, ක්‍රීඩා සහ චිත්‍රපට

IV. වෟාකරණ විස්තර

1. නාම පද が あります／わかります

නාම පද が 好きです／嫌いです／

上手です／下手です

2. どんな නාම පද

3. よく／だいたい／たくさん／少し／あまり／全然

4. 〜から、〜

5. どうして

දහවන පාඩම ··· 64

I. වචන මාලාව

II. පරිවර්තනය

වාකෟ රටා සහ උදාහරණ වගන්ති

සංවාදය:

නම්ජ්ලා තියෙනවා ද?

III. අදාළ වචන සහ තොරතුරු

නිවසේ ඇතුළ

IV. වෟාකරණ විස්තර

1. නාම පද が あります／います

2. ස්ථාන に නාම පද が あります／います

3. නාම පද は ස්ථාන に あります／います

4. නාම පද₁ (දෙයක්／කෙනෙක්／ස්ථානයක්) の නාම පද₂ (නිශ්චිත ස්ථානයක්)

5. නාම පද₁ や නාම පද₂

6. アジアストアですか

එකොළොස්වන පාඩම ··· 70

I. වචන මාලාව

II. පරිවර්තනය

වාකෟ රටා සහ උදාහරණ වගන්ති

සංවාදය: **මේක තැපැල් කරන්න.**

III. අදාළ වචන සහ තොරතුරු

ආහාර ලැයිස්තුව

IV. වෟාකරණ විස්තර

1. සංඛෟාව සහ ප්‍රමාණය පිළිබඳ භාවිතය

2. ප්‍රමාණවාචී සංඛෟා පද යොදන ආකාරය

3. ප්‍රමාණවාචී සංඛෟා ප්‍රතෟ (කාල වකවානුව) に 一回 ක්‍රියා පද

4. ප්‍රමාණවාචී සංඛෟා ප්‍රතෟ だけ／නාම පද だけ

දොළොස්වන පාඩම ··· 76

I. වචන මාලාව

II. පරිවර්තනය

වාකෟ රටා සහ උදාහරණ වගන්ති

සංවාදය:

ගිඅන් උත්සවය කොහොම ද?

III. අදාළ වචන සහ තොරතුරු

උත්සව සහ ප්‍රසිද්ධ ස්ථාන

IV. වෟාකරණ විස්තර

1. නාම පද හෝ な- නාම විශේෂණ ආඛෟාතය වශයෙන් යෙදෙන වාකෟයක, කාලය／නිශ්චිතත්වය／ප්‍රතිශේධනය

2. い- නාම විශේෂණ ආඛෟාතය වශයෙන් යෙදෙන වාකෟයක, කාලය／නිශ්චිතත්වය／ප්‍රතිශේධනය

3. නාම පද₁ は නාම පද₂ より නාම විශේෂණ です

4. නාම පද₁ と නාම පද₂ と どちらが නාම විශේෂණ ですか

……නාම පද₁／නාම පද₂ のほうが නාම විශේෂණ です

5. නාම පද₁[の 中] で 何／どこ／だれ／いつが いちばん නාම විශේෂණ ですか

……නාම පද₂ が いちばん නාම විශේෂණ です

6. නාම විශේෂණ の (නාම පද වෙනුවට යෙදෙන の)

දහතුන්වන පාඩම ⋯⋯⋯⋯⋯⋯⋯⋯⋯⋯⋯⋯⋯⋯⋯⋯⋯⋯ 82

I. වචන මාලාව

II. පරිවර්තනය

වාක්‍ය රටා සහ උදාහරණ වගන්ති

සංවාදය:

අපි වෙන වෙනම ගෙවන්න කැමතියි.

III. අදාළ වචන සහ තොරතුරු

ටවුම

IV. ව්‍යාකරණ විස්තර

1. නාම පද が 欲しいです

2. ක්‍රියා පදයේ ます රූපය たいです

3. නාම පද (ස්ථාන) へ $\left\{\begin{array}{l}\text{ක්‍රියා පදයේ ます රූපය} \\ \text{නාම පද}\end{array}\right\}$ に 行きます／来ます／帰ります

4. どこか／何か

5. ご～

දහහතරවන පාඩම ⋯⋯⋯⋯⋯⋯⋯⋯⋯⋯⋯⋯⋯⋯⋯⋯⋯ 88

I. වචන මාලාව

II. පරිවර්තනය

වාක්‍ය රටා සහ උදාහරණ වගන්ති

සංවාදය:

මාව මිදොරි ටවුමට ගෙනයන්න.

III. අදාළ වචන සහ තොරතුරු

දුම්රිය ස්ථානය

IV. ව්‍යාකරණ විස්තර

1. ක්‍රියා පද වර්ග

2. ක්‍රියා පදයේ て රූපය

3. ක්‍රියා පදයේ て රූපය ください

4. ක්‍රියා පදයේ て රූපය います

5. ක්‍රියා පදයේ ます රූපය ましょうか

6. නාම පද が ක්‍රියා පද

7. すみませんが

පහළොස්වන පාඩම ⋯⋯⋯⋯⋯⋯⋯⋯⋯⋯⋯⋯⋯⋯⋯⋯⋯ 94

I. වචන මාලාව

II. පරිවර්තනය

වාක්‍ය රටා සහ උදාහරණ වගන්ති

සංවාදය:

ඔබගේ පවුලේ තොරතුරු කෙසේ ද?

III. අදාළ වචන සහ තොරතුරු

රැකියා

IV. ව්‍යාකරණ විස්තර

1. ක්‍රියා පදයේ て රූපය も いいですか

2. ක්‍රියා පදයේ て රූපය は いけません

3. ක්‍රියා පදයේ て රූපය います

4. නාම පද に ක්‍රියා පද

5. නාම පද₁ に නාම පද₂ を ක්‍රියා පද

දහසයවන පාඩම ⋯⋯⋯⋯⋯⋯⋯⋯⋯⋯⋯⋯⋯⋯⋯⋯⋯ 100

I. වචන මාලාව

II. පරිවර්තනය

වාක්‍ය රටා සහ උදාහරණ වගන්ති

සංවාදය:

පාවිච්චි කරන්නෙ කොහොම ද කියලා විස්තර කරන්න.

III. අදාළ වචන සහ තොරතුරු

ඒ.ටී.එම්. යන්ත්‍රය භාවිත කිරීමේ ක්‍රමය

IV. ව්‍යාකරණ විස්තර

1. වාක්‍ය දෙකකට වැඩියෙන් එකිනෙකට සම්බන්ධ කරන ආකාරය

2. ක්‍රියා පද₁ て රූප から、 ක්‍රියා පද₂

3. නාම පද₁ は නාම පද₂ が නාම විශේෂණ

4. නාම පද を ක්‍රියා පද

5. どうやって

6. どれ／どの නාම පද

දහහත්වන පාඩම 106

I. වචන මාලාව

II. පරිවර්තනය

වාකය රටා සහ උදාහරණ වගන්ති

සංවාදය:

මොකක් ද වුණේ?

III. අදාළ වචන සහ තොරතුරු

ශරීරය සහ අසනීපය

IV. වයාකරණ විස්තර

1. කියා පදයේ ない රූපය

2. කියා පදයේ ない රූපය ないで ください

3. කියා පදයේ ない රූපය なければ なりません

4. කියා පදයේ ない රූපය なくても いいです

5. කර්ම පද මාතෘකාකරණයට ලක් කිරීම

6. නාම පද (වේලාව) までに කියා පද

දහඅටවන පාඩම 112

I. වචන මාලාව

II. පරිවර්තනය

වාකය රටා සහ උදාහරණ වගන්ති

සංවාදය:

ඔබගේ විනෝදාංශය මොකක් ද?

III. අදාළ වචන සහ තොරතුරු

කියා

IV. වයාකරණ විස්තර

1. කියා පදයේ ශබ්දකෝෂ රූපය

2. නාම පද / කියා පදයේ ශබ්දකෝෂ රූපය こと } が できます

3. わたしの 趣味は
   { නාම පද / කියා පදයේ ශබ්දකෝෂ රූපය こと } です

4. කියා පදයේ$_1$ ශබ්දකෝෂ රූපය / නාම පද の / ප්‍රමාණවාචී සංඛ්‍යා පද (කාල පරාසය) } まえに、කියාපද$_2$

5. なかなか

6. ぜひ

දහනවවන පාඩම 118

I. වචන මාලාව

II. පරිවර්තනය

වාකය රටා සහ උදාහරණ වගන්ති

සංවාදය:

හෙට ඉඳලා කෑම පාලනය කරනවා.

III. අදාළ වචන සහ තොරතුරු

සාම්ප්‍රදායික සංස්කෘතිය සහ විනෝදය

IV. වයාකරණ විස්තර

1. කියා පදයේ た රූපය

2. කියා පදයේ た රූපය ことが あります

3. කියා පද$_1$ た රූප り、කියා පද$_2$ た රූප り します

4. い- නාම විශේෂණ (〜い)→〜く / な- නාම විශේෂණ [な]→〜に / නාම පද に } なります

විසිවන පාඩම 124

I. වචන මාලාව

II. පරිවර්තනය

වාකය රටා සහ උදාහරණ වගන්ති

සංවාදය: **මාත් එක්ක යමු ද?**

III. අදාළ වචන සහ තොරතුරු

අන් අයට ආමන්ත්‍රණය කරනු ලබන ක්‍රමවේදය

IV. වයාකරණ විස්තර

1. ආචාරශීලී විලාසය සහ සාමාන්‍ය විලාසය

2. ආචාරශීලී විලාසය සහ සාමාන්‍ය විලාසය අතර ඇති භාවිතයේ වෙනස්කම්

3. සාමාන්‍ය විලාසයේ සංවාදය

විසිඑක්වන පාඩම ⋯⋯⋯⋯⋯⋯⋯⋯⋯⋯⋯⋯⋯⋯⋯⋯⋯ 130

I. වචන මාලාව

II. පරිවර්තනය

වාක්‍ය රටා සහ උදාහරණ වගන්ති

සංවාදය:

මමත් එහෙම හිතනවා.

III. අදාළ වචන සහ තොරතුරු

තනතුරු, සමාජ තත්ත්වය

IV. ව්‍යාකරණ විස්තර

1. සාමාන්‍ය රූපය と 思^{おも}います

2. "වාක්‍යය"
   සාමාන්‍ය රූපය } と 言^いいます

3. ක්‍රියා පද
   い- නාම විශේෂණ } සාමාන්‍ය රූපය
   な- නාම විශේෂණ } සාමාන්‍ය රූපය
   නාම පද } ～だ } でしょう？

4. නාම පද₁ (ස්ථානය) で නාම පද₂ が あります

5. නාම පද (අවස්ථාව) で

6. නාම පද でも ක්‍රියා පද

7. ක්‍රියා පදයේ ない රූපය ないと……

විසිදෙවන පාඩම ⋯⋯⋯⋯⋯⋯⋯⋯⋯⋯⋯⋯⋯⋯⋯⋯ 136

I. වචන මාලාව

II. පරිවර්තනය

වාක්‍ය රටා සහ උදාහරණ වගන්ති

සංවාදය:

ඔබට අවශ්‍ය මොන වගේ කාමරයක් ද?

III. අදාළ වචන සහ තොරතුරු

ඇඳුම්

IV. ව්‍යාකරණ විස්තර

1. නාම විශේෂණ බණ්ඩය

2. ක්‍රියා පදයේ ශබ්දකෝෂ රූපය 時間^{じかん}／約束^{やくそく}／用事^{ようじ}

3. ක්‍රියා පදයේ ます රූපය ましょうか

විසිතුන්වන පාඩම ⋯⋯⋯⋯⋯⋯⋯⋯⋯⋯⋯⋯⋯⋯⋯ 142

I. වචන මාලාව

II. පරිවර්තනය

වාක්‍ය රටා සහ උදාහරණ වගන්ති

සංවාදය:

යන්නෙ කොහොම ද?

III. අදාළ වචන සහ තොරතුරු

මාර්ග සහ ගමනාගමනය

IV. ව්‍යාකරණ විස්තර

1. ක්‍රියා පදයේ ශබ්දකෝෂ රූපය
   ක්‍රියා පදයේ ない රූපය ない
   い- නාම විශේෂණ (～い)
   な- නාම විශේෂණ な
   නාම පද の } とき、～ (ප්‍රධාන අතුරු වාක්‍යය)

2. ක්‍රියා පදයේ ශබ්දකෝෂ රූපය } とき、～
   ක්‍රියා පදයේ た රූපය (ප්‍රධාන අතුරු වාක්‍යය)

3. ක්‍රියා පදයේ ශබ්දකෝෂ රූපය と、～ (ප්‍රධාන අතුරු වාක්‍යය)

4. නාම පද が නාම විශේෂණ

5. නාම පද を යම් කිසි ගමනක් නිරූපණය කරන ක්‍රියා පද

විසිහතරවන පාඩම 148

I. වචන මාලාව
II. පරිවර්තනය
   වාක්‍ය රටා සහ උදාහරණ වගන්ති
   සංවාදය:
   උදවු කරන්න එන්න ද?
III. අදාළ වචන සහ තොරතුරු
   තෑගි බෝග හුවමාරු කිරීමේ සිරිත්
IV. ව්‍යාකරණ විස්තර
   1. くれます
   2. ක්‍රියා පදයේ て රූපය { あげます / もらいます / くれます }
   3. නාම පද$_1$ は නාම පද$_2$ が ක්‍රියා පද

විසිපස්වන පාඩම 154

I. වචන මාලාව
II. පරිවර්තනය
   වාක්‍ය රටා සහ උදාහරණ වගන්ති
   සංවාදය:
   හැම දෙයකටම ස්තුතිවන්ත වෙනවා.
III. අදාළ වචන සහ තොරතුරු
   ජීවිතය
IV. ව්‍යාකරණ විස්තර
   1. අතීත කාල සාමාන්‍ය රූපය ら、～ (ප්‍රධාන අතුරු වාක්‍යය)
   2. ක්‍රියා පදයේ た රූපය ら、～ (ප්‍රධාන අතුරු වාක්‍යය)
   3. ක්‍රියා පදයේ て රූපය / ක්‍රියා පදයේ ない රූපය なくて / い- නාම විශේෂණ (～い)→～くて / な- නාම විශේෂණ [な]→～で / නාම පද で } も、～ (ප්‍රධාන අතුරු වාක්‍යය)
   4. もし
   5. අනුබද්ධ වාක්‍යය තුළ අන්තර්ගත උක්ත පදය

සටහන 1: මාතෘකාව සහ උක්ත පදය 160
සටහන 2: අතුරු වාක්‍ය 163

උපග්‍රන්ථය

I. සංඛ්‍යාව 164
II. කාලය පිළිබඳ යෙදුම් 165
III. කාල වකවානුව පිළිබඳ යෙදුම් 167
IV. සංඛ්‍යාවාචී ප්‍රත්‍ය 168
V. ක්‍රියා පදයේ වරනැඟීම 170

ජපන් භාෂාවේ ලක්ෂණ

1. පද වර්ග ජපන් භාෂාවෙහි ක්‍රියා පද, නාම විශේෂණ, නාම පද, ක්‍රියා විශේෂණ, සම්බන්ධිකාරක නිපාත, සහ නිපාත යනාදි වශයෙන් පද වර්ග කිහිපයක් ඇත.

2. වචන අනුපිළිවෙළ ආඛ්‍යාතය යෙදෙන්නේ වාක්‍යයක අගට ය. විශේෂණ පද යෙදෙන්නේ විශේෂණය කිරීමට ලක් වන පදයට පූර්වයෙනි.

3. ආඛ්‍යාතය ජපන් භාෂාවෙහි වාක්‍යයක ආඛ්‍යාත ස්ථානයෙහි යෙදෙන්නේ ක්‍රියා පද, නාම විශේෂණ පද, සහ නාම පද සමග です（だ）යනුවෙනි.

ඇත/නැත යන අර්ථය අනුව හෝ අතීත/අනතීත යන කාල අනුව ආඛ්‍යාතය වර නැගෙන අතර, පුරුෂ භේදය, ලිංග භේදය සහ වචන භේදය අනුව වර නොනැගෙයි.

4. නිපාත නිපාත භාවිත වන්නේ වචනයට හෝ වාක්‍යයට පසුව ය. එමගින් වචන අතර ඇති සම්බන්ධතාව මෙන්ම විවිධ අර්ථ ද නිරූපණය වේ.

5. ලොප් වීම වාක්‍යයෙහි උක්තය හෝ කර්මය, එකී සංවාදයේ ස්වරූපය අනුව බොහෝ විට ලොප් වේ.

ජපන් භාෂාවේ අක්ෂර මාලා

ජපන් භාෂාවෙහි භාවිත වන හෝඩි තුනකි: හිරගනා, කතකනා, සහ කංජි යනුවෙනි.

හිරගනා සහ කතකනා අක්ෂර ශබ්දාක්ෂර වන අතර චිත්‍රාක්ෂර වන කංජි, ශබ්ද සහ අර්ථ දෙකම නිරූපණය කරයි.

ජපන් භාෂාව ලියනුයේ, සාමාන්‍ය වශයෙන් හිරගනා හා කතකනා අක්ෂර සමඟ කංජි අක්ෂර ද මිශ්‍රව යොදාගැනීමෙනි. කතකනා අක්ෂර භාවිත වනුයේ විදේශිකයන්ගේ පුද්ගල නාම, ස්ථාන නාම, සහ විදේශීය භාෂාවන්ගෙන් ණයට ගත් වචන ලිවීම සඳහාය. හිරගනා අක්ෂර භාවිත වනුයේ ක්‍රියා පද සහ නාම විශේෂණ ආදියෙහි වර නැගීමේ කොටස් සහ නිපාත ලියා දැක්වීම සඳහා ය.

ඊට අමතරව විදේශීය ජාතිකයන් සඳහා සකසා ඇති සංඥා පුවරුවෙහි රෝමානු අක්ෂර භාවිත වේ. එය දුම්රිය ස්ථානවල නම් සඳහන් කිරීමට ද යොදාගනු දක්නට ලැබේ.

田中	さん	は	ミラー	さん	と	デパート	へ	行	きます。
○	□	□	△	□	□	△	□	○	□

තනකා මහත්තයා මිලර් මහත්තයා සමග සුපිරි වෙළඳ සැලට යනවා.

大阪	Osaka
○	☆

(○－කංජි　□－හිරගනා　△－කතකනා　☆－රෝමානු අක්ෂර)

හැඳින්වීම

I. ජපන් භාෂාවේ ශබ්ද

1. කනා අක්ෂර සහ මාත්‍රා

ජපන් භාෂාවේ ශබ්ද පහත සඳහන් පරිදි කනා අක්ෂරවලින් දැක්විය හැකි ය.

ජපන් භාෂාවෙහි තනි කනා අක්ෂරයක් (තාලුජීකෘත ශබ්ද ගතහොත් කනා අක්ෂර දෙකක්) උච්චාරණය වීමට ගත වන කාලය “මාත්‍රා” යනුවෙන් හැඳින්වෙයි.

ජපන් භාෂාවෙහි ස්වර ශබ්ද පහකි: あ(a), い(i), う(u), え(e), お(o) යනුවෙනි. මෙම ස්වර ශබ්ද කේවලව භාවිත වේ. එමෙන්ම එම ස්වර ශබ්දයට පූර්වයෙන් ව්‍යංජන ශබ්දයක් හෝ ව්‍යංජන ශබ්දයක් සහ අර්ධ ස්වර ශබ්දයක් එකතු කිරීමෙන් එක් ශබ්දයක් සකස් වේ.

උදා: k + a = か　k + y + a = きゃ

ව්‍යතිරේකය: ん

මෙවැනි ශබ්ද උච්චාරණය සඳහා බොහෝ දුරට දීර්ඝත්වයෙන් සමාන කාලයක් ගත වේ.

	あ－ තීරුව	い－ තීරුව	う－ තීරුව	え－ තීරුව	お－ තීරුව
あ－ ජේළිය	あ ア a	い イ i	う ウ u	え エ e	お オ o
か－ ජේළිය k	か カ ka	き キ ki	く ク ku	け ケ ke	こ コ ko
さ－ ජේළිය s	さ サ sa	し シ shi	す ス su	せ セ se	そ ソ so
た－ ජේළිය t	た タ ta	ち チ chi	つ ツ tsu	て テ te	と ト to
な－ ජේළිය n	な ナ na	に ニ ni	ぬ ヌ nu	ね ネ ne	の ノ no
は－ ජේළිය h	は ハ ha	ひ ヒ hi	ふ フ fu	へ ヘ he	ほ ホ ho
ま－ ජේළිය m	ま マ ma	み ミ mi	む ム mu	め メ me	も モ mo
や－ ජේළිය y	や ヤ ya	(い イ) (i)	ゆ ユ yu	(え エ) (e)	よ ヨ yo
ら－ ජේළිය r	ら ラ ra	り リ ri	る ル ru	れ レ re	ろ ロ ro
わ－ ජේළිය w	わ ワ wa	(い イ) (i)	(う ウ) (u)	(え エ) (e)	を ヲ o
	ん ン n				

උදා:

あ ア
a

හිරගනා
කතකනා
රෝමානු අක්ෂර

きゃ キャ kya	きゅ キュ kyu	きょ キョ kyo
しゃ シャ sha	しゅ シュ shu	しょ ショ sho
ちゃ チャ cha	ちゅ チュ chu	ちょ チョ cho
にゃ ニャ nya	にゅ ニュ nyu	にょ ニョ nyo
ひゃ ヒャ hya	ひゅ ヒュ hyu	ひょ ヒョ hyo
みゃ ミャ mya	みゅ ミュ myu	みょ ミョ myo
りゃ リャ rya	りゅ リュ ryu	りょ リョ ryo

が－ ජේළිය g	が ガ ga	ぎ ギ gi	ぐ グ gu	げ ゲ ge	ご ゴ go
ざ－ ජේළිය z	ざ ザ za	じ ジ ji	ず ズ zu	ぜ ゼ ze	ぞ ゾ zo
だ－ ජේළිය d	だ ダ da	ぢ ヂ ji	づ ヅ zu	で デ de	ど ド do
ば－ ජේළිය b	ば バ ba	び ビ bi	ぶ ブ bu	べ ベ be	ぼ ボ bo
ぱ－ ජේළිය p	ぱ パ pa	ぴ ピ pi	ぷ プ pu	ぺ ペ pe	ぽ ポ po

ぎゃ ギャ gya	ぎゅ ギュ gyu	ぎょ ギョ gyo
じゃ ジャ ja	じゅ ジュ ju	じょ ジョ jo
びゃ ビャ bya	びゅ ビュ byu	びょ ビョ byo
ぴゃ ピャ pya	ぴゅ ピュ pyu	ぴょ ピョ pyo

දකුණු පස දැක්වෙන වගුවෙහි ඇති කතකනා අක්ෂර ඉහත සඳහන් වගුවෙහි ඇතුළත් වී නොමැත. එයින් නිරූපණය වන ශබ්ද ජපන් භාෂාවෙහි ඇතුළත් නොවන අතර, වෙනත් විදේශීය භාෂා වලින් ජපන් භාෂාවට පැමිණි වචන ලිවීමට භාවිත වේ.

	ウィ wi		ウェ we	ウォ wo
			シェ she	
			チェ che	
ツァ tsa			ツェ tse	ツォ tso
	ティ ti	トゥ tu		
ファ fa	フィ fi		フェ fe	フォ fo
			ジェ je	
	ディ di	ドゥ du		
		デュ dyu		

2. දීර්ඝ ස්වර

ජපන් භාෂාවෙහි කෙටි ස්වර 05කි. එනම් あ, い, う, え, お වශයෙනි. මෙවැනි කෙටි ස්වර, දීර්ඝව උච්චාරණය කරන විට එම ස්වර දීර්ඝ ස්වර නම් වේ. කෙටි ස්වරය එක් මාත්‍රාවක් වන අතර, දීර්ඝ ස්වරය මාත්‍රා දෙකකි. මෙබඳු ස්වරයෙහි කෙටි/දීර්ඝ යන ස්වභාවය අනුව වචනවල අර්ථය වෙනස් වේ.

උදා: おばさん (නැන්දා)：おばあさん (ආච්චි)

おじさん (මාමා)：おじいさん (සීයා)

ゆき (හිම)：ゆうき (ධෛර්යය)

え (චිත්‍ර)：ええ (ඔව්)

とる (ගන්නවා)：とおる (පසු කරනවා)

ここ (මෙතන)：こうこう (උසස් විද්‍යාලය)

へや (කාමරය)：へいや (තැනිතලාව)

カード (කාඩ් පත)　タクシー (කුලී රථය)　スーパー (සුපිරි සුපිරි වෙළඳ සැල)

エスカレーター (විදුලි තරප්පු)　ノート (සටහන් පොත)

සංලක්ෂණය

1) හිරගනා අක්ෂර සංකේත

あ, い, う යන තීරුවලට අයත් දීර්ඝ ස්වර ලියැවෙන්නේ අදාළ සංකේතයට පසුව අනුපිළිවෙළින් 「あ」「い」「う」 එකතු කිරීමෙනි.

え තීරුවට අයත් දීර්ඝ ස්වර ලියැවෙන්නේ අදාළ සංකේතයට පසුව 「い」 ලිවීමෙනි.

(ව්‍යතිරේක：ええ ඔව්, ねえ මේ, おねえさん අක්කා)

お තීරුවට අයත් දීර්ඝ ස්වර ලියැවෙන්නේ අදාළ සංකේතයට පසුව 「う」 ලිවීමෙනි.

(ව්‍යතිරේක：おおきい විශාල, おおい ගොඩක්, とおい දුර)

2) කතකනා අක්ෂර සංකේත

「ー」 යන දීර්ඝ ස්වර සංකේතය යොදනු ලැබේ.

3. ん ශබ්ද

「ん」 වචනයක මුලට නොයෙදේ. උච්චාරණය කිරීමට එක් මාත්‍රාවක කාලයක් ගතවන ශබ්දයකි. 「ん」 යනු ඊට පසුව එන ශබ්දයෙහි බලපෑම යටතේ, උච්චාරණය පහසුව පිණිස /n/, /m/, /ŋ/ බවට පත්වේ.

① ん ශබ්දය た, だ, ら, な යන පේළිවලට අයත් ශබ්දවලට පූර්වයෙන් /n/ වශයෙන් උච්චාරණය වේ.

උදා: はんたい (විරුද්ධතාව)　うんどう (ව්‍යායාමය)　せんろ (දුම්රිය පාර)

みんな (සියලු දෙනා)

② ん ශබ්දය ば, ぱ, ま යන පේළිවලට අයත් ශබ්දවලට පූර්වයෙන් /m/ වශයෙන් උච්චාරණය වේ.

උදා: しんぶん (පත්තරය)　えんぴつ (පැන්සල)　うんめい (ඉරණම)

③ ん ශබ්දය か, が යන පේළිවලට අයත් ශබ්දවලට පූර්වයෙන් /ŋ/ වශයෙන් උච්චාරණය වේ.

උදා: てんき (දේශගුණය)　けんがく (දැනුම පිණිස යමක් නැරඹීමට යාම)

4. っ ශබ්ද

「っ」 යනු උච්චාරණය කිරීමට එක් මාත්‍රාවක කාලයක් ගතවන ශබ්දයකි. か, さ, た, ぱ යන පේළිවලට අයත් ශබ්දවලට පූර්වයෙන් යෙදේ. විදේශීය වචන ලිවීම සඳහා ザ සහ ダ යනාදි පේළිවලට අයත් ශබ්දවලට පූර්වයෙන් යෙදේ.

උදා: ぶか (යටත් සේවකයා) : ぶっか (බඩු මිල)

かさい (ගින්න) : かっさい (අත්පොළසන් දීම)

おと (හඬ) : おっと (සැමියා)

にっき (දිනපොත)　ざっし (සඟරාව)　きって (මුද්දරය)

いっぱい (පිරුණු)　コップ (කෝප්පය)　ベッド (ඇඳ)

5. තාලුජීකෘත ශබ්ද

තාලුජීකෘත ශබ්ද නිරූපණය කිරීම සඳහා වෙනත් තනි කනා අක්ෂරයක් සමඟ කුඩා ゃ, ゅ, ょ යන සංකේත යොදාගනු ලබයි. එය හිරගනා සංකේත දෙකකින් ලියනු ලබන අතර එක් මාත්‍රාවක ශබ්දයකි.

උදා: ひやく (පැනීම) : ひゃく (සියය)

じゆう (නිදහස) : じゅう (තුවක්කුව)

びよういん (රූපලාවන්‍යාගාරය) : びょういん (රෝහල)

シャツ (කමිසය)　おちゃ(තේ)　ぎゅうにゅう (එළකිරි)　きょう (අද)

ぶちょう (දෙපාර්තමේන්තු ප්‍රධානියා)　りょこう (විනෝද ගමන)

6. が පේළියෙහි ශබ්ද

が පේළියේ ව්‍යංජන ශබ්ද උච්චාරණය වනුයේ, වචනයක මුලට [g] ලෙසින් සහ සෙසු ස්ථානවල [ŋ] ලෙසිනි. එහෙත් මෑතකදී සමහරුන් විසින් [g] පමණක් උච්චාරණය කරනු දක්නට ලැබේ.

7. ස්වර ශබ්ද අඝෝෂ වීම

ස්වර ශබ්ද [i] සහ [u] අඝෝෂ ව්‍යංජන දෙකක් මැද යෙදෙන විට බොහෝ අවස්ථාවල අඝෝෂ වී නොඇසෙන තත්වයට පත්වේ. 「～です」「～ます」 යන පදවල අගට යෙදෙන [u] ද බොහෝ විට අඝෝෂ බවට පත්වේ.

උදා: すき (කැමැති)　したいです (කරන්න කැමැතියි)　ききます (අහනවා)

8. ස්වරණය

ජපන් භාෂාව යනු හඬ උස් පහත් කිරීමේ නාද ස්වරණය ඇති භාෂාවකි. එක් වචනයක් තුළ උච්චව උච්චාරණය වන මාත්‍රාවක් සහ අවචව උච්චාරණය වන මාත්‍රාවක් ඇත. ස්වරණ රටා 04ක් තිබෙන අතර රටා භේදය අනුව අර්ථයෙන් වචනවල වෙනස්කම් ඇති වේ.

සම්මත භාෂාවෙහි ස්වරණයට මෙවැනි ලක්ෂණයක් ඇත: වචනයෙහි පළමු වන මාත්‍රාව සහ දෙවන මාත්‍රාව අතර හඬ උස් පහත් කිරීමේදී වෙනස් වන අතර එක වරක් හඬ අවච වුවහොත් නැවත උච්ච නොවේ.

ස්වරණ රටා

① ස්වරණයක් රහිත රටා (අවව වන ස්ථානයක් නැත.)

උදා: にわ (ගෙවත්ත) はな (නහය) なまえ (නම) にほんご (ජපන් භාෂාව)

② පළමුවන මාත්‍රාව උච්ච වන රටා (වචනයක මුල මාත්‍රාවෙන් පසුව අවව වේ.)

උදා: ほん (පොත) てんき (දේශගුණය) らいげつ (ලබන මාස)

③ මැද මාත්‍රාව උච්ච වන රටා (වචනයක මැද මාත්‍රාවෙන් පසුව අවව වේ.)

උදා: たまご (බිත්තර) ひこうき (ගුවන් යානය) せんせい (ගුරුවරයා)

④ අග මාත්‍රාව උච්ච වන රටා (වචනයක අග මාත්‍රාවෙන් පසුව අවව වේ.)

උදා: くつ (සපත්තු) はな (මල) やすみ (නිවාඩුව) おとうと (මල්ලි)

උදාහරණයක් ලෙස ①はな (නහය) සහ ④はな (මල) ගතහොත් එම දෙකම සමාන යැයි වැනි පෙනුණද ඊට පසුව が නිපාතය එකතු කළහොත් ①はなが සහ ④はなが වශයෙන් ස්වරණ රටා අනුව වෙන වෙනම උච්චාරණය වේ. මෙබඳු ස්වරණ රටා භේදය, අර්ථ භේදයට තුඩුදෙන අතර නිදසුන් ලෙස පහත සඳහන් නිදසුන් සලකා බලන්න:

උදා: はし (පාලම) : はし (බත් කූර) いち (එක) : いち (පිහිටීම)

එමෙන්ම නාද ස්වරණ ප්‍රාදේශීය වශයෙන් වෙනස් වේ. නිදසුනක් ලෙස ගතහොත්, ඕසකා ස්වරණය සහ සම්මත ස්වරණය අතර බොහෝ දුරට වෙනස්කම් තිබේ. පහත සඳහන් නිදසුන් සලකා බලන්න:

උදා: ටෝකියෝ ස්වරණය : ඕසකා ස්වරණය
(සම්මත ස්වරණය)

はな : はな (මල)
りんご : りんご (ඇපල්)
おんがく : おんがく (සංගීතය)

9. ධ්වනිය

ධ්වනියෙහි රටා 03කි: ①උච්ච අවව නොවන රටා ②උච්ච වන රටා ③අවව වන රටා යනුවෙනි. ප්‍රශ්න කිරීමේදී උච්චාරණය උස් වේ. සෙසු වාක්‍යවල බොහෝ විට එකම මට්ටමක හඬ පවත්වාගෙන යන අතර, එකඟ වීම, කලකිරීම යනාදි හැඟීම් ප්‍රකාශ කිරීම සඳහා උච්චාරණය පහත් විය හැකි ය.

උදා: 佐藤(さとう) : あした 友達(ともだち)と お花見(はなみ)を します。【→ උච්ච අවව නොවීම】
ミラーさんも いっしょに 行(い)きませんか。【↗ උච්ච වීම】
ミラー : いいですね。【↘ අවව වීම】
සතෝ: හෙට යාළුවෝත් එක්ක සකුරා මල් බලන්න යනවා.
මිරා මහත්තයත් අපිත් සමග යමු ද?
මිලර්: හොඳයි.

II. පන්ති කාමරයෙහි භාවිත වන කියමන්

1. 始めましょう。   පටන් ගමු.
2. 終わりましょう。   අවසන් කරමු.
3. 休みましょう。   විවේක ගමු.
4. わかりますか。   තේරෙනවා ද?
   ……はい、わかります。   ……ඔව්, තේරෙනවා.
        いいえ、わかりません。   නෑ, තේරෙන්නෙ නැහැ.
5. もう 一度 ［お願いします］。   (කරුණා කරලා) තව එක සැරයක්.
6. いいです。   හොඳයි/හරි.
7. 違います。   වැරදියි.
8. 名前   නම
9. 試験、宿題   විභාගය, ගෙදර වැඩ
10. 質問、答え、例   ප්‍රශ්න, උත්තර, උදාහරණ

III. එදිනෙදා ආචාර කිරීම් සඳහා භාවිත වන කියමන්

1. おはようございます。   සුභ උදෑසනක් වේවා.
2. こんにちは。   සුභ දවසක් වේවා.
3. こんばんは。   සුභ රාත්‍රියක් වේවා. (හමුවීමකදී යෙදේ)
4. お休みなさい。   සුභ රාත්‍රියක් වේවා. (සමුගැනීමේදී යෙදේ)
5. さようなら。   නැවත හමුවෙමු.
6. ありがとうございます。   බොහොම ස්තුතියි.
7. すみません。   සමාවෙන්න.
8. お願いします。   කරුණාකර. (අසන්නාගෙන් ඉල්ලීමක් කරන විට යෙදේ)

ඉගැන්වීම සඳහා භාවිත වන කියමන්

第－課（だい－か）	- වන පාඩම
文型（ぶんけい）	වාක්‍ය රටාව
例文（れいぶん）	උදාහරණ වගන්ති
会話（かいわ）	සංවාදය
練習（れんしゅう）	අභ්‍යාස
問題（もんだい）	ප්‍රශ්න
答え（こたえ）	පිළිතුරු
読み物（よみもの）	කියවීමේ මෙවලම්
復習（ふくしゅう）	සමාලෝචනය
目次（もくじ）	පටුන
索引（さくいん）	සුචිය
文法（ぶんぽう）	ව්‍යාකරණ
文（ぶん）	වාක්‍ය
単語（語）（たんご（ご））	වචන
句（く）	ඛණ්ඩ
節（せつ）	අතුරු වාක්‍ය
発音（はつおん）	උච්චාරණය
母音（ぼいん）	ස්වර
子音（しいん）	ව්‍යංජන
拍（はく）	මාත්‍රා
アクセント	ස්වරණය
イントネーション	ධ්වනිය
[か]行（ぎょう）	か- පේළිය
[い]列（れつ）	い- තීරුව
丁寧体（ていねいたい）	ආචාරශීලී විලාසය
普通体（ふつうたい）	සාමාන්‍ය විලාසය
活用（かつよう）	වර නැඟීම

フォーム	රූප
～形（けい）	~ රූප
修飾（しゅうしょく）	විශේෂණය කිරීම
例外（れいがい）	ව්‍යතිරේක
名詞（めいし）	නාම පද
動詞（どうし）	ක්‍රියා පද
形容詞（けいようし）	නාම විශේෂණ
い形容詞（けいようし）	い-නාම විශේෂණ
な形容詞（けいようし）	な-නාම විශේෂණ
助詞（じょし）	නිපාත
副詞（ふくし）	ක්‍රියා විශේෂණ
接続詞（せつぞくし）	සමුච්චයාර්ථයේ නිපාත
数詞（すうし）	සංඛ්‍යා පද
助数詞（じょすうし）	සංඛ්‍යා ප්‍රත්‍ය/ ගණක පද
疑問詞（ぎもんし）	ප්‍රශ්නවාචී වචන
名詞文（めいしぶん）	නාම පද ආඛ්‍යාතය වශයෙන් යෙදෙන වාක්‍ය
動詞文（どうしぶん）	ක්‍රියා පද ආඛ්‍යාතය වශයෙන් යෙදෙන වාක්‍ය
形容詞文（けいようしぶん）	නාම විශේෂණ ආඛ්‍යාතය වශයෙන් යෙදෙන වාක්‍ය
主語（しゅご）	උක්ත පද
述語（じゅつご）	ආඛ්‍යාත
目的語（もくてきご）	කර්ම පද
主題（しゅだい）	මාතෘකා
肯定（こうてい）	නිශ්චිතත්වය
否定（ひてい）	ප්‍රතිෂේධනය
完了（かんりょう）	පූර්ණත්වය
未完了（みかんりょう）	අසම්පූර්ණත්වය
過去（かこ）	අතීත කාලය
非過去（ひかこ）	අනතීත කාලය

භාවිත වූ සංකේත

① ～ ට වචන පද ඇතුළු වේ.

උදා: ～から 来(き)ました。 ～සිට ආවා.

② －: ට ඉලක්කම ඇතුළු වේ.

උදා: －歳(さい) වයස අවුරුදු－

③ ලොප් කළ හැකි වචන පද [ ] යන වරහන් වලින් දක්වා ඇත.

උදා: どうぞ よろしく [お願(ねが)いします]。 ඔබගේ සහයෝගය පතමි.

④ වෙනත් පර්යාය පද තිබුණොත් එය ( ) යන වරහන් වලින් දක්වා ඇත.

උදා: だれ(どなた) කවුද

⑤ ＊ යන සංකේතයෙන් සඳහන් වූ වචන එම පාඩමෙහි භාවිත නොවුණත් අදාළ වචන ලෙස හැඳින්වේ.

⑥ **〈練習(れんしゅう) C〉**, එනම් C අභ්‍යාසයෙහි දී ඇති කියමන සඳහන් වී ඇත.

⑦ **〈会話(かいわ)〉**, එනම් සංවාදයෙහි දී ඇති වචන පද, කියමන සඳහන් වී ඇත.

පළමුවන පාඩම

I. වචන මාලාව

わたし		මම
あなた		ඔබ, ඔයා
あの ひと （あの かた）	あの 人 （あの 方）	අරයා (අර තැනැත්තා, අර තැනැත්ති) (あの かた, あの ひと කියන පදයේ වඩාත් ආචාරශීලී රූපය)
～さん		මහත්තයා/මහත්මිය (ගෞරවය දැක්වීම සඳහා නමක් අගට යොදන ප්‍රත්‍යයකි)
～ちゃん		(～さん වෙනුවට ළමුන්ගේ නම අගට යොදන ප්‍රත්‍යයකි.)
～じん	～人	～ජාතිකයා (ජාතිකත්වය හැඳින්වීම සඳහා රටේ නම අගට යොදන ප්‍රත්‍යයකි; උදා: アメリカじん ඇමෙරිකානු ජාතිකයෙක්)
せんせい	先生	ගුරුතුමා, ගුරුතුමිය (තමුන්ගේ රැකියාව සඳහා නොයෙදේ)
きょうし	教師	ගුරුතුමා, ගුරුතුමිය
がくせい	学生	ශිෂ්‍යයා, ශිෂ්‍යාව
かいしゃいん	会社員	සමාගම් සේවකයා
しゃいん	社員	සමාගමේ සේවකයා (සමාගමේ නමට පසුව යෙදේ; උදා: IMCの しゃいん)
ぎんこういん	銀行員	බැංකු සේවකයා
いしゃ	医者	වෛද්‍යවරයා, වෛද්‍යවරිය
けんきゅうしゃ	研究者	පර්යේෂකයා
だいがく	大学	විශ්වවිද්‍යාලය
びょういん	病院	රෝහල
だれ（どなた）		කවුද (どなた යනු だれ කියන පදයේ විනීත රූපය)
―さい	―歳	අවුරුදු ― යි.
なんさい （おいくつ）	何歳	වයස කීයද (おいくつ යනු なんさい කියන පදයේ ආචාරශීලී ස්වරූපය)
はい		ඔව්
いいえ		නැහැ

〈練習(れんしゅう)C〉

初(はじ)めまして。	ආයුබෝවන්. (හැඳින්වීමකදී පළමුවෙන් යොදන ආචාරශීලී යෙදුමකි)
～から 来(き)ました。	මා ආවේ ～(රටේ නම) සිටයි.
［どうぞ］よろしく［お願(ねが)いします］。	ඔබගේ සහයෝගය පතමි. (තමා හඳුන්වාදීමෙහි දී අන්තිමට යොදන නිහතමානී බව දක්වන ආචාරශීලී යෙදුමකි)
失礼(しつれい)ですが	සමාවෙන්න. (කෙනෙකුගේ නම, ලිපිනය වැනි පෞද්ගලික තොරතුරු විමසන විට යෙදේ)
お名前(なまえ)は？	(ඔයාගේ) නම මොකක්ද?
こちらは ～さんです。	මේ ～මහත්තයා/මහත්මිය.

アメリカ	ඇමෙරිකාව
イギリス	එංගලන්තය
インド	ඉන්දියාව
インドネシア	ඉන්දුනීසියාව
韓国(かんこく)	දකුණු කොරියාව
タイ	තායිලන්තය
中国(ちゅうごく)	චීනය
ドイツ	ජර්මනිය
日本(にほん)	ජපානය
ブラジル	බ්‍රසීලය

IMC／パワー電気(でんき)／ブラジルエアー	මනඃකල්පිත සමාගම
AKC	මනඃකල්පිත ආයතනය
神戸病院(こうべびょういん)	මනඃකල්පිත රෝහල
さくら大学(だいがく)／富士大学(ふじだいがく)	මනඃකල්පිත විශ්වවිද්‍යාලය

II. පරිවර්තනය

වාක්‍ය රටා

1. මම මයික් මිලර්.
2. සන්තොස් මහත්තයා ශිෂ්‍යයෙක් නොවේ.
3. මිලර් මහත්තයා සමාගමක සාමාජිකයෙක් ද?
4. සන්තොස් මහත්තයාත් සමාගමක සාමාජිකයෙක්.

උදාහරණ වගන්ති

1. [ඔබ] මයික් මිලර් මහත්තයා ද?
   ……ඔව්, [මම] මයික් මිලර්.
2. මිලර් මහත්තයා ශිෂ්‍යයෙක් ද?
   ……නෑ, [මම] ශිෂ්‍යයෙක් නොවේ.
3. වන් මහත්තයා බැංකු සේවකයෙක් ද?
   ……නෑ, [වන් මහත්තයා] බැංකු සේවකයෙක් නොවේ.
4. අර මහත්තයා කවුද?
   ……වත් මහත්තයා. සකුරා විශ්ව විද්‍යාලයේ ගුරුවරයෙක්.
5. ගුප්තා මහත්තයා සමාගමක සාමාජිකයෙක් ද?
   ……ඔව්, සමාගමක සාමාජිකයෙක්.
   කරිනා නෝනාත් සමාගමක සාමාජිකයෙක් ද?
   ……නෑ, [කරිනා] ශිෂ්‍යාවක්.
6. තෙරේසාට වයස කීය ද?
   ……වයස නවය යි.

සංවාදය

ආයුබෝවන්.

සතෝ: සුභ උදෑසනක් වේවා.

යමදා: සුභ උදෑසනක් වේවා.
සතෝ නෝනා, මේ මයික් මිලර් මහත්තයා.

මිලර්: ආයුබෝවන්.
මම මයික් මිලර්.
මම ඇමරිකාවේ ඉඳලා ආවෙ.
ඔබව හඳුනාගන්න ලැබීම ගැන සතුටුයි.

සතෝ: මම සතෝ කේකො.
මටත් හඳුනාගන්න ලැබීම ගැන සතුටුයි.

III. අදාළ වචන සහ තොරතුරු

<ruby>国<rt>くに</rt></ruby>・<ruby>人<rt>ひと</rt></ruby>・ことば　　රට, ජාතිය සහ භාෂාව

<ruby>国<rt>くに</rt></ruby>　රට	<ruby>人<rt>ひと</rt></ruby>　ජාතිය	ことば　භාෂාව
アメリカ (ඇමෙරිකාව)	アメリカ<ruby>人<rt>じん</rt></ruby>	<ruby>英語<rt>えいご</rt></ruby> (ඉංග්‍රීසි භාෂාව)
イギリス (එංගලන්තය)	イギリス<ruby>人<rt>じん</rt></ruby>	<ruby>英語<rt>えいご</rt></ruby> (ඉංග්‍රීසි භාෂාව)
イタリア (ඉතාලිය)	イタリア<ruby>人<rt>じん</rt></ruby>	イタリア<ruby>語<rt>ご</rt></ruby> (ඉතාලි භාෂාව)
イラン (පර්සියාව)	イラン<ruby>人<rt>じん</rt></ruby>	ペルシア<ruby>語<rt>ご</rt></ruby> (පර්සියානු භාෂාව)
インド (ඉන්දියාව)	インド<ruby>人<rt>じん</rt></ruby>	ヒンディー<ruby>語<rt>ご</rt></ruby> (හින්දි භාෂාව)
インドネシア (ඉන්දුනීසියාව)	インドネシア<ruby>人<rt>じん</rt></ruby>	インドネシア<ruby>語<rt>ご</rt></ruby> (ඉන්දුනීසියානු භාෂාව)
エジプト (ඊජිප්තුව)	エジプト<ruby>人<rt>じん</rt></ruby>	アラビア<ruby>語<rt>ご</rt></ruby> (අරාබි භාෂාව)
オーストラリア (ඕස්ට්‍රේලියාව)	オーストラリア<ruby>人<rt>じん</rt></ruby>	<ruby>英語<rt>えいご</rt></ruby> (ඉංග්‍රීසි භාෂාව)
カナダ (කැනඩාව)	カナダ<ruby>人<rt>じん</rt></ruby>	<ruby>英語<rt>えいご</rt></ruby> (ඉංග්‍රීසි භාෂාව) フランス<ruby>語<rt>ご</rt></ruby> (ප්‍රංශ භාෂාව)
<ruby>韓国<rt>かんこく</rt></ruby> (දකුණු කොරියාව)	<ruby>韓国人<rt>かんこくじん</rt></ruby>	<ruby>韓国語<rt>かんこくご</rt></ruby> (කොරියානු භාෂාව)
サウジアラビア (සෞදි අරාබිය)	サウジアラビア<ruby>人<rt>じん</rt></ruby>	アラビア<ruby>語<rt>ご</rt></ruby> (අරාබි භාෂාව)
シンガポール (සිංගප්පූරුව)	シンガポール<ruby>人<rt>じん</rt></ruby>	<ruby>英語<rt>えいご</rt></ruby> (ඉංග්‍රීසි භාෂාව)
スペイン (ස්පාඤ්ඤය)	スペイン<ruby>人<rt>じん</rt></ruby>	スペイン<ruby>語<rt>ご</rt></ruby> (ස්පාඤ්ඤ භාෂාව)
タイ (තායිලන්තය)	タイ<ruby>人<rt>じん</rt></ruby>	タイ<ruby>語<rt>ご</rt></ruby> (තායි භාෂාව)
<ruby>中国<rt>ちゅうごく</rt></ruby> (චීනය)	<ruby>中国人<rt>ちゅうごくじん</rt></ruby>	<ruby>中国語<rt>ちゅうごくご</rt></ruby> (චීන භාෂාව)
ドイツ (ජර්මනිය)	ドイツ<ruby>人<rt>じん</rt></ruby>	ドイツ<ruby>語<rt>ご</rt></ruby> (ජර්මන් භාෂාව)
<ruby>日本<rt>にほん</rt></ruby> (ජපානය)	<ruby>日本人<rt>にほんじん</rt></ruby>	<ruby>日本語<rt>にほんご</rt></ruby> (ජපන් භාෂාව)
フランス (ප්‍රංශය)	フランス<ruby>人<rt>じん</rt></ruby>	フランス<ruby>語<rt>ご</rt></ruby> (ප්‍රංශ භාෂාව)
フィリピン (පිලිපීනය)	フィリピン<ruby>人<rt>じん</rt></ruby>	フィリピノ<ruby>語<rt>ご</rt></ruby> (පිලිපීන භාෂාව)
ブラジル (බ්‍රසීලය)	ブラジル<ruby>人<rt>じん</rt></ruby>	ポルトガル<ruby>語<rt>ご</rt></ruby> (පෘතුගීසි භාෂාව)
ベトナム (වියට්නාමය)	ベトナム<ruby>人<rt>じん</rt></ruby>	ベトナム<ruby>語<rt>ご</rt></ruby> (වියට්නාම භාෂාව)
マレーシア (මැලේසියාව)	マレーシア<ruby>人<rt>じん</rt></ruby>	マレーシア<ruby>語<rt>ご</rt></ruby> (මැලේ භාෂාව)
メキシコ (මෙක්සිකෝව)	メキシコ<ruby>人<rt>じん</rt></ruby>	スペイン<ruby>語<rt>ご</rt></ruby> (ස්පාඤ්ඤ භාෂාව)
ロシア (රුසියාව)	ロシア<ruby>人<rt>じん</rt></ruby>	ロシア<ruby>語<rt>ご</rt></ruby> (රුසියානු භාෂාව)

1

IV. ව්‍යාකරණ විස්තර

1. | නාම පද$_1$ は නාම පද$_2$ です |

1) は නිපාත

は නිපාතයෙන් දැක්වෙන්නේ එම නිපාතයට පෙර එන නාම පදය$_1$ වාක්‍යයෙහි මාතෘකාව (මාතෘකාව සහ උක්ත පදය බලන්න.) වන බව ය. භාෂකයා විසින් ප්‍රකාශ කරනු ලබන ඕනෑම දෙයකට は එකතු කර ඊළඟට විවිධාකාරයට අදහස් ප්‍රකාශ කිරීමෙන් වාක්‍ය සකස් කෙරේ.

① わたしは マイク・ミラーです。　　මම මයික් මිලර්.

සංලක්ෂ්‍යය:- は නිපාතය උච්චාරණය කරනු ලබන්නේ わ ලෙස ය.

2) です

නාම පදයක් です යන ප්‍රත්‍ය සමග එකතු වීමෙන් ආඛ්‍යාතයක් බවට පත්වේ. です යනුවෙන් දැක්වෙන්නේ විනිශ්චයක්, ස්ථිර ප්‍රකාශයක් හෝ අසන්නා කෙරෙහි ඇති ගෞරවයකි. です ප්‍රත්‍යයෙහි රූපය, නැත යන අර්ථයේ වාක්‍ය (2 බලන්න.) සහ අතීත කාල වාක්‍යවලදී (දොළොස්වන පාඩම බලන්න.) වෙනස් වේ.

② わたしは 会社員(かいしゃいん)です。　　මම සමාගමක සේවකයෙක්.

2. | නාම පද$_1$ は නාම පද$_2$ じゃ（では） ありません |

じゃ（では） ありません යනු です යන ප්‍රත්‍යයේ නැත යන අර්ථයේ රූපයකි. එය දිනපතා කතාබහේදී නිතර යොදාගනු ලබන අතර, නිල අවස්ථාවල පවත්වනු ලබන දේශනවලදී සහ ලිඛිත භාෂාවේදී では ありません යනුවෙන් යොදාගනු ලබයි.

③ サントスさんは 学生(がくせい)じゃ（では） ありません。　　සන්තොස් මහත්තයා ශිෂ්‍යයෙක් නොවේ.

සංලක්ෂ්‍යය:- では යන ප්‍රත්‍යයෙහි は උච්චාරණය කරනු ලබන්නේ わ යනුවෙනි.

3. | නාම පද$_1$ は නාම පද$_2$ ですか | (ප්‍රශ්නවාචී වාක්‍යය)

1) か නිපාතය

か නිපාතයෙන් දැක්වෙන්නේ භාෂකයාගේ අවිනිශ්චිත හැඟීම් සහ සැක සහිත හැඟීම් ය. එය වාක්‍යයේ අග කොටසට එකතු කිරීමෙන් ප්‍රශ්නවාචී වාක්‍යයක් සකස් කළ හැකි වන අතර සාමාන්‍යයෙන් එහි අග කොටස උස්ව උච්චාරණය කෙරේ.

2) වාක්‍යයේ දැක්වෙන තොරතුරු නිවැරදි දැයි ප්‍රශ්න කරනු ලබන වාක්‍ය

වචන පිළිවෙළ වෙනස් නොකර වාක්‍යයේ අග කොටසට か එකතු කිරීමෙන් වාක්‍ය සකස් කරනු ලබයි. මෙම ප්‍රශ්නවාචී වාක්‍ය යනු, වාක්‍යයෙන් දැක්වෙන තොරතුරු නිවැරදි දැයි විමසා බලනු ලබන වාක්‍ය විශේෂයකි. නිවැරදි නම්, はい යනුවෙන් ද, වැරදි නම්, いいえ යනුවෙන් ද පිළිතුරු දෙනු ලබයි.

④ ミラーさんは アメリカ人(じん)ですか。　　මිලර් මහත්තයා අමෙරිකානු ජාතිකයෙක් ද?
……はい、アメリカ人(じん)です。　　……ඔව්. අමෙරිකානු ජාතිකයෙක්.

⑤ ミラーさんは 先生(せんせい)ですか。　　මිලර් මහත්තයා ගුරුවරයෙක් ද?
……いいえ、先生(せんせい)じゃ ありません。　　……නැහැ. ගුරුවරයෙක් නොවේ.

3) ප්‍රශ්නවාචී පදය සහිත ප්‍රශ්නවාචී වාක්‍ය

ප්‍රශ්න කිරීමට අවශ්‍ය කොටස ප්‍රශ්නවාචී පදය වශයෙන් මාරුකරගෙන වාක්‍යයේ අගට か එකතු කරනු ලබයි. එසේ කිරීමෙන් වචන පිළිවෙළ වෙනස් වීමක් සිදු නොවේ.

⑥ あの 方（かた）は どなたですか。　　アර තැනැත්තා කවුද?
…… [あの 方（かた）は] ミラーさんです。　　……[අර තැනැත්තා] මිලර් මහත්තයා.

4. | නාම පද も |

එකම සිදුවීම පදනම් කරගෙන කරනු ලබන ප්‍රකාශවල も නිපාතය යෙදේ.

⑦ ミラーさんは 会社員（かいしゃいん）です。グプタさんも 会社員（かいしゃいん）です。

මිලර් මහත්තයා ආයතනයක සේවයෙක්. ගුප්ත මහත්තයාත් ආයතනයක සේවයෙක්.

5. | නාම පද$_1$ の නාම පද$_2$ |

මුල නාම පද$_1$ ඊළඟ නාම පද$_2$ විශේෂණ කරන විට මෙම නාම පද දෙකම の නිපාතයෙන් සම්බන්ධ කෙරේ. මෙහි නාම පද$_1$ මඟින් දැක්වෙන්නේ නාම පද$_2$ අයත් වන ආයතනයකි.

⑧ ミラーさんは IMCの 社員（しゃいん）です。

මිලර් මහත්තයා අයි. එම්. සී. සමාගමේ සේවකයෙක්.

6. | ～さん |

ජපන් භාෂාවේදී අසන්නාගේ හෝ අන් අයගේ වාසගමට සහ අනෙක් නමට පසුව さん යන ප්‍රත්‍යය එකතු කෙරේ. එම ප්‍රත්‍යයෙන් ආචාරශීලී බව ප්‍රකාශ වන නිසා, භාෂාකයාගේ වාසගමට සහ අනෙක් නමට එකතු නොකෙරේ. කුඩා ළමයින්ට නම් さん වෙනුවට ඇල්ම, බැඳීම ප්‍රකාශ කරන ちゃん ප්‍රත්‍යය භාවිත කරනු ලබයි.

⑨ あの 方（かた）は ミラーさんです。　　අර තැනැත්තා මිලර් මහත්තයා.

අසන්නාට ආමන්ත්‍රණය කරන විට ඇය/ඔහු ගේ නම දන්නේ නම්, あなた යන පදය භාවිත නොකර වාසගමට සහ අනෙක් නමට さん එකතු කිරීමෙන් ආමන්ත්‍රණය කෙරේ.

⑩ 鈴木（すずき）：　ミラーさんは 学生（がくせい）ですか。　　සුzසුකි: මිලර් මහත්තයා ශිෂ්‍යයෙක් ද?
ミラー：　いいえ、会社員（かいしゃいん）です。　　මිලර්: නෑ, සමාගමක සේවකයෙක්.

සංලක්ෂ්‍යය:- あなた යන පදය ඉතා සමීප සම්බන්ධතා සහිත පුද්ගලයන්ට (අඹු සැමියන්, පෙම්වතිය/පෙම්වතා ආදී) ආමන්ත්‍රණය සඳහා භාවිත කෙරේ. ඒ හැර, වෙනත් පුද්ගලයන් සඳහා භාවිත කළහොත් භාෂකයා අවිනීත යැයි හෝ අන් අයට ගෞරව සම්ප්‍රයුක්තව ආමන්ත්‍රණය කිරීමට නොදන්නා පුද්ගලයකු යැයි අවතක්සේරු කිරීමට හැකි බැවින් මෙම කරුණ පිළිබඳව විශේෂයෙන් සැලකිලිමත් විය යුතු ය.

දෙවන පාඩම

I. වචන මාලාව

これ		මේක (කතා කරන්නා ළඟ ඇති දෙය)
それ		ඕක (අසන්නා ළඟ ඇති දෙය)
あれ		අරක (කතාකරන්නාට සහ අසන්නාට යන දෙදෙනාටම දුරින් ඇති දෙය)
この ～		මේ
その ～*		ඔය
あの ～*		අර
ほん	本	පොත
じしょ	辞書	ශබ්දකෝෂය
ざっし	雑誌	සඟරාව
しんぶん	新聞	පුවත්පත
ノート		සටහන් පොත
てちょう	手帳	දින පොත
めいし	名刺	බිස්නස් කාඩ්පත, ව්‍යාපාරික කාඩ්පත
カード		කාඩ්පත
えんぴつ	鉛筆	පැන්සල
ボールペン		බෝල්පොයින්ට් පෑන
シャープペンシル		යාන්ත්‍රික පැන්සල්
かぎ		යතුර
とけい	時計	ඔරලෝසුව
かさ	傘	කුඩය
かばん		අත් බෑගය
CD		සී. ඩී. පටය
テレビ		රූපවාහිනිය
ラジオ		ගුවන්විදුලි යන්ත්‍රය, රේඩියෝව
カメラ		කැමරාව
コンピューター		කොම්පියුටරය, පරිගණකය
くるま	車	මෝටර් රථය, කාරය
つくえ	机	ලියන මේසය, ඩෙස්කුව
いす		පුටුව
チョコレート		චොකලට්
コーヒー		කෝපි

[お]みやげ	[お]土産	සිහිවටන වශයෙන් දෙන තෑගි
えいご	英語	ඉංග්‍රීසි භාෂාව
にほんご	日本語	ජපන් භාෂාව
～ご	～語	～භාෂාව
なん	何	මොකක් ද, කුමක් ද
そう		එසේ

〈練習(れんしゅう) C〉

あのう	මේ… (අදිමදි කරන බව දැක්වීමට යෙදේ)
えっ	අහ් (අපේක්ෂා නොකරන දෙයක් අහන විට යෙදේ)
どうぞ。	මෙන්න. (කෙනෙකුට යම් දෙයක් පිළිගන්වන විට යෙදේ)
[どうも] ありがとう [ございます]。	බොහොම ස්තුතියි.
そうですか。	එසේ ද?
違(ちが)います。	නැහැ. එසේ නොවේ.
あ	අහ් (අවධානයට යමක් යොමු වූ විට යෙදේ)

〈会話(かいわ)〉

これから お世話(せわ)に なります。	ඉදිරියේදී ඔබේ සහයෝගය අපේක්ෂා කරනවා. (පළමුවෙන් හමුවූ විට යොදන ආචාරශීලී යෙදුමකි)
こちらこそ [どうぞ] よろしく [お願(ねが)いします]。	මමත් ඔබගේ සහයෝගය බලාපොරොත්තු වෙනවා.

II. පරිවර්තනය

2

වාක්‍ය රටා

1. මේක ශබ්දකෝෂයක්.
2. ඕක මගේ කුඩය.
3. මේ පොත මගේ.

උදාහරණ වගන්ති

1. මේක පෑනක් ද?

   ……ඔව්, එහෙමයි.
2. ඕක සටහන් පොතක් ද?

   ……නෑ, [මේක] දින පොතක්.
3. ඕක මොකක් ද?

   ……බිස්නස් කාඩ්පතක්.
4. මේක '9' ද, '7' ද?

   ……'9'.
5. ඕක මොන වගේ සඟරාවක් ද?

   ……පරිගණක සම්බන්ධ සඟරාවක්.
6. අරක කාගේ බෑගය ද?

   ……සතෝ නෝනාගේ බෑගය.
7. මේක මිලර් මහත්තයාගේ ද?

   ……නෑ, මගේ නොවේ.
8. මේ යතුර කාගේ ද?

   ……මගේ.

සංවාදය

ඉදිරියේදී ඔබේ සහයෝගය අපේක්ෂා කරනවා.

යමදා ඉචිරෝ: ඔව්, කවුද?

සන්තොස්: මම සන්තොස්, නොම්මර 408 කාමරයේ ඉන්නෙ.

……………………………………………………………

සන්තොස්: ආයුබෝවන්. මම සන්තොස්.
ඉදිරියේදී ඔබගේ සහයෝගය අපේක්ෂා කරනවා.
ඔබව හඳුනාගන්න ලැබීම ගැන සන්තෝසයි.

යමදා ඉචිරෝ: මටත් හඳුනාගන්න ලැබීම ගැන සන්තෝසයි.

සන්තොස්: මේ, මෙන්න මේක කෝපි. කරුණාකරලා ගන්න.

යමදා ඉචිරෝ: බොහොම ස්තුතියි.

III. අදාළ වචන සහ තොරතුරු

名前(なまえ)　නම

ජපන් ජාතිකයන්ගේ වාසගම් පිළිබඳ පෙළගැස්ම

1	佐藤(さとう)	2	鈴木(すずき)	3	高橋(たかはし)	4	田中(たなか)
5	渡辺(わたなべ)	6	伊藤(いとう)	7	山本(やまもと)	8	中村(なかむら)
9	小林(こばやし)	10	加藤(かとう)	11	吉田(よしだ)	12	山田(やまだ)
13	佐々木(ささき)	14	斎藤(さいとう)	15	山口(やまぐち)	16	松本(まつもと)
17	井上(いのうえ)	18	木村(きむら)	19	林(はやし)	20	清水(しみず)

城岡啓二、村山忠重「日本の姓の全国順位データベース」より。2011 年 8 月公開

ෂිරෝකා කේජි, මුරායාමා තදාෂි "ජපානයේ වාසගම් පිළිබඳ පෙළගැස්ම දත්ත ගබඩාව".
2011.08.සිට ප්‍රසිද්ධියට පත් කිරීම

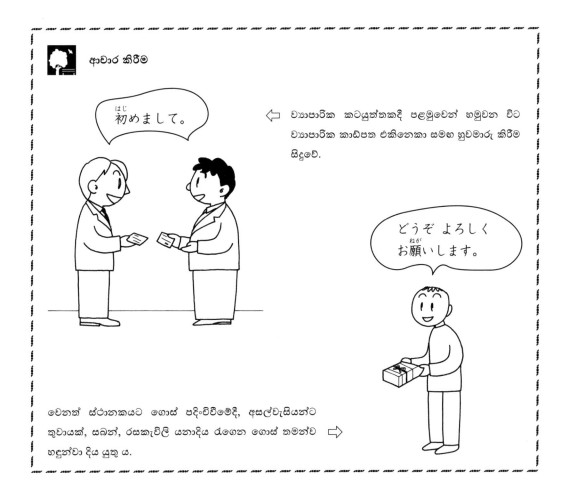

ආචාර කිරීම

⇦ ව්‍යාපාරික කටයුත්තකදී පළමුවෙන් හමුවන විට ව්‍යාපාරික කාඩ්පත එකිනෙකා සමඟ හුවමාරු කිරීම සිදුවේ.

どうぞ よろしく お願(ねが)いします。

වෙනත් ස්ථානකයට ගොස් පදිංචිවීමේදී, අසල්වැසියන්ට තුවායක්, සබන්, රසකැවිලි යනාදිය රැගෙන ගොස් තමන්ව හඳුන්වා දිය යුතු ය. ⇨

IV. ව්‍යාකරණ විස්තර

1. これ／それ／あれ

これ、それ、あれ යන පද යම් දෙයක් හැඳින්වීම සඳහා භාවිත කරන අතර, ඒවා නාම පද ලෙස ක්‍රියාත්මක වේ.

භාෂකයා අසල තිබෙන දෙයක් සඳහන් කිරීම සඳහා これ භාවිත වේ.

ශ්‍රාවකයා අසල තිබෙන දෙයක් සඳහන් කිරීම සඳහා それ භාවිත වේ.

භාෂකයා සහ ශ්‍රාවකයා යන දෙදෙනාටම දුරින් තිබෙන දෙයක් සඳහන් කිරීම සඳහා あれ භාවිත වේ.

① それは 辞書（じしょ）ですか。　　ඕක ශබ්දකෝෂයක් ද?

② これは だれの 傘（かさ）ですか。　　මේ කුඩය කාගේ ද?

2. この නාම පද／その නාම පද／あの නාම පද

නාම පද විශේෂණය කරන විට この、その、あの යන පද විශේෂණය වන නාමපදයට පෙර යෙදේ.

③ この 本（ほん）は わたしのです。　　මේ පොත මගේ.

④ あの 方（かた）は どなたですか。　　අර පුද්ගලයා කවුද?

これ
この かばん
それ
その かばん
あれ
あの かばん

3. そうです

නාම පදයක් සහිත ආඛ්‍යාතයක් මඟින් නිශ්චයාර්ථය හෝ ප්‍රතිශේධාර්ථය පිළිබඳව කරනු ලබන ප්‍රශ්න කිරීමේදී, නිශ්චයාර්ථයේ පිළිතුරක් ලෙස そう යන පදය සහිත はい、そうです යනුවෙන් පිළිතුරු ලබා දේ.

⑤ それは 辞書（じしょ）ですか。　　ඕක ශබ්දකෝෂයක් ද?
　……はい、そうです。　　……ඔව්, එහෙමයි.

නිශේධනය කරන විට, සාමාන්‍යයෙන් そう යන පදය යොදාගනිමින් පිළිතුරු ලබාදීම සිදු නොකරයි. ඒ වෙනුවට බොහෝ විට ちがいます (වැරදි) යනුවෙන් ප්‍රකාශ කිරීම හෝ නිවැරදි පිළිතුර ප්‍රකාශ කිරීම සිදු කෙරේ.

⑥ それは ミラーさんのですか。　　ඕක මිලර්ගේ ද?
　……いいえ、違（ちが）います。　　……නැහැ, වැරදියි.

⑦ それは シャープペンシルですか。　　ඕක යාන්ත්‍රික පැන්සලක් ද?
　……いいえ、ボールペンです。　　……නැහැ, බෝල්පොයින්ට් පෑනක්.

4. ～か、～か

එකම වාක්‍යයක් තුළ අනුපිළිවෙළින් ප්‍රශ්න එකකට වඩා වැඩියෙන් යෙදෙන විට, එම ප්‍රශ්න අතුරින් නිවැරදි දෙය තෝරාගැනීම සඳහා වූ ප්‍රශ්නවාචී වාක්‍ය වේ. පිළිතුරු ලබා දෙන විට, はい、いいえ යන පද වෙනුවට තෝරාගත් වාක්‍යය එලෙසම ප්‍රකාශ කෙරේ.

⑧ これは「9」ですか、「7」ですか。　　මේක නමය ද, හත ද?
　……「9」です。　　……නමය.

5. නාම පද$_1$ の නාම පද$_2$

මෙ “නාම පද$_1$ の නාම පද$_2$” විශේෂණය කිරීමේදී නාම පද$_1$ සහ නාම පද$_2$ අතර の නිපාතය භාවිත කෙරෙන බව පළමුවන පාඩමේ පැහැදිලි කර ඇත. මෙම පාඩමෙන් පහත සඳහන් වන の යෙදීම් පිළිබඳව ඉගෙන ගනිමු.

1) නාම පද$_1$ යනුවෙන් විස්තර කෙරෙන්නේ නාම පද$_2$ යනු කුමක් පිළිබඳව ද යන්නයි.

⑨ これは コンピューターの 本(ほん)です。　　මේක පරිගණක ගැන පොතක්.

2) නාම පද$_1$ යනුවෙන් දැක්වෙන්නේ නාම පද$_2$ යන්නෙහි හිමිකරුවෙකි.

⑩ これは わたしの 本(ほん)です。　　මේක මගේ පොතක්.

6. නාම පද වෙනුවෙන් යෙදෙන の

මෙම の යන්න කලින් සඳහන් වූ නාම පදය (⑪ වැනි උදාහරණයෙහි かばん) වෙනුවෙන් භාවිත කෙරේ. එය ⑪ වැනි වාක්‍යයෙහි නාම පදය (さとうさん) ට පසුව යෙදුණු විට, “නාම පද$_1$ の නාම පද$_2$” (さとうさんの かばん) යන යෙදුමෙහි නාම පද$_2$ (かばん) ලොප් කිරීමට සමාන වේ. の යන්න දෙයක් වෙනුවෙන් භාවිත කෙරෙන අතර, කෙනෙක් වෙනුවෙන් භාවිත නොකෙරේ.

⑪ あれは だれの かばんですか。　　අර බෑගය කාගේ ද?
　……佐藤(さとう)さんのです。　　……සතෝ මහත්තයාගේ.

⑫ この かばんは あなたのですか。　　මේ බෑගය ඔයාගේ ද?
　……いいえ、わたしのじゃ ありません。　　……නෑ, මගේ නොවේ.

⑬ ミラーさんは IMCの 社員(しゃいん)ですか。
　මිලර් මහත්තයා අයි.එම්.සී. සමාගමේ සේවකයෙක් ද?
　……はい、IMCの 社員(しゃいん)です。　　……ඔව්, අයි.එම්.සී. සමාගමේ සේවකයෙක්.
　× はい、IMCのです。

7. お～

භාෂණයේදී වඩාත් ආචාරශීලී බවක් නිරූපණය කිරීම සඳහා ඇතැම් නාමපදවල මුලට お උපසර්ගය යොදයි.
(උදා-: [お]みやげ、[お]さけ)

8. そうですか

අලුත් තොරතුරු ලැබෙන විට තේරුම්ගත් බව ප්‍රකාශ කිරීම සඳහා මෙම යෙදුම යෙදේ. එහි අග කොටස පහත්ව උච්චාරණය කෙරේ.

⑭ この 傘(かさ)は あなたのですか。　　මේ කුඩය ඔයාගේ ද?
　……いいえ、違(ちが)います。シュミットさんのです。
　……නෑ, මගේ නොවේ. සුමිත් මහත්තයාගේ.
　そうですか。　　එහෙම ද?

තුන්වන පාඩම

I. වචන මාලාව

ここ		මෙතන
そこ		ඔතන
あそこ		අතන
どこ		කොතන
こちら		මෙහේ, මෙතැන (ここ කියන පදයේ ආචාරශීලී රූපය)
そちら		ඔහේ, ඔතැන (そこ කියන පදයේ ආචාරශීලී රූපය)
あちら		අරහේ, අතන (あそこ කියන පදයේ ආචාරශීලී රූපය)
どちら		කොහේ (どこ කියන පදයේ ආචාරශීලී රූපය)
きょうしつ	教室	පංති කාමරය
しょくどう	食堂	කැන්ටීම, ආපනශාලාව
じむしょ	事務所	කාර්යාලය
かいぎしつ	会議室	සම්මන්ත්‍රණ කාමරය/ශාලාව
うけつけ	受付	පිළිගැනීමේ මේසය, පිළිගැනීමේ ස්ථානය
ロビー		ආලින්දය
へや	部屋	කාමරය
トイレ(おてあらい)	(お手洗い)	වැසිකිළිය
かいだん	階段	පඩි පෙළ
エレベーター		විදුලි සෝපානය
エスカレーター		විදුලි තරප්පු, එස්කලේටරය
じどうはんばいき	自動販売機	බඩු විකිණීමට ඇති ස්වයංක්‍රීය යන්ත්‍රය
でんわ	電話	දුරකතනය, ටෙලිෆෝනය
[お]くに	[お]国	රට
かいしゃ	会社	සමාගම, කොම්පැනිය
うち		නිවස, ගෙදර

くつ	靴	සපත්තු
ネクタイ		ටයි පටිය
ワイン		වයින්, මිදිපැන්
うりば	売り場	(සුපිරි වෙළඳ සැලේ යම් ද්‍රව්‍යයක්) විකුණන ස්ථානය
ちか	地下	පතුල් මාලය, බේස්මන්ට් එක
ーかい(ーがい)	ー階	ー වෙනි මහල, ー වෙනි තට්ටුව
なんがい*	何階	කීවෙනි තට්ටුව ද
ーえん	ー円	ー යෙන්
いくら		කීය ද
ひゃく	百	සීය
せん	千	දහස
まん	万	දහ දහස

〈練習(れんしゅう) C〉

すみません。	මේ…, සමාවෙන්න.
どうも。	ස්තුතියි.

〈会話(かいわ)〉

いらっしゃいませ。	එන්න, එන්න. (කඩයට බඩු ගන්නට ආ පාරිභෝගිකයෙකු පිළිගැනීමට යොදනු ලබන ආචාරශීලී යෙදුමකි)
[～を] 見(み)せて ください。	(කරුණාකර) ～පෙන්වන්න.
じゃ	එහෙනම්
[～を] ください。	(කරුණාකර) ～දෙන්න.

イタリア	ඉතාලිය
スイス	ස්විස්ටර්ලන්තය
フランス	ප්‍රංශය
ジャカルタ	ජකර්තා
バンコク	බැංකොක්
ベルリン	බර්ලින්
新大阪(しんおおさか)	ඕසකාවල පිහිටි දුම්රිය පොළ

II. පරිවර්තනය

වාක්‍ය රටා

1. මෙතන ආපන ශාලාව.
2. විදුලි සෝපානය තියෙන්නෙ අතන.

3

උදාහරණ වගන්ති

1. මෙතන ෂින් ඕසකා ද?
   ······ඔව්, එහෙමයි.
2. වැසිකිළිය කොහෙ ද?
   ······අතන.
3. යමදා මහත්තයා කොහෙ ද?
   ······රැස්වීම් කාමරයේ.
4. කාර්යාලය කොයි පැත්තෙ ද?
   ······අර පැත්තේ.
5. [ඔබගේ] රට මොකක් ද?
   ······ඇමරිකාව.
6. ඕක කොහේ සපත්තුවක් ද?
   ······ඉතාලියේ සපත්තුවක්.
7. මේ අත් ඔරලෝසුව කීය ද?
   ······යෙන් 18,600 යි.

සංවාදය

මේක දෙන්න.

සාප්පුවේ සේවක A:	එන්න. මගෙන් මොනවද කෙරෙන්න ඕන?
මරියා:	සමාවෙන්න. වයින් තියෙන්නෙ කොහෙ ද?
සාප්පුවේ සේවක A:	පළමු යටි බිම් මහලේ.
මරියා:	ස්තුතියි.
	....
මරියා:	සමාවෙන්න. ඔය වයින් එක පෙන්නන්න.
සාප්පුවේ සේවක B:	ඔව්. මෙන්න ගන්න.
මරියා:	මේක කොහේ වයින් ද?
සාප්පුවේ සේවක B:	ජපානයේ.
මරියා:	කීය ද?
සාප්පුවේ සේවක B:	යෙන් 2,500 යි.
මරියා:	එහෙනම්, මේක දෙන්න.

III. අදාළ වචන සහ තොරතුරු

デパート　සුපිරි වෙළඳ සංකීර්ණය

屋上（おくじょう）
遊園地（ゆうえんち）
විනෝද උයන

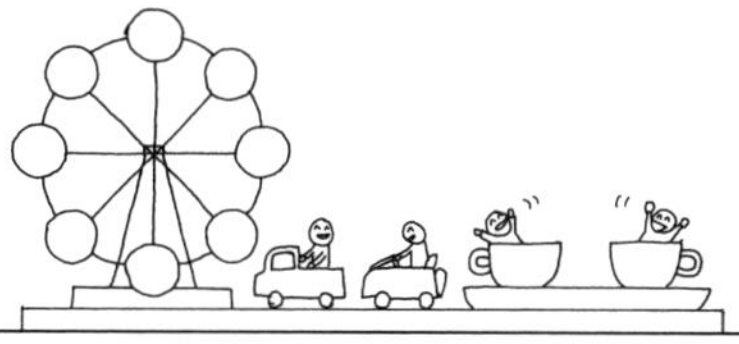

8階（かい）
レストラン・催し物会場（もよおしものかいじょう）
අවන්හල්, උත්සව ශාලාව

7階（かい）
時計（とけい）・眼鏡（めがね）
ඔරලෝසුව, උපැස් යුගල

6階（かい）
スポーツ用品（ようひん）・旅行用品（りょこうようひん）
ක්‍රීඩා භාණ්ඩ, සංචාරක භාණ්ඩ

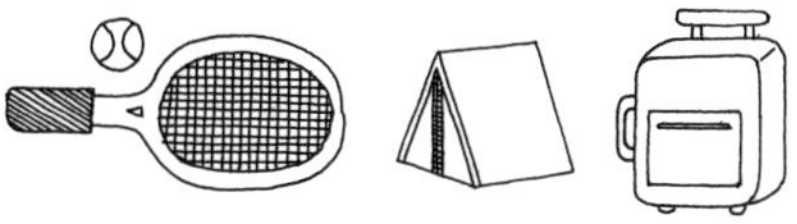

5階（かい）
子（こ）ども服（ふく）・おもちゃ・本（ほん）・文房具（ぶんぼうぐ）
ළමා ඇඳුම්, සෙල්ලම් බඩු, පොත්, ලිපි ද්‍රව්‍ය

4階（かい）
家具（かぐ）・食器（しょっき）・電化製品（でんかせいひん）
ගෘහ භාණ්ඩ, මුළුතැන්ගෙයි උපකරණ, විදුලි භාණ්ඩ

3階（かい）
紳士服（しんしふく）
පිරිමි ඇඳුම්

2階（かい）
婦人服（ふじんふく）
කාන්තා ඇඳුම්

1階（かい）
靴（くつ）・かばん・アクセサリー・化粧品（けしょうひん）
සපත්තු, බෑග්, ආභරණ, රූපලාවණ්‍ය ආලේපන

地下（ちか）1階（かい）
食品（しょくひん）
ආහාර

地下（ちか）2階（かい）
駐車場（ちゅうしゃじょう）
රථ ගාල

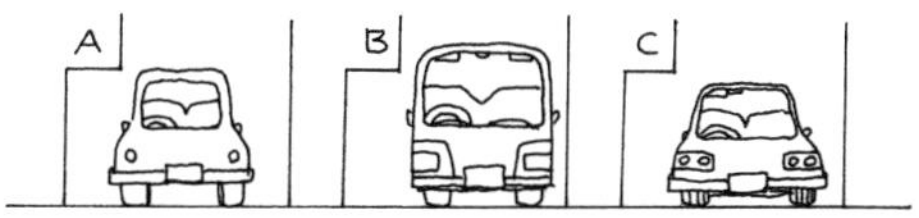

IV. ව්‍යාකරණ විස්තර

3

1. ここ／そこ／あそこ／こちら／そちら／あちら

ここ、そこ、あそこ යනුවෙන් දැක්වෙන්නේ නිශ්චිත ස්ථානයකි. භාෂකයා සිටින ස්ථානය ここ යනුවෙන් ද, ශ්‍රාවකයා සිටින ස්ථානය そこ යනුවෙන් ද, දෙදෙනාටම දුරින් තිබෙන ස්ථානය あそこ යනුවෙන් ද දැක්වේ.

こちら、そちら、あちら යනුවෙන් දැක්වෙන්නේ දිශාවකි. ඒවා අනුපිළිවෙළින්, ここ、そこ、あそこ වෙනුවෙන් ඇස් ඉදිරියේ තිබෙන ස්ථානයක් සඳහන් කිරීම සඳහා යෙදේ. එමගින් වඩාත් ආචාරශීලී බවක් නිරූපණය වේ.

සංලක්ෂ්‍යය:- භාෂකයා තමන්ගේ කලාපය තුළ ශ්‍රාවකයා ද සිටින්නේ යැයි සලකන විට, දෙදෙනාම සිටින ස්ථානයට ここ යනුවෙන් ද, දෙදෙනාට මදක් දුරින් තිබෙන ස්ථානයකට そこ යනුවෙන් ද, දෙදෙනාට වඩාත් දුරින් තිබෙන ස්ථානයකට あそこ යනුවෙන් ද සඳහන් කෙරේ.

2. නාම පද は ස්ථාන です

මෙම වාක්‍ය රටාව භාවිත කිරීමෙන් දෙයක්, ස්ථානයක්, කෙනෙක්, ආදි වශයෙන් පවතින ස්ථානයක් පිළිබඳව ප්‍රකාශ කළ හැකි ය.

① お手(て)洗(あら)いは あそこです。	වැසිකිළිය තියෙන්නෙ අතන.
② 電話(でんわ)は 2階(かい)です。	දුරකතනය තියෙන්නෙ දෙවෙනි තට්ටුවේ.
③ 山田(やまだ)さんは 事務所(じむしょ)です。	යමදා මහත්තයා ඉන්නෙ කාර්යාලයේ.

3. どこ／どちら

どこ යනුවෙන් දැක්වෙන්නේ ස්ථානයක් පිළිබඳව වූ ප්‍රශ්නවාචී පදයකි. どちら යනුවෙන් දැක්වෙන්නේ දිශාවක් පිළිබඳව වූ ප්‍රශ්නවාචී පදයකි. ස්ථානයක් පිළිබඳව විමසන විට どちら යන පදය ද භාවිත කෙරෙන අතර එය එවිට どこ යන පදයට වඩා වඩාත් ආචාරශීලී බවක් නිරූපණය කෙරේ.

④ お手(て)洗(あら)いは どこですか。 ……あそこです。	වැසිකිළිය තියෙන්නෙ කොතන ද? ……අතන.
⑤ エレベーターは どちらですか。 ……あちらです。	විදුලි සෝපානය තියෙන්නෙ කොයි පැත්තෙ ද? ……අර පැත්තෙ.

එමෙන්ම රටක්, ආයතනයක්, පාසලක් වැනි ස්ථානයක් හා බැඳුණු නමක් හෝ සංවිධානයක නමක් විමසන විට, යෙදෙන ප්‍රශ්නවාචී පදය なん නොව, どこ、どちら යන්න ය. どこ යන පදයට වඩා どちら යන පදය භාවිත කිරීමෙන් වඩාත් ආචාරශීලී බවක් නිරූපණය කෙරේ.

⑥ 学校(がっこう)は どこですか。 මොන පාසලේ / පාසලෙන් ද?

⑦ 会社(かいしゃ)は どちらですか。 මොන කොම්පැනියේ ද වැඩ කරන්නෙ?

3

4. **නාම පද$_1$ の නාම පද$_2$**

නාම පද$_1$ යන්න රටක නම වී, නාම පද$_2$ යන්න නිෂ්පාදනයක් වන විට "නාම පද$_1$ の" යන යෙදුමෙන් දැක්වෙන්නේ එම රටේ නිෂ්පාදනයක් වන බව ය. නාම පද$_1$ යන්න ආයතනයක නම වී, නාම පද$_2$ යන්න නිෂ්පාදනයක් වන විට "නාම පද$_1$ の" යන යෙදුමෙන් දැක්වෙන්නේ එම ආයතනයේ නිෂ්පාදනයක් වන බව ය. ඒ දෙකම සම්බන්ධයෙන් ප්‍රශ්න අසන විට, どこ යන ප්‍රශ්නවාචී පදය යොදාගනිමින් ප්‍රශ්න වාක්‍ය නිර්මාණය කෙරේ.

⑧ これは どこの コンピューターですか。 මේක කොහේ කොම්පැනියේ පරිගණකයක් ද?
……日本(にほん)の コンピューターです。 ……ජපානයේ පරිගණකයක්.
……パワー電気(でんき)の コンピューターです。 ……පවර් විදුලි සංස්ථාවේ පරිගණකයක්.

5. **こ／そ／あ／ど (නිදර්ශක පද)**

	こ මාලාව	そ මාලාව	あ මාලාව	ど මාලාව
දෙයක්	これ	それ	あれ	どれ (16 වන පාඩම)
දෙයක්, කෙනෙක්	この නාම පද	その නාම පද	あの නාම පද	どの නාම පද (16 වන පාඩම)
ස්ථානයක්	ここ	そこ	あそこ	どこ
දිශාවක්, ස්ථානයක් (ආචාරශීලී බව)	こちら	そちら	あちら	どちら

6. **お～**

ශ්‍රාවකයා හෝ වෙනත් අයෙකු පිළිබඳ යම් තොරතුරක්/කරුණක් දැක්වෙන පදයකට පෙර お යන උපසර්ගය යෙදීමෙන්, භාෂකයාගේ ආචාරශීලී බව නිරූපණය කෙරේ.

⑨ [お]国(くに)は どちらですか。 ඔයාගේ රට මොකක් ද?

හතරවන පාඩම

I. වචන මාලාව

おきます	起きます	අවදිවනවා
ねます	寝ます	නිදා ගන්නවා, නින්දට යනවා
はたらきます	働きます	වැඩ කරනවා
やすみます	休みます	විවේක ගන්නවා, නිවාඩු ගන්නවා
べんきょうします	勉強します	ඉගෙන ගන්නවා, පාඩම් කරනවා
おわります	終わります	අවසන් වෙනවා
デパート		සුපිරි වෙළඳ සැල
ぎんこう	銀行	බැංකුව
ゆうびんきょく	郵便局	තැපැල් කන්තෝරුව
としょかん	図書館	පුස්තකාලය
びじゅつかん	美術館	කලා කෞතුකාගාරය
いま	今	දැන්
ーじ	ー時	(පැය ගණන දැක්වීමට යෙදෙන ප්‍රත්‍යයකි)
ーふん(ーぷん)	ー分	(මිනිත්තු ගණන දැක්වීමට යෙදෙන ප්‍රත්‍යයකි)
はん	半	(හය) හමාර (පැය භාගයක් දැක්වීමට යෙදේ)
なんじ	何時	වෙලාව කීය ද
なんぷん*	何分	විනාඩි කීය ද
ごぜん	午前	පෙරවරු, පූර්ව භාග
ごご	午後	පස්වරු, අපර භාග
あさ	朝	උදය කාලය
ひる	昼	දිවා කාලය
ばん(よる)	晩(夜)	රාත්‍රිය, සන්ධ්‍යාව
おととい		පෙරේදා
きのう		ඊයේ
きょう		අද
あした		හෙට
あさって		අනිද්දා
けさ		අද උදය
こんばん	今晩	අද රාත්‍රිය
やすみ	休み	විවේකය, නිවාඩුව, නිවාඩු දිනය
ひるやすみ	昼休み	දිවා භෝජන විවේකය

しけん	試験	විභාගය
かいぎ	会議	රැස්වීම (～を　します：රැස්වීමක් පවත්වනවා)
えいが	映画	චිත්‍රපටය
まいあさ	毎朝	සෑම උදෑසනම
まいばん	毎晩	සෑම රාත්‍රියම
まいにち	毎日	සෑමදාම
げつようび	月曜日	සඳුදා
かようび	火曜日	අඟහරුවාදා
すいようび	水曜日	බදාදා
もくようび	木曜日	බ්‍රහස්පතින්දා
きんようび	金曜日	සිකුරාදා
どようび	土曜日	සෙනසුරාදා
にちようび	日曜日	ඉරිදා
なんようび	何曜日	සතියේ කවරදා ද
～から		～සිට
～まで		～දක්වා, ～තෙක්
～と　～		සහ (නාම පද සන්ධි කිරීමට යෙදේ)

〈練習(れんしゅう)C〉

大変(たいへん)ですね。	හරි අමාරුයි, නේද? (අනුකම්පාව දැක්වීම සඳහා යෙදේ)

〈会話(かいわ)〉

番号(ばんごう)	නොම්මරය, අංකය
何番(なんばん)	කීවෙනි අංකය ද
そちら	ඔබ, ඔතන

ニューヨーク	නිව්යෝක් නුවර
ペキン	බෙයිජිං නුවර (北京)
ロサンゼルス	ලොස් ඇන්ජලිස් නුවර
ロンドン	ලන්ඩනය
あすか	මනඃකල්පිත ආපනශාලාව
アップル銀行(ぎんこう)	මනඃකල්පිත බැංකුව
みどり図書館(としょかん)	මනඃකල්පිත පුස්තකාලය
やまと美術館(びじゅつかん)	මනඃකල්පිත කලා කෞතුකාගාරය

4

II. පරිවර්තනය

වාක්‍ය රටා

1. දැන් වෙලාව හතරයි පහයි.
2. මම හැමදාම උදේ හයට නැගිටිනවා.
3. මම ඊයෙ පාඩම් කළා.

4

උදාහරණ වගන්ති

1. දැන් වෙලාව කීය ද?
   ······දෙකයි දහයයි.
   නිව්යෝක්වල දැන් වෙලාව කීය ද?
   ······පෙරවරු දොළහයි දහයයි.
2. නිවාඩු මොන දවසෙ ද?
   ······සෙනසුරාදායි ඉරිදායි.
3. ඇපල් බැංකුව කීයේ ඉඳලා කීය වෙනකම් වැඩ ද?
   ······නවයේ ඉඳලා තුන වෙනකම්.
4. හැමදාම රෑ කීයට ද නිදාගන්නෙ?
   ······එකොළහට නිදාගන්නවා.
5. හැමදාම කීයේ ඉඳලා කීය වෙනකම් පාඩම් කරනවා ද?
   ······උදේ නවයේ ඉඳලා හවස තුන වෙනකම් පාඩම් කරනවා.
6. සෙනෙසුරාදා වැඩ කරනවා ද?
   ······නෑ, වැඩ කරන්නෙ නෑ.
7. ඊයෙ පාඩම් කළා ද?
   ······නෑ, පාඩම් කළේ නෑ.

සංවාදය

ඔය කාර්යාලය කීය වෙනකම් විවෘතයි ද?

මිලර්: සමාවෙන්න. 'අසුකා' සමාගමේ දුරකථන අංකය මොකක් ද?
සතෝ: 'අසුකා' සමාගමේ ද? 5275-2725 යි.
මිලර්: බොහොම ස්තුතියි.

....

සාප්පුවේ සේවක: ඔව්, 'අසුකා' සමාගම.
මිලර්: සමාවෙන්න. වැඩ කරන්නෙ කීය වෙනකම් ද?
සාප්පුවේ සේවක: දහය වෙනකම්.
මිලර්: නිවාඩු කවදා ද?
සාප්පුවේ සේවක: ඉරිදා.
මිලර්: එහෙම ද? ස්තුතියි.

III. අදාළ වචන සහ තොරතුරු

電話（でんわ）・手紙（てがみ）　දුරකථනය සහ ලියුම

පොදු ගෙවුම් දුරකථන භාවිත කිරීමේ ක්‍රමය

① රිසීවරය ගන්න.
② කාසියක් හෝ කාඩ්පතක් ඇතුළු කරන්න.
③ අංකය ඔබන්න.*
④ රිසීවරය ආපසු තබන්න.
⑤ කාඩ්පත හෝ කාසි තිබේ නම් ගන්න.

පොදු ගෙවුම් දුරකථනයට කාඩ්පත හෝ යෙන් දහයේ කාසි, සියයේ කාසි පමණක් භාවිත කළ හැකි ය. යෙන් සියයේ කාසි ඇතුළු කළ ද, ඉතිරි මුදල් ලබාගත නොහැකි ය.

*ආරම්භක බොත්තම සහිත දුරකථනය භාවිත කිරීමේදී ③ට පසුව ආරම්භක බොත්තම ඔබන්න.

හදිසි අවස්ථා සඳහා හෝ තොරතුරු ලබාගැනීම සඳහා වූ දුරකථන අංක

110	警察署（けいさつしょ）	පොලීසිය
119	消防署（しょうぼうしょ）	ගිනි නිවීමේ කාර්යාලය
117	時報（じほう）	වේලාව
177	天気予報（てんきよほう）	කාලගුණ වාර්තාව
104	電話番号案内（でんわばんごうあんない）	සේවා පහසුකම් සඳහා වූ දුරකථන නාමාවලිය

ලිපිනය ලිවීමේ ක්‍රමය

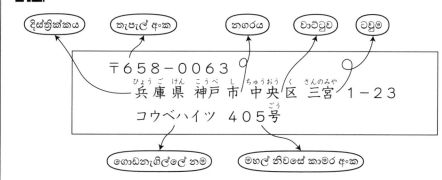

〒658－0063
兵庫県（ひょうごけん） 神戸市（こうべし） 中央区（ちゅうおうく） 三宮（さんのみや） 1－23
コウベハイツ 405号（ごう）

- දිස්ත්‍රික්කය → 兵庫県
- තැපැල් අංක → 〒658－0063
- නගරය → 神戸市
- වාට්ටුව → 中央区
- ටවුම → 三宮
- ගොඩනැගිල්ලේ නම → コウベハイツ
- මහල් නිවසේ කාමර අංක → 405号

IV. ව්‍යාකරණ විස්තර

1. 今 －時－分です

වේලාව දැක්වීම සඳහා සංඛ්‍යා නාමවල අගට 時、分 යන ප්‍රත්‍ය එක් කෙරේ. 分 යන කංජි අක්ෂරයට පෙර 2, 5, 7, 9 යන සංඛ්‍යා යෙදුණොත් එම කංජි අක්ෂරය ふん යනුවෙන් ද, 1, 3, 4, 6, 8, 10 යන සංඛ්‍යා යෙදුණොත් එම කංජි අක්ෂරය ぷん යනුවෙන් ද උච්චාරණය කෙරේ. ぷん ට පෙර යෙදෙන 1, 6, 8, 10 අනුපිළිවෙළින් いっ、ろっ、はっ、じゅっ(じっ) යනුවෙන් උච්චාරණය කෙරේ. (පෙළ පොතේ උපග්‍රන්ථය බලන්න.) වේලාව විමසන විට じ හෝ ふん ට පෙර なん එක් කෙරේ.

① 今 何時ですか。　　දැන් වේලාව කීය ද?
……7時10分です。　　……හතයි දහයයි.

2. ක්‍රියා පද ます／ක්‍රියා පද ません／ක්‍රියා පද ました／ක්‍රියා පද ませんでした

1) "ක්‍රියා පද ます" වාක්‍යයක ආඛ්‍යාතය වේ. ます යනුවෙන් දැක්වෙන්නේ, අසන්නා කෙරෙහි භාෂකයා තුළ ඇති ආචාරශීලී හෝ ගෞරව සම්ප්‍රයුක්ත බවකි.

② わたしは 毎日 勉強します。　　මම හැමදාම පාඩම් කරනවා.

2) වර්තමානයේ සිදුකරමින් පවතින පුරුද්දක් හෝ සත්‍යයක්, අනාගතයේ සිදුකරමින් පවතින ක්‍රියාවක් හෝ සිද්ධියක් පිළිබඳව ප්‍රකාශ කිරීම සඳහා "ක්‍රියා පද ます" යන්න යෙදේ. ප්‍රතිෂේධාර්ථය හෝ අතීත කාලය අනුව පහත සඳහන් පරිදි වර නැඟෙයි.

	අනතීත කාලය (වර්තමාන, අනාගත)	අතීත කාලය
නිශ්චිතත්වය	おきます	おきました
ප්‍රතිෂේධනය	おきません	おきませんでした

③ 毎朝 6時に 起きます。　　හැමදාම උදේ හයට නැඟිටිනවා.
④ あした 6時に 起きます。　　හෙට හයට නැඟිටිනවා.
⑤ けさ 6時に 起きました。　　අද උදේ හයට නැඟිට්ටා.

3) වචන පිළිවෙළ වෙනස් නොකර වාක්‍යයක අගට か නිපාතය එක් කිරීම මඟින් ප්‍රශ්නවාචී වාක්‍යයක් නිර්මාණය කරගත හැකි අතර, එම ප්‍රශ්නවාචී ප්‍රත්‍යය, ප්‍රශ්න කිරීමට අවශ්‍ය කරුණට පසුව එකතු කෙරේ. පිළිතුරු සැපයීමේදී, ප්‍රශ්න වාක්‍යයෙහි තිබෙන ක්‍රියා පදය නැවත භාවිත කෙරේ. そうです、ちがいます යන පද (දෙවන පාඩම බලන්න.) ක්‍රියා පදයක් සහිත ප්‍රශ්න වාක්‍යයකට පිළිතුරු දීම සඳහා භාවිත කළ නොහැකි ය.

⑥ きのう 勉強しましたか。　　ඊයෙ පාඩම් කළා ද?
……はい、勉強しました。　　……ඔව්, පාඩම් කළා.
……いいえ、勉強しませんでした。　　……නෑ, පාඩම් කළේ නැහැ.
⑦ 毎朝 何時に 起きますか。　　හැමදාම උදේ කීයට ද නැඟිටින්නෙ?
……6時に 起きます。　　……හයට නැඟිටිනවා.

3. නාම පද (වේලාව) に ක්‍රියා පද

වේලාව නිරූපණය කෙරෙන නාම පදයට පසුව に නිපාතය එක් වීමෙන් යම් කිසි ක්‍රියාවක් සිදුවන වේලාව දැක්වේ.

⑧ 6時半に 起きます。　　හය හමාරට නැඟිටිනවා.

⑨ 7月2日(がつふつか)に 日本(にほん)へ 来(き)ました。　ජූලි මාසෙ දෙවෙනි දා ජපානයට ආවා. (දෙවන පාඩම)

සංලක්ෂ්‍යය 1:- පහත සඳහන් වේලාව නිරූපණය කෙරෙන නාම පදවලට に නිපාතය එක් නොවේ.

きょう、あした、あさって、きのう、おととい、けさ、こんばん、いま、まいあさ、まいばん、まいにち、せんしゅう (පස්වන පාඩම)、こんしゅう (පස්වන පාඩම)、らいしゅう (පස්වන පාඩම)、いつ (පස්වන පාඩම)、せんげつ (පස්වන පාඩම)、こんげつ (පස්වන පාඩම)、らいげつ (පස්වන පාඩම)、ことし (පස්වන පාඩම)、らいねん (පස්වන පාඩම)、きょねん (පස්වන පාඩම) ආදිය.

⑩ きのう 勉強(べんきょう)しました。　ඊයෙ පාඩම් කළා.

සංලක්ෂ්‍යය 2:- පහත සඳහන් නාම පදවලට に නිපාතය එක් වීමට හෝ නොවීමට හැකි ය.

～ようび、あさ、ひる、ばん、よる

⑪ 日曜日(にちようび)[に] 奈良(なら)へ 行(い)きます。　ඉරිදා නාරාවලට යනවා. (පස්වන පාඩම)

4. නාම පද$_1$ から නාම පද$_2$ まで

1) から යනුවෙන් දැක්වෙන්නේ වේලාවේ හෝ ස්ථානයේ ආරම්භය ය. まで යනුවෙන් දැක්වෙන්නේ වේලාවේ හෝ ස්ථානයේ අවසානය ය.

⑫ 9時(じ)から 5時(じ)まで 勉強(べんきょう)します。　නවයේ ඉඳලා පහ වෙනකම් පාඩම් කරනවා.

⑬ 大阪(おおさか)から 東京(とうきょう)まで 3時間(じかん) かかります。

ඕසකා ඉඳලා ටෝකියෝ වෙනකම් පැය තුනක් යනවා. (එකොළොස්වන පාඩම)

2) から සහ まで යන පද දෙක එකම වාක්‍යයක එකවර යෙදිය යුතු නොවන අතර, වෙන් වශයෙන් ද යෙදිය හැකි ය.

⑭ 9時(じ)から 働(はたら)きます。　නවයේ ඉඳලා වැඩ කරනවා.

3) මාතෘකාකරණයට ලක් වූ නාමපද යෙදෙන වාක්‍යවලදී, එය ආරම්භයේ සහ අවසානයේ වේලාව සහ දිනය දැක්වීම සඳහා ～から、～まで、～から ～まで යන පද සමඟ です ප්‍රත්‍යය එකතු වීමෙන් වාක්‍ය නිර්මාණය වේ.

⑮ 銀行(ぎんこう)は 9時(じ)から 3時(じ)までです。

නවයේ ඉඳලා තුන වෙනකන් බැංකුව ඇරලා තියෙනවා.

⑯ 昼休(ひるやす)みは 12時(じ)からです。　දවල් විවේකය තියෙන්නෙ දොළහේ ඉඳලා.

5. නාම පද$_1$ と නාම පද$_2$

නාම පද දෙකක් හෝ කිහිපයක් අනුපිළිවෙළින් යෙදෙන විට, නාම පද දෙකක් අතරට と නිපාතය යෙදීමෙන් වාක්‍ය නිර්මාණය කළ හැකි ය.

⑰ 銀行(ぎんこう)の 休(やす)みは 土曜日(どようび)と 日曜日(にちようび)です。　සඳුදා සහ ඉරිදා බැංකු නිවාඩු.

6. ～ね

භාෂකයා විසින් කරනු ලබන ප්‍රකාශයකට ප්‍රතිචාර වශයෙන් ශ්‍රාවකයාගේ එකඟතාව බලාපොරොත්තු වීම, තහවුරු කිරීම හෝ අවධානය යොමු කරවීම සඳහා ね නිපාතය වාක්‍යයක අවසානයට යෙදෙයි.

⑱ 毎日(まいにち) 10時(じ)まで 勉強(べんきょう)します。　හැමදාම දහය වෙනකම් පාඩම් කරනවා.

……大変(たいへん)ですね。　……මහන්සියි නේ.

⑲ 山田(やまだ)さんの 電話番号(でんわばんごう)は 871の 6813です。

යමදා මහත්තයාගේ දුරකථන අංකය 871-6813.

……871の 6813ですね。　……871-6813 නේ.

පස්වන පාඩම

I. වචන මාලාව

いきます	行きます	යනවා
きます	来ます	එනවා
かえります	帰ります	ආපහු යනවා (ගෙදර යනවා, සමාගමට ආපහු යනවා)
がっこう	学校	පාසැල
スーパー		සුපිරි සැල
えき	駅	දුම්රිය පොළ
ひこうき	飛行機	ගුවන් යානය
ふね	船	නැව
でんしゃ	電車	විදුලි දුම්රිය
ちかてつ	地下鉄	උමං දුම්රිය
しんかんせん	新幹線	බුලට් (අධිවේගී) දුම්රිය
バス		බස් රිය
タクシー		ටැක්සිය
じてんしゃ	自転車	බයිසිකලය
あるいて	歩いて	පා ගමනින්
ひと	人	කෙනා
ともだち	友達	යහළුවා
かれ*	彼	ඔහු, ආදරවන්තයා
かのじょ	彼女	ඈ, ආදරවන්තිය
かぞく	家族	පවුල
ひとりで	一人で	තනිවම
せんしゅう	先週	ගිය සතිය
こんしゅう	今週	මේ සතිය
らいしゅう	来週	ලබන සතිය
せんげつ	先月	ගිය මාසය
こんげつ*	今月	මේ මාසය
らいげつ	来月	ලබන මාසය
きょねん	去年	ගිය වසර
ことし*		මේ වසර
らいねん	来年	ලබන වසර
ーねん*	ー年	අවුරුදු ー
なんねん*	何年	මොන අවුරුද්ද ද
ーがつ	ー月	ーවන මාසය
なんがつ*	何月	කීවෙනි මාසය ද

ついたち	1日	පළමුවනදා
ふつか*	2日	දෙවනදා, දෙදිනක්
みっか	3日	තුන්වනදා, තෙදිනක්
よっか*	4日	හතරවනදා, සිව් දිනක්
いつか*	5日	පස්වනදා, පස් දිනක්
むいか	6日	හයවනදා, හය දිනක්
なのか*	7日	හත්වනදා, සත් දිනක්
ようか*	8日	අටවනදා, අට දිනක්
ここのか	9日	නමවනදා, නම දිනක්
とおか	10日	දහවනදා, දහ දිනක්
じゅうよっか	14日	දහ හතරවනදා, දහ හතර දිනක්
はつか*	20日	විසි වනදා, විසි දිනක්
にじゅうよっか*	24日	විසි හතරවනදා, විසි හතර දිනක්
ーにち	ー日	ー වනදා, ー දිනක්
なんにち*	何日	කීවනදා ද, දින කීයක් ද
いつ		කවරවිට ද, කවදා ද
たんじょうび	誕生日	උපන් දිනය

〈練習(れんしゅう) C〉

そうですね。	එහෙමයි. (එකඟ වීම පෙන්වීමට යෙදේ)

〈会話(かいわ)〉

［どうも］ありがとう　ございました。	බොහොම ස්තුතියි.
どう　いたしまして。	කමක් නැහැ.
ー番線(ばんせん)	ー වන වේදිකාව
次(つぎ)の	ඊළඟ
普通(ふつう)	සාමාන්‍ය දුම්රිය
急行(きゅうこう)*	ශීඝ්‍රගාමී දුම්රිය
特急(とっきゅう)*	අධිවේගී දුම්රිය

··

甲子園(こうしえん)	ඕසකාවලට ආසන්න ටවුම
大阪城(おおさかじょう)	ඕසකා රජ මාලිගාව (ඕසකාවේ පිහිටි සුප්‍රකට මාලිගාවකි)

II. පරිවර්තනය

වාක්‍ය රටා

1. මම කියෝතො යනවා.
2. මම ටැක්සි එකෙන් ගෙදර යනවා.
3. මම පවුලේ අයත් එක්ක ජපානෙට ආවා.

උදාහරණ වගන්ති

1. හෙට කොහෙ ද යන්නෙ?
   ……නරා යනවා.
2. ඉරිදා කොහෙ ද ගියේ?
   ……කොහේවත් ගියෙ නෑ.
3. කොහොම ද ටෝකියෝ යන්නෙ?
   ……ෂින්කන්සෙන් එකෙන් යනවා.
4. ටෝකියෝ යන්නෙ කාත් එක්ක ද?
   ……යමදා මහත්තයාත් එක්ක යන්නෙ.
5. ජපානෙට ආවෙ කවදා ද?
   ……මාර්තු මාසෙ විසිපස් වෙනිදා ආවෙ.
6. උපන් දිනය කවදා ද?
   ……ජූනි මාසෙ දහතුන්වෙනි දා.

සංවාදය

මේ කෝච්චිය කෝෂිඑන්වලට යනවා ද?

සන්තොස්:	සමාවෙන්න. කෝෂියෙන්වලට ගාණ කීය ද?
කාන්තාව:	යෙන් තුන්සිය පනහයි.
සන්තොස්:	තුන්සිය පනහයි නේ. බොහොම ස්තුතියි.
කාන්තාව:	කමක් නෑ.
	…………………………………………………………………
සන්තොස්:	සමාවෙන්න, කෝෂියෙන්වලට යන කෝච්චිය තියෙන්නෙ කීවෙනි වේදිකාවේ ද?
දුම්රියපොළේ සේවකයා:	පස්වෙනි වේදිකාවේ.
සන්තොස්:	ස්තුතියි.
	…………………………………………………………………
සන්තොස්:	මේ, මේ කෝච්චිය කෝෂියෙන්වලට යනවා ද?
පිරිමියා:	නෑ. කෝෂියෙන්වලට යන්නෙ ඊළඟ සාමාන්‍ය කෝච්චිය නේ.
සන්තොස්:	එහෙම ද? ස්තුතියි.

III. අදාළ වචන සහ තොරතුරු

祝祭日 (しゅくさいじつ)　　මහජන නිවාඩු දින

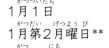

1月1日 (がつついたち)	元日 (がんじつ)	අලුත් අවුරුදු දිනය
1月第2月曜日** (がつだい げつようび)	成人の日 (せいじん ひ)	වයස් පිරීමේ දිනය
2月11日 (がつ にち)	建国記念の日 (けんこくきねん ひ)	රාජ්‍යය ආරම්භය සැමරීමේ දිනය
2月23日 (がつ にち)	天皇誕生日 (てんのうたんじょうび)	අධිරාජ්‍යයාගේ ජන්ම දින සැමරුම් දිනය
3月20日* (がつ はつか)	春分の日 (しゅんぶん ひ)	වසන්ත විෂුවය දිනය
4月29日 (がつ にち)	昭和の日 (しょうわ ひ)	ෂෝවා දිනය
5月3日 (がつみっか)	憲法記念日 (けんぽうきねんび)	ආණ්ඩුක්‍රම ව්‍යවස්ථාව සැමරීමේ දිනය
5月4日 (がつよっか)	みどりの日 (ひ)	හරිත දිනය
5月5日 (がついつか)	こどもの日 (ひ)	ළමා දිනය
7月第3月曜日*** (がつだい げつようび)	海の日 (うみ ひ)	මුහුදු දිනය
8月11日 (がつ にち)	山の日 (やま ひ)	කඳු දිනය
9月第3月曜日*** (がつだい げつようび)	敬老の日 (けいろう ひ)	වැඩිහිටියන් සැමරීමේ දිනය
9月23日* (がつ にち)	秋分の日 (しゅうぶん ひ)	සරත් විෂුවය දිනය
10月第2月曜日** (がつだい げつようび)	スポーツの日 (ひ)	සෞඛ්‍යය සහ ශරීර සුවතා දිනය
11月3日 (がつみっか)	文化の日 (ぶんか ひ)	සංස්කෘති දිනය
11月23日 (がつ にち)	勤労感謝の日 (きんろうかんしゃ ひ)	ශ්‍රමයට කෘතඥපූර්වක වීමේ දිනය

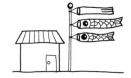

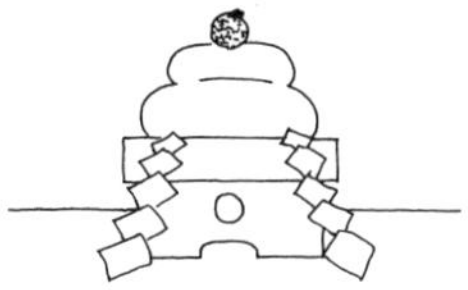

*වර්ෂයෙන් වර්ෂයට වෙනස් වේ.

**දෙවන සඳුදා

***තුන්වන සඳුදා

ඉරිදා දිනය මහජන නිවාඩුවක් වුවහොත්, එය ඊළඟ සඳුදා දිනයට ආදේශ වේ. අප්‍රේල් 29 වන දින සිට මැයි මාසයේ 05 වන දින දක්වා වූ කාලය ゴールデンウィーク (ස්වර්ණමය සතිය) වශයෙන් හැඳින් වේ. ඇතැම් ආයතන මෙම සම්පූර්ණ කාලයම නිවාඩු වශයෙන් නම් කරයි.

IV. ව්‍යාකරණ විස්තර

1. නාම පද (ස්ථානය) へ 行きます／来ます／帰ります

යම් කිසි ගමනාන්තයක් කරා ළඟාවන බව, “ආවා, යනවා” ආදි වශයෙන් වූ ක්‍රියාපදයක් සමඟ සඳහන් කිරීමේදී, එම ගමනාන්තය දැක්වෙන පදයට පසුව へ නිපාතය යොදා වාක්‍ය නිර්මාණය කරයි.

① 京都へ 行きます。　　කියෝතෝ යනවා.

② 日本へ 来ました。　　ජපානෙට ආවා.

③ うちへ 帰ります。　　ගෙදර යනවා.

සංලක්ෂ්‍යය:- へ නිපාතය උච්චාරණය කරනු ලබන්නේ え ලෙස ය.

2. どこ[へ]も 行きません／行きませんでした

ප්‍රශ්නවාචී පදයෙන් විමසනු ලබන වර්ගයට අයත් වන සියල්ල නිෂේධනය කිරීම සඳහා අවශ්‍ය වන විට, ප්‍රශ්නවාචී පදයට も නිපාතය එක් කිරීම සමඟ ක්‍රියා පදය ප්‍රතිශේධන රූපයට පත් කෙරේ.

④ どこ[へ]も 行きません。　　[මම] කොහේවත් යන්නෙ නැහැ.

⑤ 何も 食べません。　　[මම] මොකක්වත් කන්නෙ නැහැ.

⑥ だれも 来ませんでした。　　කවුරුවත් ආවෙ නැහැ.

3. නාම පද (වාහන) で 行きます／来ます／帰ります

で නිපාතයෙන් දැක්වෙන්නේ යම් කිසි ගමනාගමන ක්‍රමවේදයකි. මෙහිදී වාහනයක් හැඳින්වීමට යොදාගනු ලබන නාම පදයක් සමඟ එක් වී, ගමනක් අඟවන ක්‍රියාපද සමඟ භාවිත කිරීමෙන් ගමනාගමන ක්‍රමවේදයක් වශයෙන් හඳුනාගත හැකි ය.

⑦ 電車で 行きます。　　[මම] විදුලි කෝච්චියෙන් යනවා.

⑧ タクシーで 来ました。　　[මම] ටැක්සියකින් ආවා.

පයින් ගමන් කරන යන අදහස ප්‍රකාශ කරන විට で නිපාතය නොයෙදී, あるいて යන යෙදුම යෙදේ.

⑨ 駅から 歩いて 帰りました。　　[මම] ස්ටේසමේ ඉඳන් පයින් ගෙදර ගියා.

4. නාම පද (කෙනෙක්/සතෙක්) と ක්‍රියා පද

と නිපාතය එකතු කිරීමෙන් තමා සමඟ එක්ව යම් කිසි ක්‍රියාවක් සඳහා සහභාගි වූ පුද්ගලයෙකු පිළිබඳව සඳහන් වේ.

⑩ 家族と 日本へ 来ました。　　මගේ පවුලේ අය සමඟ ජපානෙට ආවා.

යම් කිසි පුද්ගලයෙකු තනිව ක්‍රියාවක් කරන විට, ひとりで යන යෙදුම යෙදේ. එවිට と නිපාතය නොයෙදේ.

⑪ 一人で 東京へ 行きます。　　[මම] තනියෙන් ටෝකියෝ යනවා.

5. いつ

වේලාව විමසන විට なんじ、なんようび、なんがつなんにち වැනි なん සහිත ප්‍රශ්නවාචී පද භාවිත කිරීමට අමතරව, ප්‍රශ්නවාචී いつ යන පදය භාවිත වේ. いつ පදය සමඟ に නිපාතය නොයෙදේ.

⑫ いつ 日本へ 来ましたか。　　　　ජපානෙට ආවෙ කවදා ද?
　　……3月25日に 来ました。　　……මාර්තු මාසෙ විසිපස් වෙනි දා ආවෙ.

⑬ いつ 広島へ 行きますか。　　　　හිරෝෂිමාවලට යන්නෙ කවදා ද?
　　……来週 行きます。　　　　　　……ලබන සතියෙ යන්නෙ.

6. ～よ

よ නිපාතය වාක්‍යයක අගට එක් වන අතර එමඟින් ශ්‍රාවකයා නොදන්නා දේවල් කෙරෙහි අවධානය යොමු කරවීම මෙන්ම, භාෂකයාගේ අදහස් ශ්‍රාවකයාට සන්නිවේදනය කිරීමක් ද සිදුවේ.

⑭ この 電車は 甲子園へ 行きますか。　　මේ කෝච්චිය කෝෂියෙන්වලට යනවා ද?
　　……いいえ、行きません。次の 「普通」ですよ。
　　……නැහැ, යන්නෙ නැහැ. ඊළඟ සාමාන්‍ය කෝච්චිය යනවා.

⑮ 北海道に 馬が たくさん いますよ。
　　හොක්කයිදෝවල අශ්වයෝ ගොඩක් ඉන්නවා නේ. (18වන පාඩම)

⑯ マリアさん、この アイスクリーム、おいしいですよ。
　　මරියා නෝනා, මේ අයිස් ක්‍රීම් රසයි නේ. (19වන පාඩම)

7. そうですね

そうですね යනු, වෙනත් අයෙකු විසින් ප්‍රකාශ කරන ලද යම් අදහසකට එකඟ වීම හෝ අනුමත කිරීම සඳහා භාවිත කරනු ලබන යෙදුමකි. そうですか යන යෙදුම ද, එලෙසම භාවිත කෙරේ (දෙවන පාඩමෙහි 7 බලන්න.). そうですか යනු, නොදන්නා අලුත් තොරතුරක් දැනගැනීමට ලැබීමෙන් අනතුරුව එය වටහාගත් බව ප්‍රකාශ කිරීම සඳහා භාවිත කරනු ලබන යෙදුමක් වන අතර, そうですね යන යෙදුම, භාෂකයා ද එසේම සිතා සිටින බවට හෝ අවබෝධ කොටගෙන සිටින බවට එකඟ වීම හෝ අනුමත කිරීම සඳහා භාවිත කරනු ලබන යෙදුමකි.

⑰ あしたは 日曜日ですね。　　　　හෙට ඉරිදා නේද?
　　……あ、そうですね。　　　　　……අහ්, එහෙම නේද?

හයවන පාඩම

I. වචන මාලාව

たべます	食べます	කනවා
のみます	飲みます	බොනවා
すいます ［たばこを～］	吸います	බොනවා, පානය කරනවා [සිගරැට්ටු, දුම් ～]
みます	見ます	බලනවා
ききます	聞きます	අහනවා
よみます	読みます	කියවනවා
かきます	書きます	ලියනවා (かきます යන පදයෙන් චිත්‍රයක් අඳිනවා යන්නෙහි අර්ථයක් ද දැක්වේ. එම අර්ථය දැක්වීම සඳහා මෙම පොතෙහි හිරගනා අකුරුවලින් ලියනු ලැබේ)
かいます	買います	මිලදී ගන්නවා
とります ［しゃしんを～］	撮ります ［写真を～］	ගන්නවා [පිංතූර, ෆොටෝ ～]
します		කරනවා
あいます ［ともだちに～］	会います ［友達に～］	හමුවෙනවා [යහළුවෙකු ～]
ごはん		කෑම, බත්
あさごはん*	朝ごはん	උදේ කෑම/ආහාරය
ひるごはん	昼ごはん	දිවා කෑම/ආහාරය
ばんごはん*	晩ごはん	රාත්‍රී කෑම/ආහාරය
パン		පාන්
たまご	卵	බිත්තර
にく	肉	මස්
さかな	魚	මාළු
やさい	野菜	එළවළු
くだもの	果物	පලතුරු
みず	水	වතුර
おちゃ	お茶	ජපන් තේ, තේ
こうちゃ	紅茶	තේ
ぎゅうにゅう （ミルク）	牛乳	(එළ) කිරි
ジュース		එළවළු හා පලතුරු යුෂ
ビール		බීර
［お］さけ	［お］酒	මත්පැන්, සකෙ
たばこ		සිගරැට්ටුව, දුම්කොළ

てがみ	手紙	ලියුම
レポート		වාර්තාව, නිබන්ධනය
しゃしん	写真	ඡායාරූපය
ビデオ		විඩියෝ ඩෙක් එක, විඩියෝ පටිය
みせ	店	වෙළඳ සැල, සාප්පුව
にわ	庭	ගෙවත්ත, මිදුල
しゅくだい	宿題	ගෙදර වැඩ (～を します：ගෙදර වැඩ කරනවා)
テニス		ටෙනිස් (～を します：ටෙනිස් ගහනවා)
サッカー		පාපන්දු (～を します：පාපන්දු ගහනවා)
[お]はなみ	[お]花見	සකුරා මල් නැරඹීම (～を します：සකුරා මල් නැරඹීමට යනවා)
なに	何	මොකක්, මොනවා
いっしょに		එකට, සමග
ちょっと		ටිකක්, පොඩ්ඩක්
いつも		සැම විටම
ときどき	時々	සමහර විට
それから		ඉන් පසු, ඊළඟට
ええ		ඔව්
いいですね。		ඒක හොඳයි.
わかりました。		හා, හොඳයි.

6

41

〈会話〉 (かいわ)

何ですか。(なん)	මොකක් ද?
じゃ、また [あした]。	එහෙනම් පසුව/හෙට හමුවෙමු.

....

メキシコ	මෙක්සිකෝව
大阪デパート (おおさか)	මනඃකල්පිත සුපිරි වෙළඳ සැල
つるや	මනඃකල්පිත ආපනශාලාව
フランス屋 (や)	මනඃකල්පිත සුපිරි වෙළඳ සැල
毎日屋 (まいにちや)	මනඃකල්පිත සුපිරි වෙළඳ සැල

II. පරිවර්තනය

වාක්‍ය රටා

1. මම පොත කියවනවා.
2. මම දුම්රියපොළෙන් පත්තරයක් මිලදී ගන්නවා.
3. මාත් එක්ක කෝබෙ යමු ද?
4. පොඩ්ඩක් විවේක ගමු.

උදාහරණ වගන්ති

1. සකේ බොනවා ද?
   ……නෑ, බොන්නෙ නෑ.
2. හැමදාම උදේට මොනවා ද කන්නෙ?
   ……පානුයි, බිත්තරයි කනවා.
3. අද උදේට මොනවා ද කෑවෙ?
   ……මොකුත් කෑවෙ නෑ.
4. සෙනසුරාදා මොනවා ද කළේ?
   ……ජපන් භාෂාව පාඩම් කළා. ඒ වගේම යහළුවත් එක්ක චිත්‍රපටයක් බැලුවා.
5. ඔය බෑග් එක මිලදී ගත්තෙ කොහෙන් ද?
   ……මෙක්සිකෝවේදී ගත්තෙ.
6. හෙට ටෙනිස් ක්‍රීඩාව කරමු ද?
   ……ඔව්, හොඳයි නෙ.
7. හෙට දහයට දුම්රියපොළේදී හමුවෙමු.
   ……හරි.

සංවාදය

මාත් එක්ක යමු ද?

සතෝ: මිලර් මහත්තයා.
මිලර්: ඇයි, මොකද?
සතෝ: හෙට යහළුවොත් එක්ක සකුරා මල් බලන්න යනවා.
මිලර් මහත්තයාත් අපිත් එක්ක යමු ද?
මිලර්: හොඳයි නේ. කොහෙ ද යන්නෙ?
සතෝ: ඕසකා රජ මාලිගාවට.
මිලර්: කීයට ද යන්නෙ?
සතෝ: දහයට ඕසකා දුම්රියපොළේදී හම්බ වෙමු.
මිලර්: හරි.
සතෝ: හොඳයි. එහෙනම් හෙට හම්බවෙමු.

III. අදාළ වචන සහ තොරතුරු

食べ物　ආහාර
（た もの）

野菜　එළවළ
（やさい）

きゅうり	කැකිරි
トマト	තක්කාලි
なす	වම්බටු
まめ	බෝංචි
キャベツ	ගෝවා
ねぎ	ලීක්ස්
はくさい	චීන ගෝවා
ほうれんそう	නිවිති
レタス	ලෙටස්
じゃがいも	අර්තාපල්
だいこん	රාබු
たまねぎ	ලූනු
にんじん	කැරට්

果物　පලතුරු
（くだもの）

いちご	ස්ට්‍රෝබෙරි	かき	පර්සිමොම්
もも	පීච්	みかん	දොඩම්
すいか	කොමඩු	りんご	ඇපල්
ぶどう	මිදි	バナナ	කෙසෙල්
なし	ජපන් පෙයාර්ස්		

肉　මස්
（にく）

ぎゅうにく	ගව මස්
とりにく	කුකුළු මස්
ぶたにく	ඌරු මස්
ソーセージ	ලිංගුස්
ハム	හැම්

こめ　හාල්

たまご　බිත්තර

魚　මාළු
（さかな）

あじ	කුම්බලා, ජැක් මැකරල්	たい	තයි මාළුවා
いわし	සාඩින්	たら	මෝර මාළු
さば	මැකරල්	えび	ඉස්සො, පොකිරිස්සො
さんま	සන්මා, සෞරි මාළුවා	かに	කකුළුවො
さけ	සැමන්	いか	දැල්ලො
まぐろ	ටූනා	たこ	බූවල්ලො

かい　සිප්පි බෙල්ලො

6

 ජපන් වැසියන් පරිභෝජනය කරන ආහාරවලින් අඩකට වඩා වැඩි ප්‍රමාණයක් ආනයනය කරනු ලබයි. ආහාරවලින් ස්වයං‍පෝෂිත කිරීමේ අනුපාතයන් සැලකීමේදී, ප්‍රධාන ආහාරයේ ධාන්‍ය 59%, එළවළ 81%, පලතුරු 38%, මස් වර්ග 56%, මුහුදු ආහාර 60% වශයෙන් වේ. ප්‍රධාන ආහාරය වන සහල්වලින් රට ස්වයං‍පෝෂිත කිරීමේ අනුපාතය 100%ක් වේ. (කෘෂිකර්ම, ධීවර හා වන අමාත්‍යාංශයේ නිල වාර්තාව, 2010)

IV. ව්‍යාකරණ විස්තර

1. නාම පද を ක්‍රියා පද (සකර්මක ක්‍රියාව)

සකර්මක වාක්‍යයක කර්ම පදය を නිපාතය සමග සම්බන්ධ වේ.

① ジュースを 飲(の)みます。　　පළතුරු යුෂ බොනවා.

සංලක්ෂ්‍යය:- を යන අකුර යෙදෙන්නේ එම නිපාතය නිරූපණය කිරීම සඳහා පමණි.

2. නාම පද を します

කර්ම පදයක් වශයෙන් විවිධ වර්ගවල නාමපද යෙදෙන වාක්‍යවල します යන ක්‍රියාපදය යොදාගනී. එමගින් නිරූපණය වන්නේ, එම කර්ම පදයෙන් දැක්වෙන දෙය ක්‍රියාවකට යටත්වන බව ය. උදාහරණ කිහිපයක් පහත සඳහන් වේ.

1) ක්‍රීඩා, ගේම් ආදි

サッカーを します　පාපන්දු ක්‍රීඩා කරනවා　　トランプを します　කාඩ් ක්‍රීඩාව කරනවා

2) රැස්වීම්, සිද්ධි ආදි

パーティーを します　සාදයක් පවත්වනවා　　会議(かいぎ)を します　රැස්වීමක් පවත්වනවා

3) ඊට අමතරව

宿題(しゅくだい)を します　ගෙදර වැඩ කරනවා　　仕事(しごと)を します　වැඩ කරනවා

電話(でんわ)を します　දුරකථන ඇමතුමක් ගන්නවා

3. 何(なに)を しますか

යම් කිසි පුද්ගලයෙකු විසින් කරනු ලබන ක්‍රියාව පිළිබඳව ප්‍රශ්න කිරීම සඳහා භාවිත කරනු ලබන යෙදුමක් වශයෙන් 何(なに)を しますか හඳුනාගත හැකි ය.

② 月曜日(げつようび) 何(なに)を しますか。　　සඳුදා මොනවද කරන්නෙ?

……京都(きょうと)へ 行(い)きます。　　……කියෝතෝ යනවා.

③ きのう 何(なに)を しましたか。　　ඊයෙ මොනවද කළේ?

……サッカーを しました。　　……පාපන්දු ගැහුවා.

4. なん සහ なに

なん සහ なに යන පද දෙකෙන් එකම අර්ථයක් නිරූපණය වේ.

なん යන පදය යෙදෙන අවස්ථා පහත සඳහන් වේ.

1) なん ට පසුව යෙදෙන වචන た පේළියෙන්, だ පේළියෙන්, な පේළියෙන් ආරම්භ වන විට

④ それは 何(なん)ですか。　　ඔක මොකක් ද?

⑤ 何(なん)の 本(ほん)ですか。

මොකක් ගැන පොතක් ද?/මොන වගේ පොතක් ද?

⑥ 寝(ね)る まえに、何(なん)と 言(い)いますか。

නිදාගන්න කලින් මොකක් ද කියන්නෙ? (විසිඑක්වන පාඩම බලන්න.)

⑦ 何(なん)で 東京(とうきょう)へ 行(い)きますか。　　ටෝකියෝ යන්නෙ කොහොම ද?

6

සංලක්ෂ්‍යය:- ආකාරය පිළිබඳව විමසීමට මෙන්ම, යම් කිසි ක්‍රියාවක් සඳහා හේතු වූ කරුණු පිළිබඳව විමසීමට なんで යන පදය යෙදේ. ආකාරය පිළිබඳවම විමසන බව පැහැදිලිව ප්‍රකාශ කිරීම සඳහා なにで යන පදය යෙදේ.

⑧ 何で東京へ行きますか。　　ටෝකියෝ යන්නෙ කොහොම ද?
……新幹線で行きます。　　……ෂින්කන්සෙන් එකෙන් යන්නෙ.

2) なん ට පසුව සංඛ්‍යා ප්‍රත්‍ය එකතු වන විට

⑨ テレーザちゃんは何歳ですか。　　තෙරේසාට වයස කීය ද?

1) සහ 2) හැර なに භාවිත වේ.

⑩ 何を買いますか。　　මොනවද මිලදී ගන්නෙ?

5. නාම පද (ස්ථානය) で ක්‍රියා පද

මෙහිදී ඉගෙනගනු ලබන で නිපාතය යම් කිසි ස්ථානයක් නිරූපණය කරන නාම පදයකට පසුව එකතු කිරීමෙන්, ක්‍රියාවක් සිදුවන ස්ථානය නිරූපණය කිරීමට සඳහා යොදාගනී.

⑪ 駅で新聞を買います。　　දුම්රියපොළෙන් පත්තරයක් මිලදී ගන්නවා.

6. ක්‍රියා පද ませんか

මෙය ශ්‍රාවකයාට කරනු ලබන ආරාධනාමය ස්වරූපයේ යෙදුමකි.

⑫ いっしょに京都へ行きませんか。　　අපි කියෝතෝ යමු ද?
……ええ、いいですね。　　……ඔව්, හොඳයි නෙ.

7. ක්‍රියා පද ましょう

මෙයද ආරාධනාමය ස්වරූපයේ යෙදුමක් වන නමුත් එය උනන්දුවෙන් කරනු ලබන යෝජනාවක ස්වරූපයක් ගනී. එමෙන්ම යම් කිසි ආරාධනයකට හෝ යෝජනාවකට උනන්දුවෙන්, ධනාත්මකව ප්‍රතිචාරයක් දැක්වීම සඳහා ද මෙම යෙදුම භාවිත කෙරේ.

⑬ ちょっと休みましょう。　　ටිකක් විවේක ගමු.

⑭ いっしょに昼ごはんを食べませんか。　　අපි දවල් කෑම කමු නේද?
……ええ、食べましょう。　　……ඔව්, කමු.

සංලක්ෂ්‍යය:- "ක්‍රියාපද ませんか" සහ "ක්‍රියාපද ましょう" යන යෙදුම් දෙකම භාෂකයා විසින් ශ්‍රාවකයාට කරනු ලබන ආරාධනාමය ස්වරූපයේ යෙදුම් වේ. "ක්‍රියාපද ましょう" යන යෙදුමට වඩා "ක්‍රියාපද ませんか" යන යෙදුම මඟින් ශ්‍රාවකයාගේ අදහසට සහ අවශ්‍යතාවට වඩාත් ගෞරව සම්ප්‍රයුක්ත බවක් නිරූපණය කළ හැකි ය.

8. ～か

භාෂකයා නොදන්නා නැවුම් තොරතුරු ශ්‍රවණය කිරීමෙන් පසුව එය අවබෝධ කරගත් බව か නිපාතයෙන් දැක්වේ. මෙම ව්‍යවහාරය そうですか (දෙවන පාඩමෙහි 8 බලන්න.) යන යෙදුමේ か නිපාතයේ ව්‍යවහාරයට සමාන ය.

⑮ 日曜日京都へ行きました。　　ඉරිදා කියෝතෝ ගියා.
……京都ですか。いいですね。　　……කියෝතෝ ද? හොඳයි නෙ.

හත්වන පාඩම

I. වචන මාලාව

きります	切ります	කපනවා
おくります	送ります	තැපැලෙන් යවනවා/එවනවා
あげます		ලබා දෙනවා
もらいます		ලැබෙනවා
かします	貸します	ණයට හෝ තාවකාලිකව දෙනවා
かります	借ります	තාවකාලිකව ඉල්ලා ගන්නවා, ණයට ගන්නවා
おしえます	教えます	උගන්නනවා
ならいます	習います	ඉගෙන ගන්නවා
かけます ［でんわを～］	 ［電話を～］	ගන්නවා [ටෙලිෆෝන් කෝල් එකක් ～]
て	手	අත
はし		චොප්ස්ටික් (යුගල)
スプーン		හැන්ද
ナイフ		පිහිය
フォーク		ගෑරුප්පුව
はさみ		කතුර
パソコン		පරිගණකය, කොම්පියුටරය
ケータイ		ජංගම දුරකථනය
メール		ඊ-මේල්
ねんがじょう	年賀状	අළුත් අවුරුදු සුභ පැතුම් පත
パンチ		පන්චරය, හිල් විදින උපකරණය
ホッチキス		ස්ටේප්ලරය
セロテープ		සෙලෝ ටේප්
けしゴム	消しゴム	මකනය
かみ	紙	කඩදාසි
はな	花	මල
シャツ		කමිසය, ෂර්ට් එක
プレゼント		තෑග්ග
にもつ	荷物	බැගේජය, යවන හෝ ගෙන යන බඩු
おかね	お金	මුදල්, සල්ලි
きっぷ	切符	ටිකට්ටුව, ප්‍රවේශ පත්‍රය
クリスマス		නත්තල

ちち	父	(තම) පියා
はは	母	(තම) මව
おとうさん*	お父さん	පියා (තමාගේ පියාට හෝ වෙනත් පුද්ගලයෙකුගේ පියෙකුට ආමන්ත්‍රණය කරන විට යෙදේ)
おかあさん	お母さん	මව (තමාගේ මවට හෝ වෙනත් පුද්ගලයෙකුගේ මවකට ආමන්ත්‍රණය කරන විට යෙදේ)
もう		දැනටමත්
まだ		තවම
これから		මෙතැන් සිට

〈練習(れんしゅう) C〉

[～、] すてきですね。	ආකර්ෂණීයයි/ලස්සනයි, නෙ.

〈会話(かいわ)〉

いらっしゃい。	එන්න, එන්න. (අමුත්තෙක් පිළිගැනීමට යොදන ආචාරශීලී යෙදුමකි)
どうぞ お上(あ)がり ください。	කරුණාකරලා ගොඩවෙන්න.
失礼(しつれい)します。	කරදර කරනවාට සමාවෙන්න. (ගෘහයකට හෝ කාර්යාලයකට ඇතුළු වන විට හෝ පිටත් වන විට පවසන ආචාරශීලී යෙදුමකි)
[～は] いかがですか。	ටිකක් කොහොම ද? (යම් දෙයක් පිළිගන්වන විට යොදන විමසීමකි)
いただきます。	ස්තූතියි. (කෑම බීම ගැනීම ආරම්භ කිරීමට පෙර පවසන ආචාරශීලී යෙදුමකි)
ごちそうさま[でした]*。	මා ඉතා රසවත් කෑම වේලක් භුක්ති වින්දෙමි. (කෑම බීම ගැනීමෙන් පසුව පවසන ආචාරශීලී යෙදුමකි)

....

スペイン	ස්පාඤ්ඤය

7

II. පරිවර්තනය

වාක්‍ය රටා

1. මම පරිගණකයෙන් චිත්‍රපට බලනවා.
2. මම කිමුරා නෝනාට මල් දෙනවා.
3. මම කරිනා නෝනාගෙන් චොකලට් ගත්තා.
4. මම දැන් ඊ-මේල් එක යැව්වා.

උදාහරණ වගන්ති

1. රූපවාහිනියෙන් ජපන් භාෂාව ඉගෙනගත්තා ද?
   ……නෑ, රේඩියෝවෙන් ඉගෙනගත්තා.
2. නිබන්ධනය ලියන්නෙ ජපන් භාෂාවෙන් ද?
   ……නෑ, ඉංග්‍රීසියෙන් ලියන්නෙ.
3. "Goodbye" එකට ජපන් භාෂාවෙන් කියන්නෙ කොහොම ද?
   ……"සයෝනරා" කියලා කියනවා.
4. අලුත් අවුරුදු කාඩ් පත් ලියන්නෙ කාට ද?
   ……ගුරුවරුන්ටයි යහළුවන්ටයි ලියන්නෙ.
5. ඕක මොකක් ද?
   ……දින පොතක්. යමදා මහත්තය මට දුන්නෙ.
6. දැන් ෂින්කන්සෙන් ටිකට් එකක් ගත්තා ද?
   ……ඔව්, දැන් ගත්තා.
7. දවල් කෑම කාලා ද?
   ……නෑ, තවම නෑ. තව ටිකකින් කනවා.

සංවාදය

කරුණාකරලා එන්න.

යමදා ඉචිරෝ: ඔව්, කවුද?
ජොසෙ සන්තොස්: සන්තොස්.
……………………………………………………………………
යමදා ඉචිරෝ: එන්න. කරුණාකරලා ඇතුළට එන්න.
ජොසෙ සන්තොස්: ස්තුතියි.
……………………………………………………………………
යමදා තොමොකො: කෝපි එකක් බොමු ද?
මරියා සන්තොස්: බොහොම ස්තුතියි.
……………………………………………………………………
යමදා තොමොකො: ආ…මෙන්න.
මරියා සන්තොස්: ස්තුතියි.
මේ හැන්ද අපූරුයි නේද?
යමදා තොමොකො: ඔව්. සමාගමේ මිතුරෙක් මට දුන්නෙ.
මෙක්සිකෝවෙන් ගෙනාව තෑග්ගක්.

III. අදාළ වචන සහ තොරතුරු

家族 පවුල

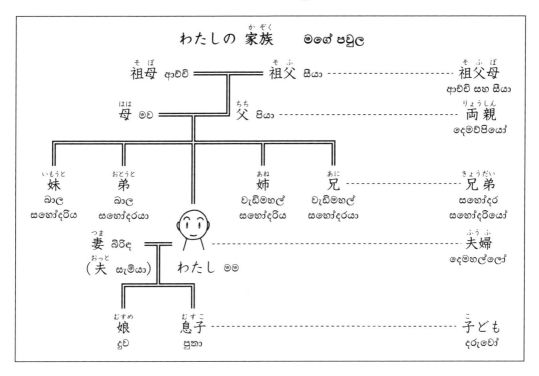

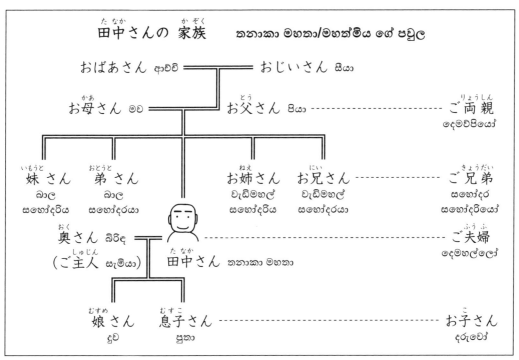

IV. ව්‍යාකරණ විස්තර

1. නාම පද (උපකරණය/උපක්‍රමය) で ක්‍රියා පද

යම් කිසි ක්‍රියාවක් සිදුකරනු ලබන බව දැක්වීම සඳහා ඊට අදාළ උපක්‍රමය හෝ ක්‍රමවේදයට පසුව で නිපාතය යෙදේ.

① はしで 食べます。　　　　　　　　ලී කූරු දෙකෙන් කනවා.

② 日本語で レポートを 書きます。　　ජපන් භාෂාවෙන් නිබන්ධයක් ලියනවා.

2. "වචන/වාක්‍ය" は ～語で 何ですか

වචනයක හෝ වාක්‍යයක අර්ථය පිළිබඳව වෙනත් භාෂාවකින් සඳහන් කරනු ලබන ආකාරය පිළිබඳව විමසීම සඳහා මෙම ප්‍රශ්නවාචී යෙදුම යොදාගනී.

③ 「ありがとう」は 英語で 何ですか。　　"අරිගතෝ" ඉංග්‍රීසියෙන් කියන්නෙ කොහොම ද?
　　…… 「Thank you」です。　　　　　　……"Thank you" කියලා කියනවා.

④ 「Thank you」は 日本語で 何ですか。
　　"Thank you" ජපන් භාෂාවෙන් කියන්නෙ කොහොම ද?
　　…… 「ありがとう」です。　　　　　……"අරිගතෝ" කියලා කියනවා.

3. නාම පද₁ (කෙනෙක්) に නාම පද₂ を あげます ආදි

あげます、かします、おしえます ආදි ක්‍රියා පදවලින් නිරූපණය වන්නේ යම් දෙයක් හෝ තොරතුරකි. එම ක්‍රියා පදවලට, යම් දෙයක් හෝ තොරතුරක් ඉදිරිපත් කරනු ලබන තවත් අයෙකු අවශ්‍ය වේ. එම පුද්ගලයාට に නිපාතය එකතු වේ.

⑤ ［わたしは］木村さんに 花を あげました。
　　[මම] කිමුරා නෝනාට මල් දුන්නා.

⑥ ［わたしは］イーさんに 本を 貸しました。
　　[මම] ඊ නෝනාට පොතක් දුන්නා.

⑦ ［わたしは］山田さんに 英語を 教えます。
　　[මම] යමදා මහත්තයාට ඉංග්‍රීසි භාෂාව උගන්වනවා.

4. නාම පද₁ (කෙනෙක්) に නාම පද₂ を もらいます ආදි

もらいます、かります、ならいます ආදි ක්‍රියා පදවලින් නිරූපණය වන්නේ යම් දෙයක් හෝ තොරතුරකි. එම ක්‍රියා පදවලට, යම් දෙයක් හෝ තොරතුරක් ඉදිරිපත් කරනු ලබන පුද්ගලයෙකු අවශ්‍ය වන අතර, එම පුද්ගල නාමයට පසුව に නිපාතය එකතු වේ.

⑧ ［わたしは］山田さんに 花を もらいました。
　　[මට] යමදා මහත්තයාගෙන් මල් ලැබුණා.

⑨ ［わたしは］カリナさんに CDを 借りました。
　　[මම] කරිනා නෝනාගෙන් සී ඩී එකක් ඉල්ලාගත්තා.

⑩ ［わたしは］ワンさんに 中国語を 習います。
　　[මම] වන් මහත්තයාගෙන් චීන භාෂාව ඉගෙනගන්නවා.

7

සංලක්ෂ්‍යය:- මෙම වාක්‍ය රටාවෙහි に නිපාතය වෙනුවට から නිපාතය ද යෙදිය හැකි ය. විශේෂයෙන්ම අනිත් පක්ෂය පුද්ගලයෙකු නොවී ආයතනයක් හෝ පාසලක් වැනි සංවිධානයක් වේ නම්, に නිපාතය නොයෙදී から නිපාතය යෙදේ.

⑪ ［わたしは］ 山田(やまだ)さんから 花(はな)を もらいました。

［මට］ යමදා නෝනාගෙන් මල් ලැබුණා.

⑫ 銀行(ぎんこう)から お金(かね)を 借(か)りました。　　මම බැංකුවෙන් සල්ලි ණයට ගත්තා.

5. もう ක්‍රියා පද ました

もう යන පදයෙන් නිරූපණය වන්නේ 'දැනටමත්' යන අර්ථය යි. එම පදය භාවිත වන්නේ "ක්‍රියා පද ました" යන යෙදුම සමඟ එකතු කිරීමෙනි. මෙවිට "ක්‍රියා පද ました" මඟින් දැක්වෙන්නේ දැනට ක්‍රියාව අවසන් වී තිබෙන බවකි.

ක්‍රියාව අවසන් වී තිබෙන්නේ දැයි විමසන "もう ක්‍රියා පද ましたか" යන ප්‍රශ්නයට ලබාදෙන පිළිතුර දෙයාකාර වේ. එනම්, ක්‍රියාව අවසන් වී තිබුණහොත් "はい、もう ක්‍රියා පද ました" යනුවෙන් ද, ක්‍රියාව අවසන් වී නොතිබුණහොත් නිශේධාර්ථ "いいえ、ක්‍රියා පද て いません" (තිස්එක්වන පාඩම බලන්න.) හෝ "いいえ、まだです" යනුවෙනි. "いいえ、ක්‍රියා පද ませんでした" යන යෙදුම මඟින් අතීතයෙහි යමක් නොකළ බව නිරූපණය කරන නිසා මෙහිදී යෙදිය නොහැකි ය.

⑬ もう 荷物(にもつ)を 送(おく)りましたか。　　දැනටමත් බඩු මල්ල යැව්වා ද?

……はい、［もう］ 送(おく)りました。　　……ඔව්, ［දැනටමත්］ යැව්වා.

……いいえ、まだ 送(おく)って いません。

……නැහැ, තවම යවලා නැහැ. (තිස්එක්වන පාඩම)

……いいえ、まだです。　　……නැහැ, තවම නැහැ.

6. නිපාත ලොප් කිරීම

කතාබහේදී කතා සන්දර්භය මත අර්ථය අවබෝධ කර ගත හැකි නම් නිපාත ලොප් කිරීම බොහෝ විට සිදු වේ.

⑭ この スプーン［は］、すてきですね。　　මේ හැන්ද ලස්සනයි, නේද?

⑮ コーヒー［を］、もう 一杯(いっぱい) いかがですか。

තව කෝපි එකක් බොමු ද? (අටවන පාඩම)

අටවන පාඩම

I. වචන මාලාව

ハンサム［な］		කඩවසම්
きれい［な］		ලස්සන, පිරිසිදු
しずか［な］	静か［な］	නිහඬ, ශාන්ත
にぎやか［な］		කාර්යබහුල, ප්‍රාණවත්
ゆうめい［な］	有名［な］	ප්‍රසිද්ධ, කීර්තිමත්
しんせつ［な］	親切［な］	කාරුණික, කරුණාවන්ත (තමාගේ පවුලේ අය සම්බන්ධව නොයෙදේ)
げんき［な］	元気［な］	නිරෝගී, ප්‍රීතිමත්
ひま［な］	暇［な］	කාර්යබහුල නොවන, නිදහස්
べんり［な］	便利［な］	පහසුකම් සහිත
すてき［な］		කදිම, අනර්ඝ
おおきい	大きい	විශාල, ලොකු
ちいさい*	小さい	කුඩා, පොඩි
あたらしい	新しい	අලුත්
ふるい	古い	පරණ
いい（よい）		හොඳ
わるい*	悪い	නරක
あつい	暑い、熱い	උණු, උණුසුම්, රත්
さむい	寒い	ශීත, සීතල (කාලගුණය සම්බන්ධව යෙදේ)
つめたい	冷たい	සිසිල් (අතට දැනෙන සිසිල)
むずかしい	難しい	අමාරු
やさしい	易しい	පහසු, ලෙහෙසි
たかい	高い	උස, මිල අධික
やすい	安い	ලාභ
ひくい*	低い	පහත්, මිටි
おもしろい		රුචිකර, සිත් අදනා
おいしい		රසවත්
いそがしい	忙しい	අවේක්, කාර්යබහුල
たのしい	楽しい	විනෝදවත්, ආස්වාදජනක
しろい	白い	සුදු
くろい	黒い	කළු
あかい	赤い	රතු
あおい	青い	නිල්
さくら	桜	සකුරා (මල්)
やま	山	කන්ද
まち	町	නගරය, ටවුම
たべもの	食べ物	ආහාර

ところ	所	ස්ථානය, තැන
りょう	寮	නේවාසිකාගාරය
レストラン		ආපනශාලාව, හෝජනාගාරය
せいかつ	生活	ජීවිතය, දිවිය (පණ නොවේ)
[お]しごと	[お]仕事	වැඩ, කාර්යය, රැකියාව (〜を します: රැකියාවේ යෙදෙනවා)
どう		කොහොම
どんな 〜		කොයි වගේ, කුමන ආකාරයෙහි
とても		බොහොම, හුඟක්
あまり		එතරම් (නිෂේධාත්මක වැකිවල යෙදේ)
そして		එමෙන් ම (වාකᳱ සන්ධි කිරීමට යෙදේ)
〜が、〜		〜නමුත්, 〜/ 〜එහෙත්, 〜

8

〈練習C〉

お元気ですか。	(සැප සනීප) කොහොම ද?
そうですね。	හ්ම්… (පිළිතුර කල්පනා කරන බව දක්වන විරාමයක්)

〈会話〉

[〜、] もう 一杯 いかがですか。	තව කෝප්පයක් බොමු ද?
[いいえ、] けっこうです。	ඇති, ස්තුතියි.
もう 〜です[ね]。	දැනටම 〜නේ.
そろそろ 失礼します。	කරදර කරනවාට සමාවෙන්න. (ගෘහයකින් හෝ කාර්යාලයකින් පිටත් වන විට පවසන ආචාරශීලී යෙදුමකි)
いいえ。	ඕක මොකක් ද?
また いらっしゃって ください。	ආයෙත් එන්න.

53

シャンハイ	ෂැංහයි නුවර (上海)
金閣寺	කින්කකුජි (රන් මණ්ඩපය) නමැති පන්සල
奈良公園	නරා උදᳱානය
富士山	ෆූජි කන්ද (ජපානයේ ඇති උසම කන්ද)
「七人の 侍」	කුරොසවා අකිරා අධᳱක්ෂණය කළ පරණ චිත්‍රපටය

II. පරිවර්තනය

වාක්‍ය රටා

1. සකුරා ලස්සනයි.
2. ෆුජි කන්ද උසයි.
3. සකුරා කියන්නෙ ලස්සන මල් වර්ගයක්.
4. ෆුජි කන්ද උස කන්දක්.

උදාහරණ වගන්ති

1. ඕසකා කාර්යබහුල ද?
   ······ඔව්, කාර්යබහුලයි.
2. සකුරා විශ්වවිද්‍යාලය ප්‍රසිද්ධ ද?
   ······නෑ, ප්‍රසිද්ධ නෑ.
3. බෙයිජිං නුවර දැන් සීතල ද?
   ······ඔව්, ගොඩක් සීතලයි.
   ෂැංහයි නුවරත් සීතල ද?
   ······නෑ, එච්චර සීතල නෑ.
4. විශ්වවිද්‍යාලයේ නේවාසිකාගාරය කොහොම ද?
   ······පරණයි. ඒත් පහසුයි.
5. ඊයෙ මත්සුමොතො මහත්තයාගේ ගෙදර ගියා.
   ······කොහොම ද ගෙදර?
   ලස්සන ගෙයක්. ඒ වගේම ලොකුයි.
6. ඊයෙ නියම චිත්‍රපටයක් බැලුවා.
   ······මොකක් ද බැලුවෙ?
   "සමුරායි හත් දෙනා".

සංවාදය

දැන් යන්න ඕන.

යමදා ඉචිරෝ:	මරියා නෝනා, ජපානයේ ජීවිතය කොහොම ද?
මරියා සන්තොස්:	හැමදාම හරි සන්තෝසෙන් ඉන්නවා.
යමදා ඉචිරෝ:	එහෙම ද? සන්තොස් මහත්තයා, රස්සාව කොහොම ද?
ජොසෙ සන්තොස්:	ඔව්, ඉතින් කාර්යබහුලයි. ඒත් විනෝදජනකයි.
	....
යමදා තොමොකො:	තව කෝපි එකක් බොමු ද?
මරියා සන්තොස්:	නෑ, ඇති.
	....
ජොසෙ සන්තොස්:	ආ, දැන් වෙලාව හයයි නෙ. දැන් යන්න ඕන.
යමදා ඉචිරෝ:	එහෙම ද?
මරියා සන්තොස්:	අද සංග්‍රහයට බොහොම ස්තුතියි.
යමදා තොමොකො:	නෑ. ආයිත් එන්න කො.

III. අදාළ වචන සහ තොරතුරු

色(いろ)・味(あじ)　වර්ණය සහ රසය

色(いろ)　වර්ණය

නාම පදය	නාම විශේෂණය	නාම පදය	නාම විශේෂණය
白(しろ)　සුදු පාට	白(しろ)い	黄色(きいろ)　කහ පාට	黄色(きいろ)い
黒(くろ)　කළු පාට	黒(くろ)い	茶色(ちゃいろ)　දුඹුරු පාට	茶色(ちゃいろ)い
赤(あか)　රතු පාට	赤(あか)い	ピンク　රෝස පාට	—
青(あお)　නිල් පාට	青(あお)い	オレンジ　තැඹිලි පාට	—
緑(みどり)　කොළ පාට	—	グレー　අළු පාට	—
紫(むらさき)　දම් පාට	—	ベージュ　ලා දුඹුරු පාට, ක්‍රීම් පාට	—

味(あじ)　රසය

甘(あま)い
පැණි රස

辛(から)い
සැර

苦(にが)い
තිත්ත රස

塩辛(しおから)い
ලුණු රස වැඩි

酸(す)っぱい
ඇඹුල් රස

濃(こ)い
සැර වැඩි, තද, තද කහට, ඝනකම

薄(うす)い
තුනී, හීනි, රසක් නැති, දියාරු

春(はる)・夏(なつ)・秋(あき)・冬(ふゆ)　වසන්ත, ගිම්හාන, සරත් ඍතුව සහ ශීත ඍතුව

ජපානයෙහි පැහැදිලි ඍතු හතරක් හඳුනාගත හැකි ය. වසන්තය මාර්තු මස සිට මැයි මස දක්වා ද, ගිම්හානය ජූනි මස සිට ඔක්තෝබර් මස දක්වා ද, සරත් ඍතුව සැප්තැම්බර් මස සිට නොවැම්බර් මස දක්වා ද, ශීත ඍතුව දෙසැම්බර් මස සිට පෙබරවාරි මස දක්වා ද වශයෙන් අනුපිළිවෙළින් පිළිගැනේ. සාමාන්‍ය උෂ්ණත්වය ප්‍රාදේශීය වශයෙන් වෙනස් වන අතර, උෂ්ණත්වය වෙනස් වීමේ රටාව බොහෝවිට සමාන වේ. අගෝස්තු මාසයේ ඉහළම උෂ්ණත්වයත්, ජනවාරි සහ පෙබරවාරි මාසවල පහළම උෂ්ණත්වයත් පවතී. මෙම උෂ්ණත්ව වෙනස් වීම් අනුව, "වසන්තය උණුසුම්." ලෙස ද, "ගිම්හානය වඩාත් උණුසුම්." ලෙස ද, "සරත් ඍතුව සිසිල්." සහ, "ශීත ඍතුව අධික සීතල." ලෙස ද ජපන් ජාතිකයන් විසින් හඳුන්වනු ලබයි.

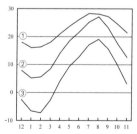

① නාහා (ඔකිනාවා)
② තෝකියෝ
③ අබාෂිරි (හොක්කයිදෝ)

IV. ව්‍යාකරණ විස්තර

1. නාම විශේෂණ

නාම විශේෂණ පද, නාම පද විස්තර කිරීම සඳහා හෝ "නාම පද は නාම විශේෂණ です" යන නාම විශේෂණක් ආඛ්‍යාතය වශයෙන් යෙදෙන වාක්‍යයක නාම පදයේ තත්ත්වය විස්තර කිරීම සඳහා හෝ භාවිත කෙරේ. ජපන් භාෂාවෙහි "い- නාම විශේෂණ", "な- නාම විශේෂණ" යනුවෙන් වර්ග දෙකකි. ඒවා වර නඟන ආකාරය වෙනස් ය.

2.

නාම පද は な- නාම විශේෂණ [な] です
නාම පද は い- නාම විශේෂණ (～い) です

නාම විශේෂණයක් ආඛ්‍යාතය වශයෙන් යෙදෙන අනතීත නිශ්චිතාර්ථ වාක්‍ය අවසාන වන්නේ です යනුවෙනි. です ප්‍රත්‍යයෙන් නිරූපණය වන්නේ ශ්‍රාවකයා කෙරෙහි ඇති ආචාරශීලී බවකි. な- නාම විශේෂණවල な නොමැතිව です එකතු වේ. い- නාම විශේෂණවලට එම රූපයෙන්ම です එකතු වේ.

① ワット先生(せんせい)は 親切(しんせつ)です。 වත් සර් කරුණාවන්තයි.

② 富士山(ふじさん)は 高(たか)いです。 ෆුජි කන්ද උසයි.

1) な- නාම විශේෂණ [な] じゃ(では) ありません

な- නාම විශේෂණයේ අනතීත නිශේධනය සැකසෙන්නේ な නොමැතිව な- නාම විශේෂණයට じゃ(では) ありません යන යෙදුම එකතු කිරීමෙනි.

③ あそこは 静(しず)かじゃ(では) ありません。 අතන නිසන්සල නැහැ.

2) い- නාම විශේෂණ (～い) です → ～くないです

い- නාම විශේෂණයේ අනතීත නිශේධනය සැකසෙන්නේ い- නාම විශේෂණයේ い ඉවත් කර くないです එකතු කිරීමෙනි.

④ この 本(ほん)は おもしろくないです。 මේ පොත රසවත් නැහැ.

සංලක්ෂ්‍යය:- いいです යන යෙදුමේ නිශේධනය よくないです වේ.

3) වර නැඟීමේ සාරාංශය

	な- නාම විශේෂණ	い- නාම විශේෂණ
අනතීත නිශ්චිතත්වය	しんせつです	たかいです
අනතීත ප්‍රතිශේධනය	しんせつじゃ(では) ありません	たかくないです

4) නාම විශේෂණයක් ආඛ්‍යාතය වශයෙන් යෙදෙන වාක්‍යයක, ප්‍රශ්නවාචී වාක්‍ය සකස් කරනු ලබන ආකාරය, නාම පදයක් ආඛ්‍යාතය වශයෙන් යෙදෙන වාක්‍ය (පළමුවන පාඩම) සහ ක්‍රියා පදයක් ආඛ්‍යාතය වශයෙන් යෙදෙන වාක්‍ය (හතරවන පාඩම) සකස් කරනු ලබන ආකාරයට සමාන ය. පිළිතුරු දීමේදී නාම විශේෂණ භාවිත කෙරෙන අතර, そうです හෝ ちがいます භාවිත කිරීමෙන් පිළිතුරු දිය නොහැකි ය.

⑤ ペキンは 寒(さむ)いですか。 බේජිං සීතල ද?
……はい、寒(さむ)いです。 ……ඔව්, සීතලයි.

⑥ 奈良公園(ならこうえん)は にぎやかですか。 නරා උද්‍යානය කාර්යබහුල ද?
……いいえ、にぎやかじゃ ありません。 ……නැහැ, කාර්යබහුල නැහැ.

3.

な- නාම විශේෂණ な නාම පද
い- නාම විශේෂණ (～い) නාම පද

නාම පදයක් විස්තර කිරීම සඳහා යොදනු ලබන නාම විශේෂණ, එම නාම පදයට පෙර යොදනු ලබයි. な- නාම විශේෂණ එම රූපයෙන්ම යොදාගනිමින් නාම පද විස්තර කරයි.

⑦　ワット先生は　親切な　先生です。　　වත් සර් කරුණාවන්ත ගුරුවරයෙක්.

⑧　富士山は　高い　山です。　　ෆුජි කන්ද උස කන්දක්.

4. ～が、～

මෙහිදී が නිපාතයට පෙර සහ පසුව එකිනෙකට ප්‍රතිවිරුද්ධ අදහස් සහිත ප්‍රකාශ දෙකක් සඳහන් කෙරේ. එකම උක්ත පදයක් සහිත මෙවැනි වාක්‍යයක ආඛ්‍යාතය වශයෙන් නාම විශේෂණ යෙදෙන විට, වාක්‍යයෙහි が නිපාතයට පෙර භාෂකයා අගය කරන දෙය ප්‍රකාශ වුවහොත්, ඊට පසුව අගය නොකරන දෙය ප්‍රකාශ වේ. ඊට ප්‍රතිවිරුද්ධව が නිපාතයට පෙර භාෂකයා අගය නොකරන දෙය ප්‍රකාශ වුවහොත්, ඊට පසුව අගය කරන දෙය ප්‍රකාශ වේ.

⑨　日本の　食べ物は　おいしいですが、高いです。

ජපන් කෑම රසවත්. ඒත් මිලයි.

5. とても／あまり

とても සහ あまり යන පද දෙකම ප්‍රමාණවාචී ක්‍රියා විශේෂණ වේ. ඒවා, නාම විශේෂණයට පෙර යෙදී, නාම පදය විස්තර කිරීම සඳහා භාවිත කරනු ලබයි. とても යනුවෙන් දැක්වෙන්නේ "ඉතා" යන අර්ථය වන අතර, එය නිශ්චිතාර්ථ වාක්‍ය තුළ යෙදේ. あまり නිශේධනය සමඟ යෙදී "එච්චර නැත" යන අර්ථය නිරූපණය කරයි.

⑩　ペキンは　とても　寒いです。　　බේජිං ගොඩක් සීතලයි.

⑪　これは　とても　有名な　映画です。　　මේක හුඟක් ප්‍රසිද්ධ චිත්‍රපටියක්.

⑫　シャンハイは　あまり　寒くないです。　　ෂැංහයි එච්චර සීතල නැහැ.

⑬　さくら大学は　あまり　有名な　大学じゃ　ありません。

සකුරා විශ්වවිද්‍යාලය එච්චර ප්‍රසිද්ධ විශ්වවිද්‍යාලයක් නොවේ.

6. නාම පද は　どうですか

ශ්‍රාවකයා අත්දුටු යමක්, පැමිණි ස්ථානයක්, හමුවූ කෙනෙකු ආදි වශයෙන් වූ හැඟීම්, අදහස් හෝ සිතුවිලි සම්බන්ධයෙන් විමසීමේදී "නාම පද は　どうですか" යන යෙදුම යොදාගනී.

⑭　日本の　生活は　どうですか。　　ජපානයේ ජීවිතය කොහොම ද?

……楽しいです。　　……විනෝදයි.

7. නාම පද$_1$ は　どんな　නාම පද$_2$ ですか

どんな යනු, යම් කිසි කෙනෙකුගේ හෝ යම් කිසි දෙයක තත්ත්වය හෝ ගුණය පිළිබඳව විමසන ප්‍රශ්නවාචී පදයක් වන අතර, එය නාම පද විශේෂණය කිරීම සඳහා යෙදේ.

⑮　奈良は　どんな　町ですか。　　නරා මොනවගේ නගරයක් ද?

……古い　町です。　　……පරණ නගරයක්.

8. そうですね

පස්වන පාඩමෙහි සඳහන් කළ පරිදි එකඟතාව, අනුකම්පාව නිරූපණය කරන そうですね යෙදුම ය. මෙම පාඩමේ එන ⑯ වන සංවාදයෙහි ඉදිරිපත් කරනු ලබන්නේ, ලැබෙන ප්‍රශ්නය පිළිබඳව භාෂකයා කල්පනා කරමින් සිටින බව නිරූපණය කරන そうですね ය.

⑯　お仕事は　どうですか。　　රස්සාව කොහොම ද?

……そうですね。忙しいですが、おもしろいです。

……ඔව් ඉතින් කාර්යබහුලයි. ඒත් විනෝදජනකයි.

නවවන පාඩම

I. වචන මාලාව

わかります		තේරෙනවා
あります		තියෙනවා
すき[な]	好き[な]	කැමැති
きらい[な]	嫌い[な]	අකමැති
じょうず[な]	上手[な]	දක්ෂ
へた[な]	下手[な]	අදක්ෂ
のみもの	飲み物	බීම වර්ග
りょうり	料理	(පිසූ) ආහාර (～を します：කෑම උයනවා)
スポーツ		ක්‍රීඩා (～を します：ක්‍රීඩා කරනවා)
やきゅう	野球	බේස්බෝල් ක්‍රීඩාව (～を します：එම ක්‍රීඩාව කරනවා)
ダンス		නැටුම් (～を します：නටනවා)
りょこう	旅行	චාරිකාව, විනෝද ගමන (～[を] します：විනෝද ගමනක් යනවා)
おんがく	音楽	සංගීතය
うた	歌	සිංදුව
クラシック		සම්භාව්‍ය සංගීතය
ジャズ		ජෑස් සංගීතය
コンサート		සංගීත ප්‍රසංගය
カラオケ		කරාඔකෙ ගී ගැයීම
かぶき	歌舞伎	කබුකි නාට්‍යය (සාම්ප්‍රදායික ජපන් සංගීතමය නාට්‍යයකි)
え	絵	චිත්‍ර
じ*	字	අකුර
かんじ	漢字	චීන අකුර, කංජි
ひらがな		හිරගනා අකුරු
かたかな		කතකනා අකුරු
ローマじ*	ローマ字	රෝම අකුරු
こまかい おかね	細かい お金	මාරු සල්ලි
チケット		ටිකට්ටුව, ප්‍රවේශ පත්‍රය, ටිකට් පත
じかん	時間	කාලය, වේලාව
ようじ	用事	වැඩක්, කාර්යයක්
やくそく	約束	පොරොන්දුව, කෙනෙක් හමුවීමට කළ පොරොන්දුව (～[を] します：පොරොන්දු වෙනවා)

アルバイト		අර්ධකාලීන රැකියාව (～を します：අර්ධකාලීන රැකියා කරනවා)
ごしゅじん	ご主人	(වෙන කෙනෙකුගේ) ස්වාමි පුරුෂයා
おっと／しゅじん	夫／主人	(තමාගේ) ස්වාමි පුරුෂයා
おくさん	奥さん	(වෙන කෙනෙකුගේ) භාර්යාව
つま／かない	妻／家内	(තමාගේ) භාර්යාව
こども	子ども	දරුවා, ළමයා
よく		හොඳින්, නිතර
だいたい		සාමාන්‍ය වශයෙන්
たくさん		හුඟාක්
すこし	少し	ස්වල්පයක්, මඳක්, ටිකක්
ぜんぜん	全然	මඳක්වත් (නිෂේධාත්මක වැකිවල යෙදේ)
はやく	早く、速く	විගහට, වේලාසනින්, ඉක්මනින්, වේගවත්ව
～から		～නිසා
どうして		ඇයි

〈練習(れんしゅう)C〉

貸(か)して ください。	(තාවකාලිකව) ණයට දෙන්න.
いいですよ。	හොඳයි, හරි.
残念(ざんねん)です[が]	අපරාදේ / කනගාටුයි (යමක් ගැන අපේක්ෂා කළ දෙය සිදුනොවීම ගැන කනගාටුව පළ කිරීමට යෙදේ)

〈会話(かいわ)〉

ああ	‘ආ’ (දුරකථනයෙන් අමතන කෙනාව හඳුනාගත් බව පළ කිරීමට යෙදේ)
いっしょに いかがですか。	එකට යමු ද?
[～は] ちょっと……。	[～] අමාරුයි. (ආරාධනාවක් හෝ ඉල්ලීමක් ප්‍රතික්ෂේප කරන විට යෙදේ)
だめですか。	(එන්න) බැරි ද?
また 今度(こんど) お願(ねが)いします。	ආයෙත් මට ආරාධනා කරන්න. (ආරාධනා කළ කෙනාගේ සිත රිදවීම වැළැක්වීම සඳහා යෙදෙන අනියම් ප්‍රතික්ෂේපයකි)

II. පරිවර්තනය

වාක්‍ය රටා

1. මම ඉතාලි ආහාරවලට කැමතියි.
2. මට ජපන් භාෂාව පොඩ්ඩක් තේරෙනවා.
3. අද මගේ දරුවගේ උපන් දිනේ නිසා, වේලාසනින් ගෙදර යනවා.

උදාහරණ වගන්ති

1. සකේවලට කැමතියි ද?
   ……නෑ, කැමති නෑ.
2. මොනවගේ ක්‍රීඩාවලට ද කැමති?
   ……පාපන්දු ක්‍රීඩාවට කැමතියි.
3. කරිනා නෝනා චිත්‍ර අඳින්න දක්ෂ ද?
   ……ඔව්, [කරිනා නෝනා] ගොඩක් දක්ෂයි.
4. තනකා මහත්තයාට ඉන්දුනීසියානු භාෂාව තේරෙනවා ද?
   ……නෑ, පොඩ්ඩක්වත් තේරෙන්නෙ නෑ.
5. මාරු සල්ලි තියෙනවා ද?
   ……නෑ, මං ළඟ නෑ.
6. හැමදාම උදේ පත්තරේ බලනවා ද?
   ……නෑ. වෙලාව නැති නිසා, බලන්නෙ නෑ.
7. ඇයි ඊයෙ වේලාසනින් ගෙදර ගියෙ?
   ……වැඩ වගයක් තිබුණා, ඒකයි.

සංවාදය

කනගාටුයි.

කිමුරා: ඔව්.
මිලර්: කිමුරා මහත්තයා ද? මම මිලර් කතා කරන්නෙ.
කිමුරා: ආ, මිලර් මහත්තයා, සුභ සන්ධ්‍යාවක් වේවා. සැප සනීප කොහොම ද?
මිලර්: ඔව්, හොඳින් ඉන්නවා.
මේ, කිමුරා මහත්තයා, මාත් එක්ක සම්භාව්‍ය සංගීත ප්‍රසංගයට යමු ද?
කිමුරා: හොඳයි නෙ. කවදා ද?
මිලර්: ලබන සතියෙ සිකුරාදා රෑ.
කිමුරා: සිකුරාදා ද?
සිකුරාදා රෑ පොඩ්ඩක්…
මිලර්: බැරි ද?
කිමුරා: බෑ. කනගාටුයි. යහළුවෙක් එක්ක යොදාගත්ත වැඩක් තියෙනවා.
මිලර්: එහෙම ද?
කිමුරා: ඔව්. එහෙනම් වෙන දවසක යමු.

III. අදාළ වචන සහ තොරතුරු

音楽（おんがく）・スポーツ・映画（えいが）　සංගීත, ක්‍රීඩා සහ චිත්‍රපට

音楽（おんがく） සංගීතය

ポップス	පොප් සංගීතය
ロック	රොක් සංගීතය
ジャズ	ජෑස් සංගීතය
ラテン	ලතින් ඇමෙරිකානු සංගීතය
クラシック	සම්භාව්‍ය සංගීතය
民謡（みんよう）	ජන සංගීතය
演歌（えんか）	ජපානයේ සම්ප්‍රදායික ජනප්‍රිය ගීත
ミュージカル	ගීත නාට්‍යය
オペラ	ඔපෙරාව

映画（えいが） චිත්‍රපටය

ＳＦ	අභ්‍යවකාශ, විද්‍යා ප්‍රබන්ධ චිත්‍රපටය
ホラー	හොල්මන් චිත්‍රපටය
アニメ	සජීවිකරණ චිත්‍රපටය
ドキュメンタリー	වාර්තාමය චිත්‍රපටය
恋愛（れんあい）	ප්‍රේමාන්විත චිත්‍රපටය
ミステリー	අභිරහස් චිත්‍රපටය
文芸（ぶんげい）	කලාත්මක චිත්‍රපටය
戦争（せんそう）	යුධමය චිත්‍රපටය
アクション	ක්‍රියාදාම චිත්‍රපටය
喜劇（きげき）	හාස්‍යෝත්පාදක චිත්‍රපටය

スポーツ ක්‍රීඩාව

ソフトボール	සැහැල්ලු පන්දු ක්‍රීඩාව	野球（やきゅう）	බේස්බෝල් ක්‍රීඩාව
サッカー	පාපන්දු ක්‍රීඩාව	卓球（たっきゅう）／ピンポン	මේස පන්දු ක්‍රීඩාව
ラグビー	රග්බි ක්‍රීඩාව	相撲（すもう）	සුමෝ ක්‍රීඩාව
バレーボール	අත්පන්දු ක්‍රීඩාව	柔道（じゅうどう）	ජූඩෝ ක්‍රීඩාව
バスケットボール	පැසිපන්දු ක්‍රීඩාව	剣道（けんどう）	සම්ප්‍රදායික ජපන් කඩු හරඹය
テニス	ටෙනිස් ක්‍රීඩාව	水泳（すいえい）	පිහිනුම්
ボウリング	බෝලිං ක්‍රීඩාව		
スキー	ස්කී ක්‍රීඩාව		
スケート	ස්කේටින්		

IV. ව්‍යාකරණ විස්තර

1.

නාම පද が あります／わかります නාම පද が 好(す)きです／嫌(きら)いです／上手(じょうず)です／下手(へた)です

යම් කිසි ක්‍රියා පදයකට හෝ නාම විශේෂණයකට සම්බන්ධ වන කර්ම පද සමඟ が නිපාතය එක්කොට වාක්‍ය නිර්මාණය කෙරේ.

① わたしは イタリア料理(りょうり)が 好(す)きです。　මම ඉතාලි ආහාරවලට කැමතියි.

② わたしは 日本語(にほんご)が わかります。　මට ජපන් භාෂාව තේරෙනවා.

③ わたしは 車(くるま)が あります。　මට වාහනයක් තියෙනවා.

2.

どんな නාම පද

どんな යන පදය යෙදෙන ප්‍රශ්න වාක්‍යයකට පිළිතුරු සපයන ආකාරය, අටවන පාඩමෙහි දක්වා ඇත. ඊට අමතරව, එක් එක් නම් සඳහන් කරමින් පිළිතුරු සපයන ආකාරයක් ද ඇත.

④ どんな スポーツが 好(す)きですか。　මොනවගේ ක්‍රීඩාවට කැමති ද?
……サッカーが 好(す)きです。　……පාපන්දුවට කැමති.

3.

よく／だいたい／たくさん／少(すこ)し／あまり／全然(ぜんぜん)

මෙම ක්‍රියා විශේෂණ, විස්තර කරනු ලබන ක්‍රියා පදවලට පෙර එකතු කෙරේ.

	ගුණවාචී ක්‍රියා විශේෂණ	ප්‍රමාණවාචී ක්‍රියා විශේෂණ
නිශ්චිත්වය සමග යෙදේ	よく　わかります だいたい　わかります すこし　わかります	たくさん　あります すこし　あります
ප්‍රතිෂේධනය සමග යෙදේ	あまり　わかりません ぜんぜん　わかりません	あまり　ありません ぜんぜん　ありません

⑤ 英語(えいご)が よく わかります。　ඉංග්‍රීසි භාෂාව හොඳට තේරෙනවා.

⑥ 英語(えいご)が 少(すこ)し わかります。　ඉංග්‍රීසි භාෂාව ටිකක් තේරෙනවා.

⑦ 英語(えいご)が あまり わかりません。　ඉංග්‍රීසි භාෂාව එච්චර තේරෙන්නෙ නැහැ.

⑧ お金(かね)が たくさん あります。　සල්ලි ගොඩක් තියෙනවා.

⑨ お金(かね)が 全然(ぜんぜん) ありません。　සල්ලි පොඩ්ඩක්වත් නැහැ.

සංලක්ෂ්‍යය:- すこし、ぜんぜん、あまり යන පදවලින් නාම විශේෂණ තවදුරටත් විස්තර කෙරේ.

⑩ ここは 少(すこ)し 寒(さむ)いです。　මෙතන ටිකක් සීතලයි.

⑪ あの 映画(えいが)は 全然(ぜんぜん) おもしろくないです。　අර චිත්‍රපටය පොඩ්ඩක්වත් රසවත්/ලස්සන නැහැ.

4. ～から、～

から යන යෙදුමට පෙර යෙදෙන ප්‍රකාශය, から යන යෙදුමට පසුව ඉදිරිපත් කරනු ලබන ප්‍රකාශයට හේතුව වේ.

⑫ 時間(じかん)が ありませんから、新聞(しんぶん)を 読(よ)みません。

වෙලාව නැති නිසා, පත්තරයක්වත් බලන්නෙ නැහැ.

～から。 යන යෙදුම සමඟ වාක්‍ය ගළපා අදාළ ප්‍රකාශය සඳහා වූ හේතුව ඉදිරිපත් කළ හැකි ය.

⑬ 毎朝(まいあさ) 新聞(しんぶん)を 読(よ)みますか。
……いいえ、読(よ)みません。時間(じかん)が ありませんから。

හැමදාම පත්තරේ බලනවා ද?
……නැහැ, බලන්නෙ නැහැ. වෙලාව නැති නිසා.

5. どうして

どうして යනු, හේතුව විමසන ප්‍රශ්නවාචී පදයකි. පිළිතුරු දීමේ වාක්‍යයක අවසානයේදී から එකතු කිරීමෙන් අදාළ හේතුව පිළිබඳව විස්තර කරනු ලබයි.

⑭ どうして 朝(あさ) 新聞(しんぶん)を 読(よ)みませんか。 ඇයි උදේ පත්තරේ බලන්නෙ නැත්තෙ?
……時間(じかん)が ありませんから。 ……වෙලාව නැති නිසා.

ශ්‍රාවකයා විසින් කරන ලද ප්‍රකාශයක් පිළිබඳව හේතුව විමසන විට, ශ්‍රාවකයාගේ එම ප්‍රකාශයට අදාළව හේතු දැක්වීමක් අපේක්ෂාවෙන්, එම මුල් ප්‍රකාශය නැවත ඉදිරිපත් කිරීම වෙනුවට どうしてですか යන යෙදුම භාවිත කරනු ලබයි.

⑮ きょうは 早(はや)く 帰(かえ)ります。 අද වේලාසනින් ගෙදර යනවා.
……どうしてですか。 ……ඇයි ඒ?
子(こ)どもの 誕生日(たんじょうび)ですから。 දරුවගේ උපන් දිනේ හින්දා.

9

දහවන පාඩම

I. වචන මාලාව

あります		තිබෙනවා (අප්‍රාණික වස්තු සඳහා යෙදේ)
います		ඉන්නවා (සප්‍රාණික වස්තු සඳහා යෙදේ)
いろいろ[な]		විවිධ, නොයෙක්
おとこの ひと	男の 人	පිරිමි තැනැත්තා
おんなの ひと	女の 人	ගැහැණු තැනැත්තී
おとこの こ	男の 子	පිරිමි ළමයා
おんなの こ	女の 子	ගැහැණු ළමයා
いぬ	犬	බල්ලා
ねこ	猫	බළලා
パンダ		පැන්ඩා
ぞう	象	අලියා
き	木	ගස
もの	物	දෙය
でんち	電池	බැටරිය
はこ	箱	පෙට්ටිය
スイッチ		ස්විචය
れいぞうこ	冷蔵庫	ශීතකරණය
テーブル		මේසය
ベッド		ඇඳ
たな	棚	රාක්කය
ドア		දොර
まど	窓	ජනේලය
ポスト		තැපැල් පෙට්ටිය
ビル		ගොඩනැගිල්ල
ATM		ඒ.ටී.එම්.
コンビニ		පැය 24ක්ම විවෘත සුපිරි වෙළඳ සැල
こうえん	公園	උද්‍යානය
きっさてん	喫茶店	තේ පැන් ශාලාව
～や	～屋	වෙළඳ සැල
のりば	乗り場	නැවතුම් ස්ථානය
けん	県	දිස්ත්‍රික්කය

うえ	上	උඩ
した	下	යට
まえ	前	ඉදිරිපස, පෙර
うしろ		පිටුපස, පසුපස
みぎ	右	දකුණ
ひだり	左	වම
なか	中	ඇතුළ
そと*	外	පිට
となり	隣	ඊළඟ, එහා, ළඟ
ちかく	近く	අසල, සමීපයෙන්
あいだ	間	අතර, මැද

| ～や ～[など] | | ～සහ ～ [යනාදිය] |

<かい わ>
〈会話〉

[どうも] すみません。	ස්තූතියි.
ナンプラー	මාළු සෝස් වර්ගය
コーナー	වෙළඳ සැලේ බඩු භාණ්ඩ පිළිවෙළට තියාගෙන තියෙන ස්ථානය
いちばん 下	පහළම

10

| とうきょう
東京ディズニーランド | ටෝකියෝ ඩිස්නිලන්තය |
| アジアストア | මනඃකල්පිත සුපිරි වෙළඳ සැල |

II. පරිවර්තනය

වාක්‍ය රටා

1. අතන වෙළඳ සැලක් තියෙනවා.
2. ආලින්දයේ සතෝ මහත්තයා ඉන්නවා.
3. ටෝකියෝ ඩිස්නිලන්තය තියෙන්නෙ චිබා දිස්ත්‍රික්කයේ.
4. මගේ පවුලේ අය ඉන්නෙ නිව්යෝක් නුවර.

උදාහරණ වගන්ති

1. මේ ගොඩනැගිල්ලේ ඒ.ටී.එම්. එකක් තියෙනවා ද?
   ……ඔව්, දෙවෙනි තට්ටුවේ තියෙනවා.
2. අර අතන පිරිමියෙක් ඉන්නවා නේ. අරයා කවුද?
   ……අයි.එම්.සී. සමාගමේ මත්සුමොතො මහත්තයා.
3. ගෙවත්තේ කවුද ඉන්නෙ?
   ……කවුරුත් නෑ. පූසෙක් ඉන්නවා.
4. පෙට්ටිය ඇතුළේ මොනවද තියෙන්නෙ?
   ……පරණ ලියුම් සහ ඡායාරූප [එහෙම] තියෙනවා.
5. තැපැල් කන්තෝරුව තියෙන්නෙ කොහෙ ද?
   ……දුම්රියපොළ ළඟ. බැංකුව ඉස්සරහ තියෙන්නෙ.
6. මිලර් මහත්තයා කොහෙ ද? ඉන්නෙ?
   ……රැස්වීම් කාමරයේ ඉන්නවා.

සංවාදය

නම්ප්ලා තියෙනවා ද?

මිලර්:	සමාවෙන්න. ආසියානු වෙළඳ සැල තියෙන්නෙ කොහෙ ද?
කාන්තාවක්:	ආසියානු වෙළඳ සැල ද?
	අර අතන සුදු ගොඩනැගිල්ල තියෙනවා නේ?
	අර ගොඩනැගිල්ල ඇතුළේ.
මිලර්:	එහෙම ද? බොහොම ස්තුතියි.
කාන්තාව:	කමක් නෑ.
	…………………………………………………………
මිලර්:	මේ, නම්ප්ලා තියෙනවා ද?
වෙළඳ සැලේ සේවකයෙක්:	ඔව්.
	අර අතන තායිලන්ත ආහාර කෑම වර්ග තියෙනවා.
	ඒ රාක්කයේ පහළම නම්ප්ලා තියෙනවා.
මිලර්:	හොඳයි. ස්තුතියි.

III. අදාළ වචන සහ තොරතුරු

うちの 中 (なか)　නිවසේ ඇතුළ

①	玄関 (げんかん)	දොරටුව	⑥	食堂 (しょくどう)	කෑම කාමරය
②	トイレ	වැසිකිළිය	⑦	居間 (いま)	සාලය
③	ふろ場 (ば)	නාන කාමරය	⑧	寝室 (しんしつ)	නිදන කාමරය
④	洗面所 (せんめんじょ)	අත සෝදන සින්ක් එක	⑨	廊下 (ろうか)	කොරිඩෝව
⑤	台所 (だいどころ)	කුස්සිය	⑩	ベランダ	බැල්කනිය

10

67

ජපන් නාන කාමරය භාවිත කිරීමේ ක්‍රමය

① නාන බේසමට ඇතුළ් වීමට පෙර ඇඟපත හොඳින් සෝදා පිරිසුදු විය යුතු ය.

② නාන බේසම තුල සබන් හෝ ෂැම්පූ වර්ග භාවිත නොකළ යුතු ය. නාන බේසම භාවිත කරනුයේ, ශරීරය උණුසුම්කොට ඉහිල් කරගැනීම සඳහා ය.

③ නෑමට පැමිණෙන අයෙකු වෙනුවෙන් නාන බේසම තුල තිබෙන උණුසුම් ජලය අපතේ නොයවා පියනකින් ආවරණය කර වහා පිටතට පැමිණිය යුතු ය.

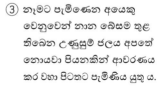
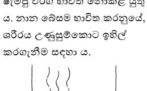

වැසිකිළිය භාවිත කිරීමේ ක්‍රමය

ජපන් ක්‍රමය

බටහිර ක්‍රමය

IV. ව්‍යාකරණ විස්තර

1. නාම පද が　あります／います

あります、います යන පදවලින් දැක්වෙන්නේ දෙයක් තිබෙන බව හෝ කෙනෙක් සිටින බව ය. මෙම වාක්‍යය, දෙයක් හෝ කෙනෙකු ඇති බව නියත වශයෙන්ම ශ්‍රාවකයාට තහවුරු කරන බැවින්, එම තිබෙන දෙය හෝ සිටින කෙනා දැක්වෙන නාම පදයට が එකතු කර වාක්‍ය නිර්මාණය කෙරේ.

1) あります යන ක්‍රියා පදය යෙදෙන්නේ දෙයක් හෝ පැළයක් ආදි තමන්ට තනිව ක්‍රියාවක් කළ නොහැකි දෙයක් හඳුන්වන නාම පද සඳහා ය.

① コンピューターが　あります。　　පරිගණකයක් තියෙනවා.

② 桜（さくら）が　あります。　　සකුරා ගස් තියෙනවා.

③ 公園（こうえん）が　あります。　　උද්‍යානයක් තියෙනවා.

2) います යන ක්‍රියා පදය යෙදෙන්නේ මිනිසෙකු හෝ සතෙකු වැනි තමන්ට තනිව ක්‍රියාවක් කළ හැකි නාම පද සඳහා ය.

④ 男（おとこ）の　人（ひと）が　います。　　පිරිමියෙක් ඉන්නවා.

⑤ 犬（いぬ）が　います。　　බල්ලෙක් ඉන්නවා.

2. ස්ථාන に　නාම පද が　あります／います

මෙම වාක්‍ය රටාව භාවිත කිරීමෙන් යම් කිසි ස්ථානයක තිබෙන දෙයක් හෝ සිටින කෙනෙකු පිළිබඳව ප්‍රකාශ කෙරේ.

1) යමක් තිබෙන හෝ කෙනෙකු සිටින ස්ථානය に නිපාතයෙන් නිරූපණය කෙරේ.

⑥ わたしの　部屋（へや）に　机（つくえ）が　あります。　　මගේ කාමරේ මේසයක් තියෙනවා.

⑦ 事務所（じむしょ）に　ミラーさんが　います。　　කන්තෝරුවේ මිලර් මහත්තයා ඉන්නවා.

2) තිබෙන දෙයක් පිළිබඳව විමසන විට なに යන ප්‍රශ්නවාචී පදය ද, සිටින කෙනෙකු පිළිබඳව විමසන විට だれ යන ප්‍රශ්නවාචී පදය ද යොදා ගැනේ.

⑧ 地下（ちか）に　何（なに）が　ありますか。　　යට තට්ටුවේ මොකක් ද තියෙන්නෙ?
　……レストランが　あります。　　……ආපන ශාලා තියෙනවා.

⑨ 受付（うけつけ）に　だれが　いますか。　　පිළිගැනීමේ ස්ථානයේ කවුද ඉන්නෙ?
　……木村（きむら）さんが　います。　　……කිමුරා මහත්තයා ඉන්නවා.

සංලක්ෂ්‍යය:- ඉහත සඳහන් උදාහරණ මෙන්ම, ප්‍රශ්නවාචී පදයකට පසුව යෙදෙන が නිපාතය වෙනුවට කිසිසේත්ම は නිපාතය නොයෙදෙන බව සඳහන් කළ යුතු ය. (×なには　×だれは)

3. නාම පද は　ස්ථාන に　あります／います

ඉහත 2. හි සඳහන් වූ "ස්ථාන に　නාම පද が　あります／います" යන වාක්‍ය රටාවේ නාම පදය (තිබෙන දෙයක් හෝ සිටින කෙනෙක්) මාතෘකාකරණයට ලක් කරමින් එය තිබෙන හෝ සිටින ස්ථානය පිළිබඳව ප්‍රකාශ කරනු ලබන වාක්‍ය වේ. නාම පදයට පසුව は නිපාතය යොදාගනිමින් එම නාම පදය වාක්‍යයේ මුලින් යෙදෙන අතර, එම නාම පදයෙන් භාෂකයා සහ ශ්‍රාවකයා යන දෙදෙනාම දන්නා යමක් හෝ කෙනෙකු නිරූපණය වේ.

⑩ 東京（とうきょう）ディズニーランドは　千葉県（ちばけん）に　あります。
　ටෝකියෝ ඩිස්නිලන්තය චිබා දිස්ත්‍රික්කයේ තියෙනවා.

⑪ ミラーさんは　事務所（じむしょ）に　います。　　මිලර් මහත්තයා කන්තෝරුවේ ඉන්නවා.

⑫ 東京ディズニーランドは どこに ありますか。
ටෝකියෝ ඩිස්නිලන්තය කොහෙද තියෙන්නෙ?
……千葉県に あります。　……චිබා දිස්ත්‍රික්කයේ තියෙන්නෙ.

⑬ ミラーさんは どこに いますか。　මිලර් මහත්තයා කොහෙ ද ඉන්නෙ?
……事務所に います。　……කන්තෝරුවේ ඉන්නෙ.

සංලක්ෂ්‍යය:- මෙම වාක්‍ය රටාව “නාම පද は ස්ථාන です” (තුන්වන පාඩම) යනුවෙන් ද භාවිත කළ හැකි ය. මෙවිට です යන ප්‍රත්‍යයට පෙර එකතු වන ස්ථානයක් දක්වන ප්‍රශ්නවාචී පදයට (どこ) හෝ නාම පදයට (ちばけん) පසුව に නිපාතය එකතු නොකිරීමට විශේෂයෙන් සැලකිලිමත් විය යුතු ය.

⑭ 東京ディズニーランドは どこですか。　ටෝකියෝ ඩිස්නිලන්තය තියෙන්නෙ කොහෙ ද?
……千葉県です。　……චිබා දිස්ත්‍රික්කයේ.

4. නාම පද$_1$ (දෙයක්/කෙනෙක්/ස්ථානයක්) の නාම පද$_2$ (නිශ්චිත ස්ථානයක්)

うえ、した、まえ、うしろ、みぎ、ひだり、なか、そと、となり、ちかく、あいだ ආදි නිශ්චිත ස්ථානයක් දක්වන නාම පද$_2$ මඟින්, නාම පද$_1$ සමඟ ඇති ස්ථානීය සම්බන්ධතාවක් නිරූපණය වේ.

⑮ 机の 上に 写真が あります。　මේසෙ උඩ ඡායාරූපයක් තියෙනවා.

⑯ 郵便局は 銀行の 隣に あります。　තැපැල් කන්තෝරුව බැංකුව ළඟ තියෙනවා.

⑰ 本屋は 花屋と スーパーの 間に あります。
මල් සාප්පුව සහ සුපිරි වෙළඳ සැල අතර පොත් සාප්පුව තියෙනවා.

සංලක්ෂ්‍යය:- ස්ථාන නාම පද මෙන්ම で නිපාතය එකතු කිරීමෙන් ක්‍රියාවක් කරනු ලබන ස්ථානය ද දැක්විය හැකි ය.

⑱ 駅の 近くで 友達に 会いました。　දුම්රියපොළ අසලදී යාළුවෙක් හමුවුණා.

5. නාම පද$_1$ や නාම පද$_2$

හතරවන පාඩමේදී උගත් පරිදි と නිපාතය, සියලුම නාම පද අනුපිළිවෙළින් සඳහන් කිරීම සඳහා යෙදෙන අතර, や නිපාතය ආදර්ශ වශයෙන් දැක්වෙන උදාහරණ කිහිපයක් (දෙකක් හෝ ඊට වඩා) අනුපිළිවෙළින් සඳහන් කිරීම සඳහා යෙදේ. අවසානයේ සඳහන් කළ නාම පදයට පසුව など නිපාතය එකතු කිරීමෙන්, ඊට පෙර සඳහන් වූ නාම පදවලට අමතරව වෙනත් දෙයක් ද තිබෙන බව පැහැදිලි කෙරේ.

⑲ 箱の 中に 手紙や 写真が あります。
පෙට්ටිය ඇතුළෙ ලියුමක් හරි ඡායාරූපයක් හරි තියෙනවා.

⑳ 箱の 中に 手紙や 写真などが あります。
පෙට්ටිය ඇතුළෙ ලියුමක් හරි ඡායාරූපයක් එහෙම තියෙනවා.

6. アジアストアですか

මෙම පාඩමෙහි සංවාදයේ ආරම්භක කොටසෙහි පහත සඳහන් සංවාදය ඇත.

㉑ すみません。アジアストアは どこですか。
……アジアストアですか。（中略）あの ビルの 中です。
සමාවෙන්න. ආසියානු සාප්පුව තියෙන්නෙ කොහෙ ද?
……ආසියානු සාප්පුව ද? [...] අර ගොඩනැගිල්ල ඇතුළේ.

සත්‍ය සංවාදවලදී බොහෝ විට සිදුවෙන්නේ මෙවැනි ප්‍රශ්නයට වහාම පිළිතුරු නොදී, ශ්‍රාවකයාගේ ප්‍රශ්නයේ වැදගත්ම දෙය තහවුරු කිරීමෙන් පසුව පිළිතුරු ලබා දීම ය.

එකොළොස්වන පාඩම

I. වචන මාලාව

います ［こどもが～］	 ［子どもが～］	ඉන්නවා [දරුවෙකු～]
います ［にほんに～］	 ［日本に～］	රැඳී සිටිනවා [ජපානයේ～]
かかります		වැය වෙනවා (මුදල් හෝ කාලය සම්බන්ධව යෙදෙන පදයකි)
やすみます ［かいしゃを～］	休みます ［会社を～］	නිවාඩු ගන්නවා [සමාගමෙන්～]
ひとつ	1つ	එකක් (යම් දෙයක් ගණන් කිරීමේදී යෙදේ)
ふたつ	2つ	දෙකක්
みっつ	3つ	තුනක්
よっつ	4つ	හතරක්
いつつ	5つ	පහක්
むっつ	6つ	හයක්
ななつ	7つ	හතක්
やっつ	8つ	අටක්
ここのつ	9つ	නමයක්
とお	10	දහයක්
いくつ		කීයක් ද
ひとり	1人	එක් කෙනෙක්
ふたり	2人	දෙදෙනෙක්
－にん	－人	－ දෙනෙක්
－だい	－台	(යන්ත්‍ර, මෝටර් රථ වැනි දේ ගණන් කිරීමේදී යොදන ප්‍රත්‍යයකි)
－まい	－枚	(කඩදාසි, මුද්දර වැනි දේ ගණන් කිරීමේදී යොදන ප්‍රත්‍යයකි)
－かい	－回	－ වරක්, － පාරක්
りんご		ඇපල්
みかん		නාරං
サンドイッチ		සැන්ඩ්විච්
カレー［ライス］		[බත් සහ] වෑංජනය
アイスクリーム		අයිස් ක්‍රීම්
きって	切手	මුද්දරය
はがき		තැපැල් පත
ふうとう	封筒	ලියුම් කවරය
りょうしん	両親	දෙමව්පියෝ
きょうだい	兄弟	සහෝදර සහෝදරියෝ

あに	兄	(තමාගේ) වැඩිමහල් සහෝදරයා
おにいさん*	お兄さん	(වෙන කෙනෙකුගේ) වැඩිමහල් සහෝදරයා
あね	姉	(තමාගේ) වැඩිමහල් සහෝදරිය
おねえさん*	お姉さん	(වෙන කෙනෙකුගේ) වැඩිමහල් සහෝදරිය
おとうと	弟	(තමාගේ) බාල සහෝදරයා
おとうとさん*	弟さん	(වෙන කෙනෙකුගේ) බාල සහෝදරයා
いもうと	妹	(තමාගේ) බාල සහෝදරිය
いもうとさん*	妹さん	(වෙන කෙනෙකුගේ) බාල සහෝදරිය
がいこく	外国	පිටරට, විදේශය
りゅうがくせい	留学生	අධ්‍යාපනය සඳහා විදේශගත වන සිසුන්
クラス		පන්තිය
ーじかん	ー時間	පැය ー
ーしゅうかん	ー週間	සති ー
ーかげつ	ーか月	මාස ー
ーねん	ー年	අවුරුදු ー
〜ぐらい		〜පමණ
どのくらい		කොපමණ කල්
ぜんぶで	全部で	එකතුව
みんな		සියලු දෙනා නැතිනම් දෙය
〜だけ		〜පමණක්

〈練習(れんしゅう)C〉

かしこまりました。	එහෙමයි. (පිළිගත් බව දක්වන ආචාරශීලී යෙදුමකි)

〈会話(かいわ)〉

いい［お］天気(てんき)ですね。	(අද) හොඳට පායලා නේද?
お出(で)かけですか。	බැහැරක් ද?
ちょっと 〜まで。	පොඩ්ඩක්〜 (ස්ථානය) ට ගිහින් එනවා.
行(い)ってらっしゃい。	ගිහින් එන්න.
行(い)って きます。	ගිහින් එන්නම්.
船便(ふなびん)	මුහුදු තැපැල්
航空便(こうくうびん)(エアメール)	ගුවන් තැපැල්
お願(ねが)いします。	ඉල්ලනවා

オーストラリア	ඕස්ට්‍රේලියාව

II. පරිවර්තනය

වාක්‍ය රටා

1. රූස්වීම් කාමරේ මේස හතක් තියෙනවා.
2. මම ජපානයේ අවුරුද්දක් ඉන්නවා.

උදාහරණ වගන්ති

1. ඇපල් ගෙඩි කීයක් ගත්තා ද?
   ……හතරක් ගත්තා.
2. යෙන් අසූවේ මුද්දර පහකුයි තැපැල් පත් දෙකකුයි දෙන්න.
   ……ඔව්. එකතුව යෙන් පන්සීයයි.
3. ෆුජි විශ්වවිද්‍යාලයේ විදෙස් ජාතික ගුරුවරු ඉන්නවා ද?
   ……ඔව්, තුන් දෙනෙක් ඉන්නවා. සියලු දෙනාම ඇමෙරිකානු ජාතිකයින්.
4. සහෝදර සහෝදරියෝ කී දෙනෙක් ඉන්නවා ද?
   ……හතර දෙනෙක්. අක්කලා දෙන්නායි අයියා කෙනෙකුයි ඉන්නවා.
5. සතියකට කී සැරයක් ටෙනිස් ක්‍රීඩා කරනවා ද?
   ……දෙසැරයක් විතර කරනවා.
6. තනකා මහත්තයා කොච්චර කල් ස්පාඤ්ඤ භාෂාව ඉගෙනගත්තා ද?
   ……මාස තුනක් ඉගෙනගත්තා.
   මාස තුනක් විතර ද? හොඳට පුළුවන් නේ.
7. ඕසකා ඉඳලා ටෝකියෝ වෙනකම් ෂින්කන්සෙන් එකේ කොච්චර වෙලාව යනවා ද?
   ……පැය දෙක හමාරක් යනවා.

සංවාදය

මේක තැපැල් කරන්න.

නිවාස සංකීර්ණයේ භාරකරු: ඉර හොඳට පායලා නේ. එළියට යනවා ද?
වන්: ඔව්. පොඩ්ඩක් තැපැල් කන්තෝරුවට යනවා.
නිවාස සංකීර්ණයේ භාරකරු: එහෙම ද? ගිහින් එන්න.
වන්: ගිහින් එන්නම්.

………………………………………………………………

වන්: මේක ඕස්ට්‍රේලියාවට යවන්න.
තැපැල් කන්තෝරුවේ සේවකයා: ඔව්. මුහුදු තැපැලෙන් ද? ගුවන් තැපැලෙන් ද?
වන්: ගුවන් තැපැලෙන් කීය ද?
තැපැල් කන්තෝරුවේ සේවකයා: යෙන් හත්දාස් හයසීයයි.
වන්: මුහුදු තැපැලෙන් කීය ද?
තැපැල් කන්තෝරුවේ සේවකයා: යෙන් තුන් දාස් හාරසීය පනහයි.
වන්: කොච්චර කල් යනවා ද?
තැපැල් කන්තෝරුවේ සේවකයා: මුහුදු තැපැලෙන් නම් දවස් හතක්, ගුවන් තැපැලෙන් නම් මාස දෙකක් විතර යනවා.
වන්: එහෙනම්, මුහුදු තැපැලෙන් යවන්න.

III. අදාළ වචන සහ තොරතුරු

メニュー　　ආහාර ලැයිස්තුව

定食（ていしょく）	අවන්හලේදී අලෙවි කිරීමට සකස් කරන ලද ආහාර වේලක්
ランチ	බටහිර ආකාරයේ සෙට් මෙනු
天（てん）どん	බැදපු මාළු සහ එළවළු බත් දීසියක්
親子（おやこ）どん	කුකුළු මස් සහ බිත්තර සහිත බත් දීසියක්
牛（ぎゅう）どん	හරක් මස් සහිත බත් දීසියක්
焼（や）き肉（にく）	පුළුස්සන ලද මස්
野菜（やさい）いため	තෙම්පරාදු කරන ලද එළවළු
漬物（つけもの）	අච්චාරු
みそ汁（しる）	මිසෝ සුප්
おにぎり	බත් ගුලි
てんぷら	ගැඹුරු තෙලේ බැදගත් මුහුදු ආහාර සහ එළවළු
すし	අමු මාළු අතුරන ලද විනාකිරිවලින් රස ගැන්වූ බත් ගුලි
うどん	උදොන් - තිරිඟුපිටි වලින් සෑදූ නූඩ්ල්ස්
そば	සොබා - බක්වීට් ධාන්‍යයෙන් සෑදූ නූඩ්ල්ස්
ラーメン	රාමෙන් - මස් සහ එළවළු සමඟ චීන නූඩ්ල්ස් යොදා සකස් කරනු ලබයි.
焼（や）きそば	ඌරු මස් සහ එළවළු සමඟ තෙම්පරාදු කරන ලද නූඩ්ල්ස්
お好（この）み焼（や）き	එළවළු, මස්, බිත්තර සමඟ සකස් කරන ලද පෑන් කේක් වර්ගයක්

カレーライス	බත් සමඟ කරි
ハンバーグ	මස් බෝල
コロッケ	කට්ලට්
えびフライ	බදින ලද ඉස්සො
フライドチキン	බදින ලද කුකුළු මස්
サラダ	සලාද
スープ	සුප්
スパゲッティ	ඉතාලියානු නූඩ්ල්ස් (ස්පැගටි)
ピザ	පීසා
ハンバーガー	බර්ගර්
サンドイッチ	සැන්ඩ්විච්
トースト	ටෝස්ට්

コーヒー	කෝපි
紅茶（こうちゃ）	තේ
ココア	කොකෝවා
ジュース	යුෂ
コーラ	කොකා කෝලා

IV. ව්‍යාකරණ විස්තර

1. සංඛ්‍යාව සහ ප්‍රමාණය පිළිබඳ භාවිතය

1) එකේ සිට දහය දක්වා ගණන් කරන ආකාරය ひとつ、ふたつ、……とお යනුවෙන් විශේෂ වේ. යම් කිසි දෙයක් ගණන් කිරීමේදී, එකොළහට වඩා වැඩි සංඛ්‍යාවක් නම්, එම සංඛ්‍යාව එලෙසින්ම භාවිත වේ.

2) විවිධ සංඛ්‍යා ප්‍රත්‍ය

පුද්ගලයින් සංඛ්‍යාව හෝ දේවල් සංඛ්‍යාව ගණන් කරන විට, සංඛ්‍යාවේ ප්‍රමාණය දක්වන විට, ගණන් කරන දෙය අනුව විවිධ සංඛ්‍යාවාචී ප්‍රත්‍ය භාවිත වේ.

－人(にん)	පුද්ගලයන්ගේ සංඛ්‍යාව. මෙහිදී, එක් අයෙකු ひとり (1人(ひとり)) ලෙස ද, දෙදෙනෙකු ふたり (2人(ふたり)) ලෙස ද, පුද්ගල සංඛ්‍යාව දැක්වේ. 4人(にん) යන වචනය よにん ලෙස උච්චාරණය කෙරේ.
－台(だい)	යන්ත්‍ර, වාහන.
－枚(まい)	තුනී පැතලි දෙය. කඩදාසි, කමිසය, පිඟාන, සී.ඩී. ආදි.
－回(かい)	වාර ගණන
－分(ふん)	(විනාඩි －)
－時間(じかん)	(පැය－)
－日(にち)	(－වෙනිදා, －දිනක්) දිනය දක්වන ආකාරයට සමාන ය. මෙහිදී, 1日 යන වචනය ついたち ලෙස නොව いちにち ලෙස උච්චාරණය කිරීම කෙරෙහි අවධානය යොමු කළ යුතු ය.
－週間(しゅうかん)	(සති－)
－か月(げつ)	(මාස－)
－年(ねん)	(අවුරුදු－)

2. ප්‍රමාණවාචී සංඛ්‍යා පද යොදන ආකාරය

1) ප්‍රමාණවාචී සංඛ්‍යා පද (සංඛ්‍යා ප්‍රත්‍ය එකතු කරන ලද ඉලක්කම) එකතු වන්නේ, සාමාන්‍යයෙන් ප්‍රමාණවාචී සංඛ්‍යා පදයේ වර්ගය තීරණය කරන "නාම පද + නිපාත" යන යෙදුමට පසුවම යි. නමුත් එයට කාල වකවානුව දක්වන ප්‍රමාණවාචී සංඛ්‍යා පද අදාළ නොවේ.

① りんごを 4つ(よっつ) 買(か)いました。 ඇපල් ගෙඩි හතරක් මිලදී ගත්තා.

② 外国人(がいこくじん)の 学生(がくせい)が 2人(ふたり) います。 විදේශික ශිෂ්‍යයන් දෙදෙනෙක් ඉන්නවා.

③ 国(くに)で 2か月(げつ) 日本語(にほんご)を 勉強(べんきょう)しました。

මගේ රටේදී මාස දෙකක් ජපන් භාෂාව ඉගෙන ගත්තා.

2) සංඛ්‍යාව පිළිබඳව විමසන ආකාරය

(1) いくつ

1−1) හි සඳහන් වූ පරිදි ගණන් කිරීමේදී, ගණනය කරනු ලබන දේවල්වල සංඛ්‍යාත්මක ප්‍රමාණය පිළිබඳව විමසන විට いくつ යන ප්‍රශ්නවාචී පදය භාවිත වේ.

④ みかんを いくつ 買(か)いましたか。 දොඩම් කීයක් ද මිලදී ගත්තෙ?

……8つ(やっつ) 買(か)いました。 ……අටක් ගත්තා.

(2) なん＋ සංඛ්‍යා ප්‍රත්‍ය

1−2) හි සඳහන් වූ පරිදි, සංඛ්‍යා ප්‍රත්‍ය එකතු වූ දෙයක සංඛ්‍යාත්මක ප්‍රමාණය පිළිබඳව විමසන විට "なん＋ සංඛ්‍යා ප්‍රත්‍ය" භාවිත වේ.

⑤ この 会社に 外国人が 何人 いますか。
……5人 います。

මේ කොම්පැනියේ විදේශිකයන් කීදෙනෙක් ඉන්නවා ද?

……පස් දෙනෙක්.

⑥ 毎晩 何時間 日本語を 勉強しますか。 හැමදාම රෑට පැය කීයක් පාඩම් කරනවා ද?
……2時間 勉強します。 ……පැය දෙකක් පාඩම් කරනවා.

(3) どのくらい

කාල පරාසයක් පිළිබඳව විමසන විට どのくらい යන පදය භාවිත වේ.

⑦ どのくらい 日本語を 勉強しましたか。
……3年 勉強しました。

කොච්චර කල් ජපන් භාෂාව ඉගෙන ගත්තා ද?

……අවුරුදු තුනක් ඉගෙන ගත්තා.

⑧ 大阪から 東京まで どのくらい かかりますか。
……新幹線で 2時間半 かかります。

ඕසකා ඉඳලා ටෝකියෝවලට යන්න කොච්චර වෙලාව යනවා ද?

……ෂිකන්සෙන් එකෙන් පැය දෙක හමාරක් යනවා.

3) ～ぐらい

ぐらい යන පදය ප්‍රමාණවාචී සංඛ්‍යා ප්‍රත්‍යයට පසුව එකතු වී දළ වශයෙන් කොපමණ සංඛ්‍යාවක් ද යන්න නිරූපණය කරයි.

⑨ 学校に 先生が 30人ぐらい います。 ඉස්කෝලේ ගුරුවරු තිස් දෙනෙක් විතර ඉන්නවා.

⑩ 15分ぐらい かかります。 විනාඩි පහළොවක් විතර යනවා.

3. ප්‍රමාණවාචී සංඛ්‍යා ප්‍රත්‍ය (කාල වකවානුව) に 一回 ක්‍රියා පද

මෙය වාර ගණන නිරූපණය කරන යෙදුමකි.

⑪ 1か月に 2回 映画を 見ます。 මාසයකට දෙසැරයක් චිත්‍රපට බලනවා.

4. ප්‍රමාණවාචී සංඛ්‍යා ප්‍රත්‍ය だけ／නාම පද だけ

だけ යන පදය ප්‍රමාණවාචී සංඛ්‍යා ප්‍රත්‍යයකට හෝ නාම පදයකට පසුව එකතු වී, එමඟින් ඊට වඩා වැඩියෙන් නැති බව ද එය හැර වෙනත් කිසි දෙයක් නැති බව ද නිරූපණය කෙරේ.

⑫ パワー電気に 外国人の 社員が 1人だけ います。

පවර් විදුලි සංස්ථාවේ සේවකයන් අතරින් විදේශික ජාතික සේවකයන් ඉන්නෙ එක්කෙනෙක් විතරයි.

⑬ 休みは 日曜日だけです。 නිවාඩු තියෙන්නෙ ඉරිදාට විතරයි.

දොළොස්වන පාඩම

I. වචන මාලාව

かんたん[な]	簡単[な]	ලෙහෙසි, පහසු, සරල
ちかい	近い	ළඟ
とおい*	遠い	ඈත
はやい	速い、早い	ඉක්මන් (කාලය හෝ වේගය සම්බන්ධව යෙදේ)
おそい*	遅い	හෙමින්, ප්‍රමාද වී
おおい [ひとが〜]	多い [人が〜]	බොහෝ [දෙනෙක්], බහුල
すくない* [ひとが〜]	少ない [人が〜]	ස්වල්ප [දෙනෙක්], ටික
あたたかい	暖かい、温かい	උණුසුම්
すずしい	涼しい	සිසිල්
あまい	甘い	පැණි රස
からい	辛い	සැර (කෑම සම්බන්ධව යෙදේ)
おもい	重い	බර
かるい*	軽い	සැහැල්ලු
いい [コーヒーが〜]		(වඩා) හොඳයි [කෝපි〜]
きせつ	季節	සෘතුව
はる	春	වසන්ත සෘතුව
なつ	夏	ග්‍රීෂ්ම සෘතුව
あき	秋	සරත් සෘතුව
ふゆ	冬	සිසිර සෘතුව, ශීත සෘතුව
てんき	天気	කාලගුණය
あめ	雨	වැස්ස
ゆき	雪	හිම
くもり	曇り	වලාකුළු
ホテル		හෝටලය
くうこう	空港	ගුවන් තොටුපළ
うみ	海	මුහුද, සාගරය
せかい	世界	ලෝකය
パーティー		උත්සවය (〜を します：පාටියක් දානවා)
[お]まつり	[お]祭り	උත්සවය, සැණකෙළිය

すきやき*	すき焼き	සුකියකි (ගව මස් සහ එළවළු තම්බා හදන ජපන් ආහාරයක්)
さしみ*	刺身	සෂිමි (අමු මාළු හීනියට කැපූ ආහාරයකි)
[お]すし		සුෂි (විනාකිරි වලින් රස ගැන්වූ බත් ගුලි මත තුනීව කැපූ අමු මාළු අතුරා සාදා ආහාරයකි)
てんぷら		තෙම්පුරා (මුහුදු මාළු වර්ග සහ එළවළු බැටර් එකේ තවරමින් බැදගත් ආහාරයකි)
ぶたにく*	豚肉	ඌරු මස්
とりにく	とり肉	කුකුළු මස්
ぎゅうにく	牛肉	ගව මස්
レモン		රට දෙහි
いけばな	生け花	ඉකෙබනා මල් සැකසුම (～を します：එම මල් සැකසීම පුරුදු වෙනවා)
もみじ	紅葉	සරත් කාලයේදී රතු පාට වන මේපල් වර්ගයේ ගස් සහ එම කොළ
どちら		(දෙකෙන්) කොයි එක
どちらも		දෙකම
いちばん		වැඩියෙන්ම, උසස්ම
ずっと		හුඟක්
はじめて	初めて	පළමු වරට

〈会話(かいわ)〉

ただいま。	මම ගෙදර ආවා. (නිවැසියෙකු ආපසු පැමිණුන බව දක්වන ව්‍යවහාරයකි)
お帰(かえ)りなさい。	එන්න. (නිවැසියෙකු ආපසු පැමිණීම ගැන ප්‍රීතිය දක්වන ව්‍යවහාරයකි)
わあ、すごい人(ひと)ですね。	ෂා, මාර සෙනඟක් නෙ.
疲(つか)れました。	මහන්සියි.

··

祇園祭(ぎおんまつり)	කියෝතොවල ප්‍රසිද්ධම උත්සවය
ホンコン	හොංකොං (香港)
シンガポール	සිංගප්පූරුව
ABCストア	මනඃකල්පිත සුපිරි වෙළඳ සැල
ジャパン	මනඃකල්පිත සුපිරි වෙළඳ සැල

II. පරිවර්තනය

වාක්‍ය රටා

1. ඊයෙ වැස්සා.
2. ඊයෙ සීතලයි.
3. හොක්කයිදෝ කියුෂූවලට වඩා ලොකුයි.
4. මම අවුරුද්දෙ ඍතු හතරෙන් වැඩියෙන්ම කැමති ගිම්හානෙට.

උදාහරණ වගන්ති

1. කියෝතො නිසන්සල ද?

   ……නෑ, නිසන්සල නෑ.
2. ගමන විනෝද ද?

   ……ඔව්, විනෝද වුණා.

   ඉර හොඳට පායලා ද?

   ……නෑ, එච්චර පායලා නෑ.
3. ඊයෙ සාදය කොහොම ද?

   ……ගොඩක් කාර්යබහුලයි. ගොඩක් අය හම්බවුණා.
4. නිව්යෝක් නුවර ඕසකාවලට වඩා සීතල ද?

   ……ඔව්, ගොඩක් සීතලයි.
5. ගුවන් තොටුපළට වේගයෙන් යන්නෙ බස් එක ද? කෝච්චිය ද?

   ……වඩා වේගයෙන් යන්නෙ කෝච්චිය.
6. මුහුදට ද කඳුවලට ද වැඩියෙන් කැමති?

   ……දෙකටම කැමතියි.
7. ජපන් කෑමවලින් රසම කෑම වර්ගය මොකක් ද?

   ……තෙම්පුරා තමයි රසම.

12

සංවාදය

ගිඔන් උත්සවය කොහොම ද?

මිලර්:	මං ආවා.
නිවාස සංකීර්ණයේ භාරකරු:	ඇතුළට එන්න.
මිලර්:	මෙන්න මේ තෑග්ග. කියෝතෝවලින් ගත්තෙ.
නිවාස සංකීර්ණයේ භාරකරු:	බොහොම ස්තුතියි.
	ගිඔන් උත්සවය කොහොම ද?
මිලර්:	විනෝද වුණා.
	බොහොම කාර්යබහුලයි.
නිවාස සංකීර්ණයේ භාරුකරු:	කියෝතෝ උත්සවවලින් ප්‍රසිද්ධම ගිඔන් උත්සවය නේ.
මිලර්:	එහෙම ද?
	පින්තූර ගොඩාක් ගත්තා. මේ.
නිවාස සංකීර්ණයේ භාරකරු:	අම්මෝ, පුදුම සෙනඟක් නේ.
මිලර්:	ඔව්. ටිකක් මහන්සියි.

III. අදාළ වචන සහ තොරතුරු

祭りと 名所　　උත්සව සහ ප්‍රසිද්ධ ස්ථාන

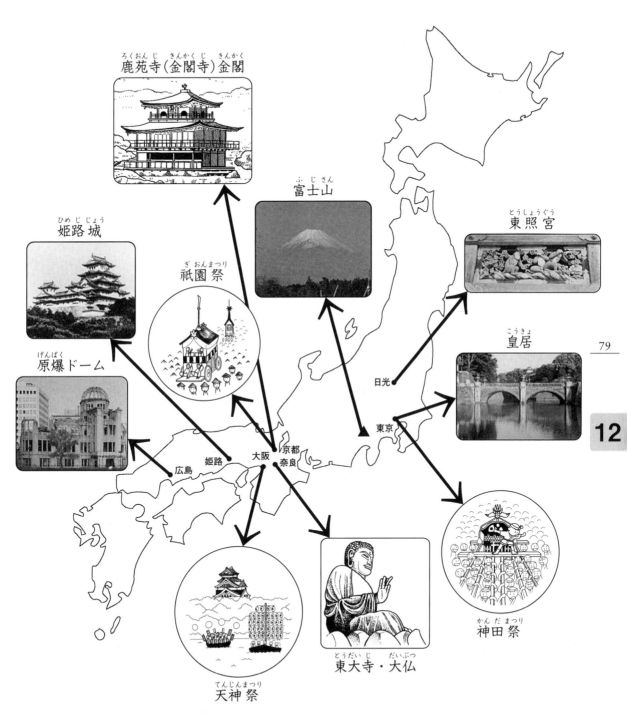

鹿苑寺(金閣寺)金閣

富士山

東照宮

姫路城

祇園祭

原爆ドーム

皇居

日光

東京

広島

姫路

大阪

京都
奈良

神田祭

天神祭

東大寺・大仏

12

IV. ව්‍යාකරණ විස්තර

1. නාම පද හෝ な- නාම විශේෂණ ආඛ්‍යාතය වශයෙන් යෙදෙන වාක්‍යයක, කාලය/නිශ්චිතත්වය/ප්‍රතිෂේධනය

	අනතීත කාලය (වර්තමාන, අනාගත)			අතීත කාලය		
නිශ්චිතත්වය	නාම පද な- නාම විශේෂණ	あめ しずか	です	නාම පද な- නාම විශේෂණ	あめ しずか	でした
ප්‍රතිෂේධනය	නාම පද な- නාම විශේෂණ	あめ しずか	じゃ(では) ありません	නාම පද な- නාම විශේෂණ	あめ しずか	じゃ(では) ありませんでした

① きのうは 雨(あめ)でした。　　ඊයෙ වැස්සා.

② きのうの 試験(しけん)は 簡単(かんたん)じゃ ありませんでした。

ඊයෙ තිබුණ විභාගය ලෙහෙසි නැහැ.

2. い- නාම විශේෂණ ආඛ්‍යාතය වශයෙන් යෙදෙන වාක්‍යයක, කාලය/නිශ්චිතත්වය/ප්‍රතිෂේධනය

	අනතීත කාලය (වර්තමාන, අනාගත)	අතීත කාලය
නිශ්චිතත්වය	あついです	あつかったです
ප්‍රතිෂේධනය	あつくないです	あつくなかったです

③ きのうは 暑(あつ)かったです。　　ඊයෙ රස්නෙයි.

④ きのうの パーティーは あまり 楽(たの)しくなかったです。

ඊයෙ සාදය එච්චර විනෝදජනක නැහැ.

12

3. නාම පද$_1$ は නාම පද$_2$ より නාම විශේෂණ です

නාම පද$_2$ පදනම් කරගනිමින් නාම පද$_1$ හි ගුණය හෝ තත්ත්වය පිළිබඳව මෙම වාක්‍ය රටාවෙන් නිරූපණය කරනු ලබයි.

⑤ この 車(くるま)は あの 車(くるま)より 大(おお)きいです。　　මේ කාර් එක අර කාර් එකට වඩා ලොකු යි.

4. නාම පද$_1$ と නාම පද$_2$ と どちらが නාම විශේෂණ ですか
……නාම පද$_1$／නාම පද$_2$ の ほうが නාම විශේෂණ です

වස්තු දෙකක් සංසන්දනය කරන විට, එම සංසන්දනය කරන දෙය කුමක් වුවත්, どちら යන ප්‍රශ්නවාචී පදය භාවිත කෙරේ.

⑥ サッカーと 野球(やきゅう)と どちらが おもしろいですか。
……サッカーの ほうが おもしろいです。

පාපන්දු සහ බේස්බෝල් ක්‍රීඩා අතරින් ඔයාගේ හිත ඇදෙන්නෙ කොයි එකට ද?
……පාපන්දු ක්‍රීඩාවට මගේ හිත ඇදෙනවා.

⑦ ミラーさんと サントスさんと どちらが テニスが 上手(じょうず)ですか。

මිලර් මහත්තයා සහ සන්තොස් මහත්තයා අතරින් ටෙනිස් ක්‍රීඩාවට දක්ෂ කවුද?

⑧ 北海道(ほっかいどう)と 大阪(おおさか)と どちらが 涼(すず)しいですか。

හොක්කයිදෝ සහ ඕසකා අතරින් සීතල කොහෙ ද?

⑨ 春と 秋と どちらが 好きですか。

වසන්ත සෘතුව සහ සරත් සෘතුව අතරින් කැමැති කොයි එකට ද?

5.

නාම පද$_1$ [の 中]で {何 / どこ / だれ / いつ} が いちばん නාම විශේෂණ ですか
……නාම පද$_2$ が いちばん නාම විශේෂණ です

で නිපාතයෙන් දැක්වෙන්නේ පරාසයකි. නාම පද$_1$ මඟින් දැක්වෙන පරාසය තුළින් නාම විශේෂණ පදයෙන් දැක්වෙන ගුණයේ හෝ තත්ත්වයේ ප්‍රමාණය ඉහළම, දෙයක්, ස්ථානයක්, කෙනෙක් හෝ වේලාවක් පිළිබඳව විමසන විට එයට අදාළ ප්‍රශ්නවාචී පදය භාවිත කෙරේ.

⑩ 日本料理[の 中]で 何が いちばん おいしいですか。
……てんぷらが いちばん おいしいです。

ජපන් කෑමවලින් රසම කෑම වර්ගය මොකක් ද?
……තෙම්පුරා තමයි රසම.

⑪ ヨーロッパで どこが いちばん よかったですか。
……スイスが いちばん よかったです。

යුරෝපයේ හොඳම රට මොකක් ද?
……ස්විට්සර්ලන්තය තමයි හොඳම.

⑫ 家族で だれが いちばん 背が 高いですか。
…… 弟 が いちばん 背が 高いです。

පවුලේ අය අතරින් උසම කවුද?
……මල්ලි තමයි උසම. (දහසයවන පාඩම)

⑬ 1年で いつが いちばん 寒いですか。 අවුරුද්දෙ මාසවලින් සීතලම කොයි මාසෙ ද?
……2月が いちばん 寒いです。 ……දෙවෙනි මාසේ තමයි සීතලම.

සංලක්ෂ්‍යය:- නාම විශේෂණ ආඛ්‍යාතය වශයෙන් යෙදෙන වාක්‍යයක, උක්ත පද පිළිබඳව විමසන ප්‍රශ්නවාචී පද සමඟ ප්‍රශ්නවාචී වාක්‍යවල වුවද, ප්‍රශ්නවාචී පදයට පසුව が නිපාතය එකතු කෙරේ. (දහවන පාඩම බලන්න.)

6. **නාම විශේෂණ の** **(නාම පද වෙනුවට යෙදෙන の)**

“නාම පද$_1$ の” යන්නෙහි, කලින් සඳහන් වූ නාම පදය වෙනුවට යෙදෙන の නිපාතය පිළිබඳව දෙවන පාඩමේදී පැහැදිලි කරන ලදී. මෙම පාඩමේ උදාහරණ වශයෙන් ඉදිරිපත් කරන ලද, “おおきいの” යන යෙදුමේ の යනු “නාම විශේෂණ の” යන්නෙහි “නාම පද$_1$ の” යන යෙදුම මෙන්ම, නාම පද වෙනුවට යෙදෙන の වේ.

⑭ カリナさんの かばんは どれですか。 කරිනා නෝනාගේ බෑගය කොයි එක ද?
……あの 赤くて、大きいのです。 ……අර රතු ලොකු එක. (දහසයවන පාඩම)

දහතුන්වන පාඩම

I. වචන මාලාව

あそびます	遊びます	සෙල්ලම් කරනවා, විනෝද වෙනවා
およぎます	泳ぎます	පීනනවා
むかえます	迎えます	පිළිගන්නවා, හමුවෙන්න යනවා
つかれます	疲れます	වෙහෙසෙනවා, මහන්සි වෙනවා (මහන්සියක් දැනෙන තත්ත්වය දැක්වීම සඳහා つかれました වැනි අතීත කාල රූපය යෙදේ)
けっこんします	結婚します	විවාහ වෙනවා
かいものします	買い物します	මිල දී (බඩු) ගන්නවා, සාප්පු සවාරි යනවා
しょくじします	食事します	කෑම කනවා
さんぽします ［こうえんを～］	散歩します ［公園を～］	ඇවිදින්න යනවා [උද්‍යානයේ ～]
たいへん［な］	大変［な］	අමාරු, දුෂ්කර, අපහසු
ほしい	欲しい	අවශ්‍ය, වුවමනා වෙනවා
ひろい	広い	පුළුල්, විශාල (ඉඩ ඇති)
せまい	狭い	පටු, කුඩා
プール		පිහිනුම් තටාකය
かわ	川	ගඟ
びじゅつ	美術	ලලිත කලාව
つり	釣り	(විනෝදයට) මසුන් ඇල්ලීම (～を します：මසුන් අල්ලනවා)
スキー		ස්කී ක්‍රීඩාව (～を します：එම ක්‍රීඩාව කරනවා)
しゅうまつ	週末	සති අන්තය
［お］しょうがつ	［お］正月	අළුත් අවුරුදු උත්සවය
～ごろ		～විතර (කාලය සම්බන්ධව යෙදේ)
なにか	何か	කිසියම් දෙයක්
どこか		කිසියම් තැනක්

13

〈練習（れんしゅう）C〉

のどが かわきます	උගුර වේලෙනවා. (තිබහින් සිටින තත්ත්වය දැක්වීම සඳහා のどが かわきました වැනි අතීත කාල රූපය යෙදේ)
おなかが すきます	බඩගිනියි. (බඩගින්නෙන් සිටින තත්ත්වය දැක්වීම සඳහා おなかが すきました වැනි අතීත කාල රූපය යෙදේ)
そう しましょう。	එහෙම කරමු. (වෙන කෙනෙකුගේ යෝජනාවට එකඟවන බව දැක්වීමට යෙදේ)

〈会話（かいわ）〉

ご注文（ちゅうもん）は？	මොනවද ඕන?
定食（ていしょく）	අවන්හලේදී විකුණන සූදානම් කළ කෑම වේලක්
牛（ぎゅう）どん	හරක් මස් සහිත බත් බඳුනක්
[少々（しょうしょう）] お待（ま）ち ください。	[ටිකක්] ඉන්න.
～で ございます。	です කියන පදයේ ආචාරශීලී ස්වරූපය
別々（べつべつ）に	වෙන වෙනම

アキックス	මනඃකල්පිත සමාගම
おはようテレビ	මනඃකල්පිත වැඩසටහන

II. පරිවර්තනය

වාක්‍ය රටා

1. මට වාහනයක් ඕන.
2. මම සුෂි කන්න ආසයි.
3. මම සූප ශාස්ත්‍රය ඉගෙන ගන්න ප්‍රංශෙට යනවා.

උදාහරණ වගන්ති

1. දැන් වැඩියෙන් ඕන දේ මොකක් ද?
   ……අලුත් ජංගම දුරකථනයක් ඕන.
2. ගිම්හාන නිවාඩුවට කොහෙ ද යන්න ආස?
   ……ඔකිනවා යන්න ආසයි.
3. අද නම් මහන්සි වෙච්ච නිසා, මොකුත් කරන්න බෑ.
   ……ඔව් නේ. අද රැස්වීම හරි කරදරයක් වුණා නේ.
4. සති අන්තයේ මොනවා ද කරන්නෙ?
   ……දරුවත් එක්ක නැව් බලන්න කෝබෙ යනවා.
5. ජපානයට ආවෙ මොනවා ඉගෙන ගන්න ද?
   ……ලලිත කලාව ඉගෙන ගන්න ආවෙ.
6. සීතල නිවාඩුවට කොහෙවත් ගියා ද?
   ……ඔව්. ස්කී ක්‍රීඩාව කරන්න හොක්කයිදෝ ගියා.

සංවාදය

අපි වෙන වෙනම ගෙවන්න කැමතියි.

යමදා: දැන් වෙලාව දොළහයි නේ. දවල් කෑම කන්න යමු නේද?
මිලර්: හා, හොඳයි.
යමදා: කොහෙ ද යන්නෙ?
මිලර්: ඒක නේ. අද නම් ජපන් කෑම කන්න ආසයි.
යමදා: එහෙනම් "ත්සුරුයා" එකට යමු.

……………………………………………………………

ආපනශාලාවේ සේවිකාව: මොනවා ද ඕන?
මිලර්: මට නම් තෙම්පුරා සෙට් මෙනු.
යමදා: මට නම් ගියුදොන්.
ආපනශාලාවේ සේවිකාව: තෙම්පුරා සෙට් මෙනු එකයි, ගියුදොන් එකයි නේ. පොඩ්ඩක් ඉන්න.

……………………………………………………………

ආපනශාලාවේ සේවිකාව: යෙන් එක් දාස් හයසිය අසූවයි.
මිලර්: සමාවෙන්න. අපි වෙන වෙනම ගෙවන්නෙ.
ආපනශාලාවේ සේවිකාව: හරි. තෙම්පුරා සෙට් මෙනු එකට යෙන් නවසිය අසූවයි. ගියුදොන් එකට යෙන් හත්සීයයි.

III. අදාළ වචන සහ තොරතුරු

町（まち）の中（なか）　ටවුම

博物館（はくぶつかん）	කෞතුකාගාරය
美術館（びじゅつかん）	ලලිත කලා කෞතුකාගාරය
図書館（としょかん）	පුස්තකාලය
映画館（えいがかん）	සිනමා ශාලාව
動物園（どうぶつえん）	සත්වෝද්‍යානය
植物園（しょくぶつえん）	උද්භිද උද්‍යානය
遊園地（ゆうえんち）	විනෝද උද්‍යානය
お寺（てら）	බෞද්ධ විහාරය
神社（じんじゃ）	ෂින්ටෝ සිද්ධස්ථානය
教会（きょうかい）	ක්‍රිස්තියානි දේවස්ථානය
モスク	මුස්ලිම් දේවස්ථානය
体育館（たいいくかん）	ක්‍රීඩාගාරය
プール	පිහිනුම් තටාකය
公園（こうえん）	උද්‍යානය
大使館（たいしかん）	තානාපති කාර්යාලය
入国管理局（にゅうこくかんりきょく）	ආගමන කාර්යාංශය

市役所（しやくしょ）	නාගරික කාර්යාලය
警察署（けいさつしょ）	පොලීසිය
交番（こうばん）	පොලිස් ස්ථානය
消防署（しょうぼうしょ）	ගිනි නිවීම් කාර්යාලය
駐車場（ちゅうしゃじょう）	රථ ගාල
大学（だいがく）	විශ්වවිද්‍යාලය
高校（こうこう）	ජ්‍යෙෂ්ඨ උසස් විද්‍යාලය
中学校（ちゅうがっこう）	කණිෂ්ඨ විද්‍යාලය
小学校（しょうがっこう）	ප්‍රාථමික පාසල
幼稚園（ようちえん）	පෙර පාසල
肉屋（にくや）	මස් වෙළඳ සැල
パン屋（や）	බේකරිය
魚屋（さかなや）	මාළු වෙළඳ සැල
酒屋（さかや）	මත්පැන් අලෙවි සැල
八百屋（やおや）	එළවළු වෙළඳ සැල
喫茶店（きっさてん）	කෝපි වෙළඳ සැල, කැෆේ
コンビニ	පැය 24 ම විවෘත කුඩා ප්‍රමාණයේ සුපිරි වෙළඳ සැල
スーパー	සුපිරි වෙළඳ සැල
デパート	සුපිරි වෙළඳ සංකීර්ණය

IV. ව්‍යාකරණ විස්තර

1. නාම පදが 欲しいです

ほしい යනු い- නාම විශේෂණ පදයකි. ほしい ආඛ්‍යාතය වශයෙන් යෙදෙන වාක්‍යයක කර්ම පදය が නිපාතය සමඟ නිරූපණය කෙරේ.

① わたしは 友達が 欲しいです。　　මට යහළුවෙක් ඕන.

② 今 何が いちばん 欲しいですか。　　දැන් ගන්න කැමැතිම දේ මොකක් ද?
……車が 欲しいです　　……කාර් එකක් ඕන.

③ 子どもが 欲しいですか。　　දරුවෙක් ඕන ද?
……いいえ、欲しくないです。　　……නැහැ, ඕන නැහැ.

2. ක්‍රියා පදයේ ます රූපය たいです

1) ක්‍රියා පදයේ ます රූපය

ます යන ප්‍රත්‍යය සමඟ එකතු වන රූපය (උදා: かいます යන ක්‍රියා පදයේ かい) ます රූපය ලෙස හැඳින් වේ.

2) ක්‍රියා පදයේ ます රූපය たいです

"ක්‍රියා පදයේ ます රූපය たいです" යෙදෙන්නේ යම් කිසි ක්‍රියාවක් සිදුකිරීම සඳහා වූ කැමැත්ත නිරූපණය කිරීම සඳහා ය. ～たい යන යෙදුම ආඛ්‍යාතය වශයෙන් යෙදෙන වාක්‍යයක කර්ම පදය, を නිපාතය හෝ が නිපාතය සමඟ එක්ව නිරූපණය කෙරේ. ～たい හි වර නැඟීම, い- නාම විශේෂණවල වර නැඟීමට සමාන ය.

④ わたしは 沖縄へ 行きたいです。　　මම ඔකිනාවා යන්න ආසයි.

⑤ わたしは てんぷらを 食べたいです。　　මම තෙම්පුරා කන්න ආසයි.
(が)

⑥ 神戸で 何を 買いたいですか。　　කෝබෙ ගිහින් මිලදී ගන්න ආස මොනවා ද?
(が)
……靴を 買いたいです。　　……සෙරෙප්පු මිලදී ගන්න ආසයි.
(が)

⑦ おなかが 痛いですから、何も 食べたくないです。
බඩ රිදෙන නිසා, මොකුත් කන්න ආස නැහැ.

සංලක්ෂ්‍යය 1:- ほしいです, たいです යන යෙදුම්වලින් භාෂකයා සහ ශ්‍රාවකයා හැර වෙන වෙනත් පුද්ගලයකුගේ කැමැත්තක් ප්‍රකාශ කළ නොහැකි ය.

සංලක්ෂ්‍යය 2:- ほしいですか, "ක්‍රියා පදයේ ます රූපය たいですか" යන යෙදුම ශ්‍රාවකයාට යම් කිසි යෝජනාවක් කරන අවස්ථාවකදී යෙදිය නොහැකි ය. උදාහරණයක් වශයෙන් කෝපි බීම සඳහා යෝජනාවක් කරන විට, コーヒーが ほしいですか, コーヒーが のみたいですか යන යෙදුම් භාවිත කිරීම නුසුදුසු ය. එවැනි අවස්ථාවකදී コーヒーは いかがですか, コーヒーを のみませんか වැනි යෙදුම් භාවිත කෙරේ.

3.
$$\boxed{\text{නාම පද (ස්ථාන) } へ \begin{cases} \text{ක්‍රියා පදයේ ます රූපය} \\ \text{නාම පද} \end{cases} に \overset{い}{行}きます／\overset{き}{来ます／\overset{かえ}{帰}ります}$$

いきます、きます、かえります යන ක්‍රියා පදවල ක්‍රියාවේ අරමුණ に නිපාතයෙන් දැක්වේ.

⑧ $\overset{こうべ}{神戸}$ へ インド $\overset{りょうり}{料理}$ を $\overset{た}{食}べ$ に $\overset{い}{行}$ きます。 ඉන්දියානු කෑම කන්න කෝබේ යනවා.

に නිපාතයට පෙර එකතු වන ක්‍රියා පද, "නාම පද します" (かいものします、べんきょうします) හෝ "නාම පද を します" (おはなみを します、つりを します) වන විට, "නාම පද に いきます／きます／かえります" යන රූපයට පත් කිරීමෙන් භාවිත කෙරේ.

⑨ $\overset{こうべ}{神戸}$ へ $\overset{か}{買}い\overset{もの}{物}$ に $\overset{い}{行}$ きます。 කෝබේවලට බඩු ගන්න යනවා.

⑩ $\overset{にほん}{日本}$ へ $\overset{びじゅつ}{美術}$ の $\overset{べんきょう}{勉強}$ に $\overset{き}{来}$ ました。 ජපානයට කලා ශිල්ප හදාරන්න ආවා.

සංලක්ෂ්‍යය:- උත්සවයක් හෝ සංගීත ප්‍රසංගයක් වැනි විනෝදාත්මක අවස්ථා දක්වන නාම පද, に නිපාතයට පෙර එකතු වන විට, සාමාන්‍යයෙන් එම ක්‍රියාවේ අරමුණ උත්සවයට සහභාගි වීම හෝ සංගීත ප්‍රසංගය නැරඹීම ලෙස අර්ථකථනය කෙරේ.

⑪ あした $\overset{きょうと}{京都}$ の $\overset{まつ}{お祭}り$ に $\overset{い}{行}$ きます。 උත්සවයක් බලන්න හෙට කියෝතෝ යනවා.

4. $\boxed{\text{どこか／} \overset{なに}{何}か}$

どこか යනු 'කොහේ හරි' යන අර්ථය ද, なにか යනු 'මොකක් හරි' යන අර්ථය ද වේ. どこか, なにか ට පසුව එකතු වන へ, を යන නිපාත ලෝප විය හැකි ය.

⑫ $\overset{ふゆやす}{冬休}み$ は どこか[へ] $\overset{い}{行}$ きましたか。
……はい。$\overset{ほっかいどう}{北海道}$ へ スキー に $\overset{い}{行}$ きました。

සිසිර නිවාඩුවට කොහේ හරි ගියා ද?

……ඔව්. හොක්කයිදෝවලට ස්කී ක්‍රීඩාව කරන්න ගියා.

සංලක්ෂ්‍යය:- කාලය දක්වන වචනයකට は නිපාතය එකතු කිරීමෙන් මාතෘකාකරණයට ලක් කළ හැකි ය.

⑬ のどが かわきましたから、$\overset{なに}{何}か$[を] $\overset{の}{飲}みたいです。$

තිබහ නිසා, මොනවා හරි බොන්න කැමැතියි.

5. $\boxed{\overset{ }{ご}\sim}$

ご යන ප්‍රත්‍යයෙන් දැක්වෙන්නේ ගෞරවාර්ථයකි.

⑭ ご $\overset{ちゅうもん}{注文}$ は？ මොනවා ද ඕන?

දහහතරවන පාඩම

I. වචන මාලාව

つけますⅡ		ස්විච්ය දානවා, පත්තු කරනවා, දල්වනවා
けしますⅠ	消します	නිවනවා
あけますⅡ	開けます	අරිනවා
しめますⅡ	閉めます	වහනවා
いそぎますⅠ	急ぎます	ඉක්මන් කරනවා
まちますⅠ	待ちます	බලා සිටිනවා
もちますⅠ	持ちます	අල්ල ගන්නවා
とりますⅠ	取ります	ගන්නවා, ළඟ ඇති දෙයක් පාස් කරනවා
てつだいますⅠ	手伝います	උදව් කරනවා
よびますⅠ	呼びます	අඬගසනවා, කැඳවනවා
はなしますⅠ	話します	කතා කරනවා
つかいますⅠ	使います	භාවිත කරනවා
とめますⅡ	止めます	නවත්වනවා
みせますⅡ	見せます	පෙන්වනවා
おしえますⅡ	教えます	කියලා දෙනවා, දන්වනවා [ලිපිනය～]
［じゅうしょを～］	［住所を～］	
すわりますⅠ	座ります	ඉඳ ගන්නවා
たちますⅠ*	立ちます	සිට ගන්නවා
はいりますⅠ	入ります	ඇතුළු වෙනවා [තේ කඩේට～]
［きっさてんに～］	［喫茶店に～］	
でますⅡ*	出ます	පිටත් වෙනවා [තේ කඩෙන්～]
［きっさてんを～］	［喫茶店を～］	
ふりますⅠ	降ります	වහිනවා [වැස්ස～]
［あめが～］	［雨が～］	
コピーしますⅢ		ෆොටෝ කොපි ගහනවා
でんき	電気	විදුලි
エアコン		වායුසමීකරණය
パスポート		ගමන් බලපත්‍රය
なまえ	名前	නම
じゅうしょ	住所	ලිපිනය
ちず	地図	සිතියම
しお	塩	ලුණු
さとう	砂糖	සීනි

もんだい	問題	ප්‍රශ්නය
こたえ	答え	උත්තරය
よみかた	読み方	කියවන ආකාරය, කියවීම
～かた	～方	～කරන ආකාරය/ක්‍රමය
まっすぐ		කෙළින්ම
ゆっくり		හෙමින්
すぐ		වහාම, අප්‍රමාදව
また		නැවත
あとで		පසුව
もう すこし	もう 少し	තව ටිකක්
もう ～		තව～

〈練習C〉

さあ	එහෙනම් (කෙනෙකුට යම් ක්‍රියාවක් කිරීමට පොලඹවීම සඳහා යෙදේ)
あれ？	අප්පේ!, හානේ! (පුදුමය, චමත්කාරය ආදී හැඟීම් ප්‍රකාශ කිරීම සඳහා යොදා ගන්නා ආලාපයකි)

〈会話〉

信号を 右へ 曲がって ください。	සංඥා එළිය ළඟින් දකුණට හැරෙන්න.
これで お願いします。	මේකෙන් (මේ නෝට්ටුවෙන්) ගන්න. (සල්ලි ගෙවන විට යෙදේ)
お釣り	ඉතුරු සල්ලි

みどり町	මනඃකල්පිත ටවුම

II. පරිවර්තනය

වාක්‍ය රටා

1. පොඩ්ඩක් ඉන්න.
2. බෑගය ගන්න ද?
3. මිලර් මහත්තයා දැන් දුරකථනයෙන් කතා කර කර ඉන්නවා.

උදාහරණ වගන්ති

1. බෝල්පොයින්ට් පෑනකින් නම ලියන්න.
   ……හා, හොඳයි.
2. කරුණාකරලා මේ කන්ජිය කියවලා දෙන්න පුළුවන් ද?
   ……"ජූෂො".
3. රස්නෙයි නේ. ජනේලය අරින්න ද?
   ……ස්තුතියි. අරින්න.
4. ඔයාව ගන්න දුම්රියපොළට එන්න ද?
   ……ටැක්සියෙන් යන නිසා, ඕන නෑ.
5. සතෝ මහත්තයා කොහෙ ද?
   ……දැන් රැස්වීම් කාමරේ මත්සුමොතො මහත්තයාත් එක්ක කතා කර කර ඉන්නවා.
   එහෙනම් ආයිත් පස්සේ එන්නම්.
6. වහිනවා ද?
   ……නෑ, වහින්නෙ නෑ.

සංවාදය

මාව මිදොරි ටවුමට ගෙනයන්න.

කරිනා: මිදොරි ටවුමට ගෙනයන්න.
රියදුරු: හොඳයි.
…………………………………………………………
කරිනා: සමාවෙන්න. අර සංඥා එළිය ළඟින් දකුණට හරවන්න.
රියදුරු: දකුණට නේද?
කරිනා: ඔව්.
…………………………………………………………
රියදුරු: කෙළින්ම ද?
කරිනා: ඔව්, කෙළින්ම යන්න.
…………………………………………………………
කරිනා: අර මල් කඩේ ඉස්සරහින් නවත්තන්න.
රියදුරු: හොඳයි.
යෙන් එක්දාස් අට සීයයි.
කරිනා: මෙන්න ගන්න.
රියදුරු: මෙන්න ඉතුරු සල්ලි, යෙන් තුන්දාස් දෙසීයයි. බොහොම ස්තුතියි.

III. අදාළ වචන සහ තොරතුරු

駅 (えき) දුම්රිය ස්ථානය

切符売り場 (きっぷうりば)	ප්‍රවේශ පත්‍ර කාර්යාලය, ටිකට් කවුන්ටරය	特急 (とっきゅう)	විශේෂ අධිවේගී දුම්රිය
		急行 (きゅうこう)	ශීඝ්‍රගාමී දුම්රිය
自動券売機 (じどうけんばいき)	ස්වයංක්‍රිය ප්‍රවේශ පත්‍ර නිකුත් කිරීමේ යන්ත්‍රය	快速 (かいそく)	විශේෂ ශීඝ්‍රගාමී දුම්රිය
		準急 (じゅんきゅう)	අර්ධ ශීඝ්‍රගාමී දුම්රිය
精算機 (せいさんき)	ගාස්තුව නිවැරදිව ගණනය කිරීමේ යන්ත්‍රය	普通 (ふつう)	සාමාන්‍ය දුම්රිය
改札口 (かいさつぐち)	ප්‍රවේශ පත්‍ර පරීක්ෂා කරනු ලබන ස්ථානය	時刻表 (じこくひょう)	(බස්, දුම්රිය) කාල සටහන
出口 (でぐち)	පිටවීමේ දොරටුව	～発 (はつ)	～සිට පිටත් වීම
入口 (いりぐち)	පිවිසුම් දොරටුව	～着 (ちゃく)	～ ට පැමිණීම
東口 (ひがしぐち)	නැගෙනහිර දොරටුව	[東京]行き (とうきょう・い)	[තෝකියෝ] බලා යාම
西口 (にしぐち)	බටහිර දොරටුව		
南口 (みなみぐち)	දකුණු දොරටුව	定期券 (ていきけん)	වාර ප්‍රවේශ පත්‍රය
北口 (きたぐち)	උතුරු දොරටුව	回数券 (かいすうけん)	කූපන් ටිකට් පත
中央口 (ちゅうおうぐち)	මධ්‍ය දොරටුව	片道 (かたみち)	තනි ගමන
		往復 (おうふく)	යාමට සහ ඒමට වශයෙන් ගමන් දෙකම

91

[プラット]ホーム	වේදිකාව
売店 (ばいてん)	සිල්ලර වෙළඳ සැල
コインロッカー	කාසි දමා අගුළු දැමිය හැකි ලොකර් එක
タクシー乗り場 (の・ば)	කුලී රථ නැවතුම් පොළ
バスターミナル	බස් නැවතුම් පොළ
バス停 (てい)	බස් නැවතුම

14

IV. ව්‍යාකරණ විස්තර

1. ක්‍රියා පද වර්ග

ජපන් භාෂාවේ ක්‍රියා පද වර නැගෙයි. වර නැගෙන රූපවලට විවිධ වාක්‍ය ඛණ්ඩ එක් කිරීමෙන් විවිධ අර්ථ නිරූපණය කරන වාක්‍ය සකස් කළ හැකි ය. වර නැගෙන ආකාර අනුව ක්‍රියා පද වර්ග තුනකට වෙන් කළ හැකි ය.

1) I වන වර්ගයේ ක්‍රියා පද

ක්‍රියා පදයේ ます රූපයේ ක්‍රියා ප්‍රකෘතිය い ශබ්දයෙන් අවසන් වන ක්‍රියා පද I වන වර්ගයේ ක්‍රියා පද ලෙස හඳුනාගත හැකි ය. かきます ලියනවා　のみます බොනවා

2) II වන වර්ගයේ ක්‍රියා පද

මෙහි ක්‍රියා පදයේ ます රූපයේ ක්‍රියා ප්‍රකෘතිය බොහෝ විට え ශබ්දයෙන් අවසන් වන අතර, ඇතැම් විට い ශබ්දයෙන් අවසන් වේ. ඒවා II වන වර්ගයේ ක්‍රියා පද ලෙස හඳුනාගත හැකි ය. たべます කනවා みせます පෙන්නනවා　みます බලනවා

3) III වන වර්ගයේ ක්‍රියා පද

III වන වර්ගයේ ක්‍රියා පද ලෙස します, "ක්‍රියාකාරකම් නිරූපණය කරන නාම පද ＋します" සහ きます හඳුනාගත හැකි ය.

2. ක්‍රියා පදයේ て රූපය

て හෝ で වලින් අවසන් වන ක්‍රියා පදයේ වර නැගෙන රූපය て රූපය ලෙස හැඳින් වේ. ます රූප මත て රූපය සකස් කරන ආකාරය ක්‍රියා පදවල වර්ග අනුව පහත සඳහන් වේ. (ප්‍රධාන පෙළ පොතේ දහහතරවන පාඩමේ අභ්‍යාස A1 බලන්න.)

1) I වන වර්ගයේ ක්‍රියා පද

(1) ක්‍රියා පදයේ ます රූපයේ ක්‍රියා ප්‍රකෘතිය い, ち, り යන ශබ්දවලින් අවසන් වන විට い, ち, り ලොප් කර って එක් කෙරේ.　かいます　→　かって මිලදී ගන්නවා
まちます　→　まって බලා සිටිනවා　かえります　→　かえって ආපසු යනවා

(2) ක්‍රියා පදයේ ます රූපයේ ක්‍රියා ප්‍රකෘතිය み, び, に යන ශබ්දවලින් අවසන් වන විට み, び, に ලොප් කර んで එක් කෙරේ.　のみます　→　のんで බොනවා
よびます　→　よんで අඬගසනවා　しにます　→　しんで මැරෙනවා

(3) ක්‍රියා පදයේ ます රූපයේ ක්‍රියා ප්‍රකෘතිය き, ぎ යන ශබ්දවලින් අවසන් වන විට き, ぎ ලොප් කර අනුපිළිවෙළින් いて, いで එක් කෙරේ.　かきます　→　かいて ලියනවා
いそぎます　→　いそいで ඉක්මන් කරනවා
ඉහත සඳහන් නීති රීති වලට අනුකූල නොවන ක්‍රියා පදය いきます වන අතර, いきます いって රූපය බවට පත් වේ.

(4) ක්‍රියා පදයේ ます රූපයේ ක්‍රියා ප්‍රකෘතිය し යන ශබ්දයෙන් අවසන් වන විට ます ඉවත් කර て එක් කෙරේ.
かします　→　かして ණයට දෙනවා

2) II වන වර්ගයේ ක්‍රියා පද

II වන වර්ගයේ ක්‍රියා පදවලදී, ක්‍රියා පදයේ ます රූපයෙන් ます ඉවත් කර එම ක්‍රියා ප්‍රකෘතියට て එක් කෙරේ.
たべます　→　たべて කනවා　みせます　→　みせて පෙන්නනවා
みます　→　みて බලනවා

3) III වන වර්ගයේ ක්‍රියා පද

III වන වර්ගයේ ක්‍රියා පදවලදී, ක්‍රියා පදයේ ます රූපයෙන් ます ඉවත් කර එම ක්‍රියා ප්‍රකෘතියට て එක් කෙරේ.
きます　→　きて එනවා　します　→　して කරනවා
さんぽします　→　さんぽして ඇවිදින්න යනවා

3. **ක්‍රියා පදයේ て රූපය ください** ~ලා දෙන්න

මෙම වාක්‍ය රටාව යෙදෙන්නේ, ශ්‍රාවකයාට යම් කිසි උපදෙසක් ලබා දීම සඳහා හෝ, යම් කිසි ඉල්ලීමක් කිරීම සඳහා හෝ, යම් කිසි යෝජනාවක් කිරීම සඳහා ය. නමුත් එය ඉල්ලීමක් වශයෙන් එතරම් ආචාරශීලී ප්‍රකාශයක් නොවන නිසා, බොහෝ විට පහත ① හි දැක්වෙන පරිදි すみませんが සමඟ භාවිත වේ.

① すみませんが、この 漢字(かんじ)の 読(よ)み方(かた)を 教(おし)えて ください。
කරුණාකරලා මේ කංජි කියවන විදිය කියලා දෙන්න. (ඉල්ලීම)

② ボールペンで 名前(なまえ)を 書(か)いて ください。
මේ බෝල්පොයින්ට් පෑනකින් නම ලියන්න. (උපදෙස් දීම)

③ どうぞ たくさん 食(た)べて ください。　ගොඩක් කන්න. (ආරාධනා, යෝජනා)

4. **ක්‍රියා පදයේ て රූපය います**

මෙම වාක්‍ය රටාවෙන් දැක්වෙන්නේ, යම් කිසි ක්‍රියාවක් ඒ මොහොතේ සිදුවෙමින් පවතින බව ය.

④ ミラーさんは 今(いま) 電話(でんわ)を かけて います。
මිලර් මහත්තයා දැන් දුරකථනයෙන් කතා කර කර ඉන්නවා.

⑤ 今(いま) 雨(あめ)が 降(ふ)って いますか。　දැන් වහිනවා ද?
……はい、降(ふ)って います。　……ඔව්, වහිනවා.
……いいえ、降(ふ)って いません。　……නෑ, වහින්නෙ නෑ.

5. **ක්‍රියා පදයේ ます රූපය ましょうか** ~න්න ද?

මෙම වාක්‍ය රටාව මඟින් යම් කිසි කටයුත්තක් කිරීම සඳහා භාෂකයා විසින් ශ්‍රාවකයාට කරනු ලබන යෝජනාමය ස්වරූපයක් නිරූපණය වේ.

⑥ あしたも 来(き)ましょうか。　හෙටත් එන්න ද?
……ええ、10時(じ)に 来(き)て ください。　……හා, දහයට එන්න.

⑦ 傘(かさ)を 貸(か)しましょうか。　කුඩයක් දෙන්න ද?
……すみません。お願(ねが)いします。　……ස්තුතියි. කරුණාකරලා දෙන්න.

⑧ 荷物(にもつ)を 持(も)ちましょうか。　බෑගය අතට ගන්න ද?
……いいえ、けっこうです。　……ඕන නැහැ, ස්තුතියි.

6. **නාම පද が ක්‍රියා පද**

යම් කිසි සංසිද්ධියක් පංච ඉන්ද්‍රියයන්ට (ඇස, කන, ආදි) දැනෙන ආකාරයෙන්ම ප්‍රකාශ කරන විට හෝ, යම් කිසි සිද්ධියක් පිළිබඳව වාස්තවිකව ඉදිරිපත් කරන විට, උක්ත පදය が නිපාතය සමඟ එක්ව යෙදේ.

⑨ 雨(あめ)が 降(ふ)って います。　වැස්ස වහිනවා.

⑩ ミラーさんが いませんね。　මිලර් මහත්තයා නැහැ නෙ.

7. **すみませんが**

⑪ すみませんが、塩(しお)を 取(と)って ください。　කරුණාකරලා ලුණු අරන් දෙන්න.

⑫ 失礼(しつれい)ですが、お名前(なまえ)は?　කරුණාකරලා (ඔබගේ) නම මොකක් ද?

ශ්‍රාවකයාට කතා කරන විට ආරම්භක යෙදුම් වශයෙන් යෙදෙන すみませんが、しつれいですが ආදි යෙදුම්වලදී が නිපාතය භාවිත කෙරෙන්නේ එකිනෙකට ප්‍රතිවිරුද්ධ අර්ථ දැක්වීම සඳහා නොව, සරල කෙටි ආරම්භක යෙදුමක් වශයෙනි.

පහළොස්වන පාඩම

I. වචන මාලාව

おきますⅠ	置きます	තබනවා
つくりますⅠ	作ります、造ります	හදනවා, සාදනවා
うりますⅠ	売ります	විකුණනවා
しりますⅠ	知ります	දැනගන්නවා
すみますⅠ	住みます	පදිංචි වෙනවා
けんきゅうしますⅢ	研究します	පර්යේෂණ කරනවා
しりょう	資料	ලියකියවිලි
カタログ		කැටලෝගය, නාමාවලිය
じこくひょう	時刻表	(බස්, දුම්රිය) කාල සටහන
ふく	服	ඇඳුම්
せいひん	製品	නිෂ්පාදිත ද්‍රව්‍යය
ソフト		මෘදුකාංග
でんしじしょ	電子辞書	ඉලෙක්ට්‍රොනික ශබ්දකෝෂය
けいざい	経済	ආර්ථිකය
しやくしょ	市役所	නගර සභා කාර්යාලය
こうこう	高校	උසස් පාඨශාලාව
はいしゃ	歯医者	දන්ත වෛද්‍යවරයා
どくしん	独身	අවිවාහක
すみません		සමාවෙන්න

〈練習(れんしゅう)C〉

皆(みな)さん	සැම දෙනා

〈会話(かいわ)〉

思(おも)い出(だ)しますI	සිහිපත් වෙනවා, මතක් වෙනවා
いらっしゃいますI	සිටිනවා (います යන්නේ ගෞරවාර්ථ රූපය)

日本橋(にっぽんばし)	ඕසකාවල පිහිටි වෙළඳ ප්‍රදේශයක නම
みんなの インタビュー	මනඃකල්පිත වැඩසටහන

II. පරිවර්තනය

වාක්‍ය රටා

1. පින්තූර ගත්තාට කමක් නැද්ද?
2. සන්තොස් මහත්තයාට ඉලෙක්ට්‍රොනික් ශබ්දකෝෂයක් තියෙනවා.

උදාහරණ වගන්ති

1. මේ කැටලොග් එක ගත්තාට කමක් නැද්ද?
   ……ඔව්, කමක් නෑ. ගන්න.
2. මේ ශබ්දකෝෂය ගත්තාට කමක් නැද්ද?
   ……සමාවෙන්න. පොඩ්ඩක්… දැන් පාවිච්චි කරමින් ඉන්නෙ.
3. මෙතන සෙල්ලම් කරන්න එපා.
   ……හොඳයි.
4. නාගරික කාර්යාලයේ දුරකථන අංකය දන්නවා ද?
   ……නෑ, දන්නෙ නෑ.
5. මරියා නෝනා කොහෙ ද පදිංචි වෙලා ඉන්නෙ?
   ……ඕසකාවල පදිංචි වෙලා ඉන්නෙ.
6. වන් මහත්තයා කසාද බැඳලා ද?
   ……නෑ, බැඳලා නෑ.
7. රස්සාව මොකක් ද?
   ……ගුරුවරයෙක්. ජ්‍යෙෂ්ඨ උසස් විද්‍යාලයක උගන්නනවා.

සංවාදය

ඔබගේ පවුලේ තොරතුරු කෙසේ ද?

කිමුරා: හොඳ චිත්‍රපටයක් නේ.
මිලර්: ඔව්. මට මගේ පවුලේ අය මතක් වුණා.
කිමුරා: එහෙම ද? මිලර් මහත්තයාගේ පවුලේ තොරතුරු කොහොම ද?
මිලර්: අම්මායි, තාත්තායි, අක්කා කෙනෙකුයි ඉන්නවා.
කිමුරා: කොහෙ ද ඉන්නෙ?
මිලර්: අම්මායි, තාත්තායි ඉන්නෙ නිව්යෝක් කිට්ටුව.
අක්කා ලන්ඩන්වල රස්සාවක් කරනවා.
කිමුරා මහත්තයාගේ පවුලේ තොරතුරු කොහොම ද?
කිමුරා: තුන් දෙනෙක් ඉන්නවා. තාත්තා බැංකු සේවකයෙක්.
අම්මා ජ්‍යෙෂ්ඨ උසස් විද්‍යාලයක ඉංග්‍රීසි භාෂාව උගන්නනවා.

15

III. අදාළ වචන සහ තොරතුරු

職業（しょくぎょう） රැකියා

- 会社員（かいしゃいん） ආයතන සේවකයා

- 公務員（こうむいん） රජයේ නිලධාරියා

- 駅員（えきいん） දුම්රිය නිලධාරියා

- 銀行員（ぎんこういん） බැංකු සේවකයා

- 郵便局員（ゆうびんきょくいん） තැපැල් සේවකයා

- 店員（てんいん） වෙළඳ සැල් සේවකයා

- 調理師（ちょうりし） සූපවේදියා

- 理容師（りようし） කේශලාවණ්‍ය ශිල්පියා
- 美容師（びようし） රූපලාවණ්‍ය ශිල්පියා

- 教師（きょうし） ගුරුවරයා

- 弁護士（べんごし） නීතිඥවරයා

- 研究者（けんきゅうしゃ） පර්යේෂණ නිලධාරියා

- 医者（いしゃ）／看護師（かんごし） වෛද්‍යවරයා / හෙද සේවකයා

- 運転手（うんてんしゅ） රියදුරු මහතා

- 警察官（けいさつかん） පොලිස් නිලධාරියා

- 外交官（がいこうかん） රාජ්‍ය තාන්ත්‍රික නිලධාරියා

- 政治家（せいじか） දේශපාලනඥයා

- 画家（がか） චිත්‍ර ශිල්පියා

- 作家（さっか） කර්තෘවරයා

- 音楽家（おんがくか） සංගීතඥයා

- 建築家（けんちくか） ගෘහ නිර්මාණ ශිල්පියා

- エンジニア ඉංජිනේරුවරයා

- デザイナー ග්‍රාෆික නිර්මාණ ශිල්පියා

- ジャーナリスト මාධ්‍යවේදියා

- 歌手（かしゅ）／俳優（はいゆう） ගායන ශිල්පියා / රංගන ශිල්පියා

- スポーツ選手（せんしゅ） ක්‍රීඩකයා

IV. ව්‍යාකරණ විස්තර

1. ක්‍රියා පදයේ て රූපය も いいですか　කළාට කමක් නැද්ද?

මෙම වාක්‍ය රටාව, යම් කිසි කාර්යයක් වෙනුවෙන් අවසරයක් ගැනීම සඳහා භාවිත කෙරේ.

① 写真(しゃしん)を 撮(と)っても いいですか。　ඡායාරූපයක් ගත්තට කමක් නැද්ද?

මෙවැනි වාක්‍යයකට අවසර ලබාදීම උදෙසා වූ පිළිතුරු සැපයීමේ ආකාරය පහත සඳහන් ② ③ පරිදි වේ. විශේෂයෙන්ම අවසරයක් ලබා නොදෙන විට, වක්‍රාකාරයෙන් පිළිතුරු සපයන ආකාරය ද (②), තහනම් යෙදුම් භාවිත කරන ආකාරය ද (③ හෝ පහත සඳහන් 2) පහත සඳහන් වේ. එමෙන්ම ඒ සඳහා වූ හේතුව ද පහත පරිදි සඳහන් කළ හැකි ය.

② ここで たばこを 吸(す)っても いいですか。　මෙතන සිගරට් බොන්න පුළුවන් ද?
……ええ、[吸(す)っても] いいですよ。　……ඔව්, [බොන්න] පුළුවන්.
……すみません、ちょっと……。のどが 痛(いた)いですから。
……මේ… මගේ උගුර රිදෙනවා නෙ.

③ ここで たばこを 吸(す)っても いいですか。　මෙතන සිගරට් බොන්න පුළුවන් ද?
……ええ、[吸(す)っても] いいですよ。　……ඔව්, [බොන්න] පුළුවන්.
……いいえ、[吸(す)っては] いけません。禁煙(きんえん)ですから。
……බැහැ, බොන්න බැහැ. බොන්න තහනම් නිසා.

2. ක්‍රියා පදයේ て රූපය は いけません　කරන්න එපා

යම් කිසි ක්‍රියාවක් සඳහා අවසර ලබා නොදෙන බව හේතු සහිතව ඉදිරිපත් කිරීම සඳහා මෙම වාක්‍ය රටාව භාවිත කෙරේ.

④ ここで たばこを 吸(す)っては いけません。禁煙(きんえん)ですから。
මෙතන සිගරට් බොන්න එපා. බොන්න තහනම් නිසා.

මෙම වාක්‍ය රටාව තමන්ට වඩා වැඩිමහලු කෙනෙකු වෙනුවෙන් භාවිත කළ නොහැකි ය.

3. ක්‍රියා පදයේ て රූපය います

මෙම වාක්‍ය රටාවෙහි, දහහතරවන පාඩමේදී උගත් 'පවත්වාගෙන යෑමේ ක්‍රියාව' නිරූපණය කරන ව්‍යවහාරයට අමතරව, වෙනත් ව්‍යවහාර පහත සඳහන් පරිදි වේ.

1) තත්ත්වයක් දැක්වීම (ප්‍රධාන වශයෙන් ～て います රූපයෙන් යෙදෙන ක්‍රියා පද)

⑤ わたしは 結婚(けっこん)して います。　මම කසාද බැඳලා.
⑥ わたしは 田中(たなか)さんを 知(し)って います。　මම තනකා මහත්තයාව දන්නවා.
⑦ わたしは カメラを 持(も)って います。　මට කැමරාවක් තියෙනවා.
⑧ わたしは 大阪(おおさか)に 住(す)んで います。　මම ඕසකාවල නතර වෙලා ඉන්නවා.

සංලක්ෂ්‍යය 1:- しって います යන යෙදුමේ ප්‍රතිෂේධනය しりません වන අතර, しって いません යනුවෙන් භාවිත කළ නොහැකි බව අවධාරණය කළ යුතු ය.

⑨ 市役所(しやくしょ)の 電話番号(でんわばんごう)を 知(し)って いますか。　නාගරික කාර්යාලයේ දුරකථන අංකය දන්නවා ද?
……はい、知(し)って います。　……ඔව්, දන්නවා.
……いいえ、知(し)りません。　……නැහැ, දන්නෙ නැහැ.

සංලක්ෂ්‍යය 2:- もって います යනුවෙන් දැක්වෙන්නේ මේ මොහොතේ තමන්ගේ අතේ තිබෙන යන අර්ථය සහ තමන්ට හිමි යන අර්ථය යි.

2) පුරුද්දක් ලෙස කරන ක්‍රියා (දීර්ඝ කාලය තිස්සේ නැවත නැවත කෙරෙන එකම ක්‍රියා), රැකියාව හෝ තරාතිරම දැක්වීම.

⑩ IMCは コンピューターソフトを 作(つく)って います。
අයි.එම්.සී. සමාගම පරිගණක මෘදුකාංග නිෂ්පාදනය කරනවා.

⑪ スーパーで ナンプラーを 売(う)っています。 සුපිරි වෙළඳ සැලේ නම්ප්ලා විකුණනවා.

⑫ ミラーさんは IMCで 働(はたら)いて います。 මිලර් මහත්තයා අයි.එම්.සී. සමාගමේ වැඩ කරනවා.

⑬ 妹(いもうと)は 大学(だいがく)で 勉強(べんきょう)して います。 නංගි විශ්වවිද්‍යාලයේ ඉගෙන ගන්නවා.

4. නාම පද に ක්‍රියා පද

に නිපාතය, はいります (ඇතුළු වෙනවා, දහසයවන පාඩම), すわります (වාඩිවෙනවා, දහසයවන පාඩම), のります (නගිනවා, දහසයවන පාඩම), のぼります (උඩට නගිනවා, දහනවවන පාඩම), つきます (ළඟා වෙනවා, විසිපස්වන පාඩම) වැනි ක්‍රියා පද සමඟ භාවිත වී, එම ක්‍රියාවේ ප්‍රතිඵලය මත උක්ත පදයේ ස්ථානය නිරූපණය කරයි.

⑭ ここに 入(はい)っては いけません。 මෙතෙන්ට ඇතුළු වෙන්න එපා.

⑮ ここに 座(すわ)っても いいですか。 මෙතන වාඩිවුණාට කමක් නැද්ද?

⑯ 京都駅(きょうとえき)から 16番(ばん)の バスに 乗(の)って ください。
කියෝතෝ දුම්රියපොළෙන් අංක 16 බස් එකට නගින්න.

5. නාම පද$_1$ に නාම පද$_2$ を ක්‍රියා පද

に නිපාතය, ක්‍රියාවේ ප්‍රතිඵලය මත නාම පද$_2$ හි ස්ථානය නාම පද$_1$ මගින් නිරූපණය කරයි.

⑰ ここに 車(くるま)を 止(と)めて ください。 මෙතන වාහනය නවත්වන්න.

හි に නිපාතයට ද එවැනි හැකියාවක් තිබේ.

⑱ ここに 住所(じゅうしょ)を 書(か)いて ください。 මෙතන ලිපිනය ලියන්න.

දහසයවන පාඩම

I. වචන මාලාව

のりますⅠ	乗ります	නගිනවා [දුම්රියට ～]
［でんしゃに～］	［電車に～］	
おりますⅡ	降ります	බහිනවා [දුම්රියෙන් ～]
［でんしゃを～］	［電車を～］	
のりかえますⅡ	乗り換えます	(දුම්රියකින් දුම්රියකට) මාරු වෙනවා
あびますⅡ	浴びます	නානවා [ෂවරයෙන් ～]
［シャワーを～］		
いれますⅡ	入れます	(ඇතුළට) දානවා
だしますⅠ	出します	පිටට දමනවා
おろしますⅠ	下ろします	(ගිණුමෙන් සල්ලි) ගන්නවා
［おかねを～］	［お金を～］	
はいりますⅠ	入ります	ඇතුළු වෙනවා [විශ්වවිද්‍යාලයට ～]
［だいがくに～］	［大学に～］	
でますⅡ	出ます	(උපාධියක් ලබා) පිට වෙනවා [විශ්වවිද්‍යාලයෙන් ～]
［だいがくを～］	［大学を～］	
おしますⅠ	押します	තල්ලු කරනවා, ඔබනවා
のみますⅠ	飲みます	බොනවා
はじめますⅡ	始めます	පටන් ගන්නවා
けんがくしますⅢ	見学します	(දැනුම ලබා ගැනීම සඳහා) නැරඹීමට යනවා
でんわしますⅢ	電話します	දුරකථන ඇමතුම් දෙනවා
わかい	若い	තරුණ
ながい	長い	දිග
みじかい	短い	කෙටි
あかるい	明るい	දීප්තිමත්
くらい	暗い	අඳුරු
からだ*	体	ඇඟ
あたま	頭	ඔළුව, මොලය
かみ	髪	කෙස්, කෙස් වැටිය, කොණ්ඩය
かお*	顔	මුහුණ
め	目	ඇස
みみ*	耳	කණ
はな*	鼻	නහය
くち*	口	කට
は*	歯	දත
おなか*		බඩ, උදරය
あし*	足	කකුල, පය
せ	背	උස

16

サービス		සේවය
ジョギング		හෙමිහිට දිවීම (～を　します：හෙමිහිට දුවනවා)
シャワー		ෂවර්
みどり	緑	කොළ පාට, හරිත
[お]てら	[お]寺	පන්සල
じんじゃ	神社	ෂින්ටෝ පූජස්ථානය, දේවාලය
－ばん	－番	－වන අංකය
どうやって		කොහොමද
どの ～		කොයි～, කවර～ (තුනක් හෝ ඊට වැඩි දෙයක් සම්බන්ධව යෙදේ)
どれ		කවර එක (තුනක් හෝ ඊට වැඩිය ඇති විට යෙදේ)

〈練習(れんしゅう) C〉

すごいですね。	හැබෑට, සැබෑවටම, නියමයි, මාරයි
[いいえ、] まだまだです。	[නැහැ.] මට එතරම් බැහැ. (ප්‍රශංසාවක ප්‍රතිචාරයක් වශයෙන් යෙදේ)

〈会話(かいわ)〉

お引(ひ)き出(だ)しですか。	ගිණුමෙන් සල්ලි ගන්නවා ද?
まず	පළමුව
次(つぎ)に	ඊළඟට
キャッシュカード	බැංකු කාඩ් පත
暗証番号(あんしょうばんごう)	පෞද්ගලික රහස්‍ය අංකය, පින් අංකය
金額(きんがく)	මුදල් ගණන
確認(かくにん)	තහවුරු කිරීම (～します：තහවුරු කරනවා)
ボタン	බොත්තම

JR	Japan Railways (ජපන් දුම්රිය සමාගම)
雪祭(ゆきまつ)り	හිම උත්සවය
バンドン	ඉන්දුනේසියාවේ බන්ඩුන් නගරය
フランケン	ජර්මනියේ ෆ්‍රන්කන් නගරය
ベラクルス	මෙක්සිකෝවේ වෙරක්‍රුස් නගරය
梅田(うめだ)	ඕසකාවල ස්ථාන නාම
大学前(だいがくまえ)	මනඃකල්පිත නැවතුම් පොළ

II. පරිවර්තනය

වාක්‍ය රටා

1. උදේ ජොගිං කරලා, ඇඟපත සෝදාගෙන, කොම්පැනියට යනවා.
2. සංගීත ප්‍රසංගය ඉවර වෙලා, ආපන ශාලාවකින් කෑම කෑවා.
3. ඕසකාවල කෑම රසයි.
4. මේ කාමරය ලොකුයි, එළියයි.

උදාහරණ වගන්ති

1. ඊයෙ මොනවා ද කළේ?
   ······පුස්තකාලයට ගිහින් පොත් අරගෙන, ඊට පස්සෙ යහළුවෙක්ව හම්බ වුණා.
2. විශ්වවිද්‍යාලයට යන්නෙ කොහොම ද?
   ······කියෝතො දුම්රියපොළෙන් අංක දහසයේ බස් එකට නැගලා "දයිගකු මඑ" එකෙන් බහින්න.
3. දැන් ඕසකා මාලිගාව බලන්න යනවා ද?
   ······නෑ, දවල් කෑම කෑවාට පස්සෙ බලන්න යනවා.
4. මරියා නෝනා කොයි කෙනා ද?
   ······අර කොණ්ඩේ දිග කෙනා.
5. තරෝගේ බයිසිකලය කොයි එක ද?
   ······අර නිල්පාට අලුත් බයිසිකලය.
6. නරා මොනවගේ නගරයක් ද?
   ······නිස්කලංක, ලස්සන නගරයක්.
7. අරයා කවුද?
   ······කරිනා නෝනා. ෆුජි විශ්වවිද්‍යාලයේ ඉගෙනගන්න ඉන්දුනීසියානු ජාතික ශිෂ්‍යයාවක්.

සංවාදය

පාවිච්චි කරන්නෙ කොහොම ද කියලා විස්තර කරන්න.

මරියා:	මේ, පොඩ්ඩක් පාවිච්චි කරන ක්‍රමය කියලා දෙන්න.
බැංකු සේවකයා:	ගිණුමෙන් මුදල් ගන්න ද ඕන?
මරියා:	ඔව්.
බැංකු සේවකයා:	එහෙනම් මුලින්ම මේක ඔබන්න.
මරියා:	හොඳයි.
බැංකු සේවකයා:	ඊ ළඟට බැංකු කාඩ් එක මෙතනින් දාලා පින් අංකය ඔබන්න.
මරියා:	හොඳයි. එබුවා.
බැංකු සේවකයා:	එහෙනම් මුදල් ප්‍රමාණය අංකනය කරන්න
මරියා:	යෙන් ලක්ෂ පහක්. පහ…
බැංකු සේවකයා:	මේ「万」සහ「円」ඔබන්න. ඊට පස්සෙ මේ「確認」බොත්තම ඔබන්න.
මරියා:	හොඳයි. බොහොම ස්තුතියි.

16

III. අදාළ වචන සහ තොරතුරු

ATMの使(つか)い方(かた)　ඒ. ටී. එම්. යන්ත්‍රය භාවිත කිරීමේ ක්‍රමය

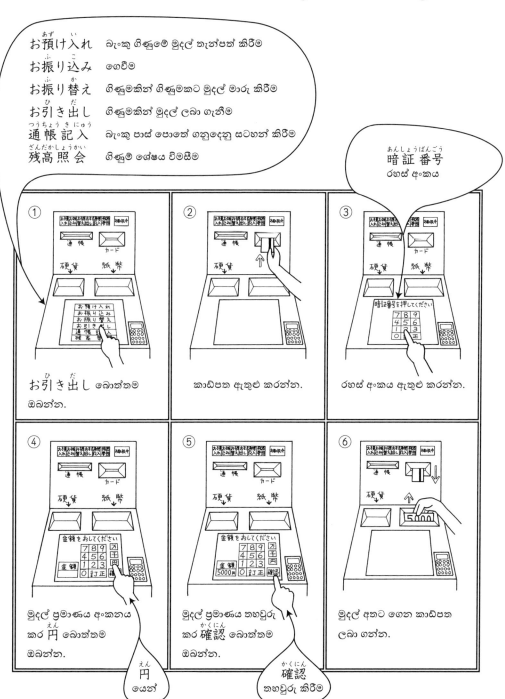

お預(あず)け入(い)れ	බැංකු ගිණුමේ මුදල් තැන්පත් කිරීම
お振(ふ)り込(こ)み	ගෙවීම
お振(ふ)り替(か)え	ගිණුමකින් ගිණුමකට මුදල් මාරු කිරීම
お引(ひ)き出(だ)し	ගිණුමකින් මුදල් ලබා ගැනීම
通帳記入(つうちょうきにゅう)	බැංකු පාස් පොතේ ගනුදෙනු සටහන් කිරීම
残高照会(ざんだかしょうかい)	ගිණුම් ශේෂය විමසීම

暗証番号(あんしょうばんごう)
රහස් අංකය

① お引(ひ)き出(だ)し බොත්තම ඔබන්න.

② කාඩ්පත ඇතුළු කරන්න.

③ රහස් අංකය ඇතුළු කරන්න.

④ මුදල් ප්‍රමාණය අංකනය කර 円(えん) බොත්තම ඔබන්න.

⑤ මුදල් ප්‍රමාණය තහවුරු කර 確認(かくにん) බොත්තම ඔබන්න.

⑥ මුදල් අතට ගෙන කාඩ්පත ලබා ගන්න.

円(えん)
යෙන්

確認(かくにん)
තහවුරු කිරීම

IV. ව්‍යාකරණ විස්තර

1. වාක්‍ය දෙකකට වැඩියෙන් එකිනෙකට සම්බන්ධ කරන ආකාරය

වාක්‍ය දෙකකට වැඩියෙන් ඇති විට ～て（で）භාවිත කිරීමෙන් එක් වාක්‍යයක් ලෙස සකස් කළ හැකි ය.

1） ක්‍රියා පද$_1$ て රූප、［ක්‍රියා පද$_2$ て රූප、］ක්‍රියා පද$_3$

අනුපිළිවෙළින් සිදුවන ක්‍රියා දෙකකට වඩා වැඩියෙන් ප්‍රකාශ කරන විට, එක් එක් ක්‍රියා අනුපිළිවෙළින් て රූපය සමඟ ප්‍රකාශ කරනු ලබයි. වාක්‍යයක කාලය එම වාක්‍යයේ අවසාන ක්‍රියා පදයේ කාලය අනුව තීරණය වේ.

① 朝(あさ) ジョギングを して、シャワーを 浴(あ)びて、会社(かいしゃ)へ 行(い)きます。

උදේ ඇවිදලා ඇඟපත සෝදාගෙන කොම්පැනියට යනවා.

② 神戸(こうべ)へ 行(い)って、映画(えいが)を 見(み)て、お茶(ちゃ)を 飲(の)みました。

කෝබෙ ගිහින් චිත්‍රපටයක් බලලා තේ බිව්වා.

2） い- නාම විශේෂණ（～い̸）→ ～くて

おおきーい	→	おおきーくて	ලොකු
ちいさーい	→	ちいさーくて	පොඩි
いーい	→	よーくて (ව්‍යතිරේකය)	හොඳ

③ ミラーさんは 若(わか)くて、元気(げんき)です。　මිලර් මහත්තයා තරුණයි, සනීපෙන් ඉන්නවා.

④ きのうは 天気(てんき)が よくて、暑(あつ)かったです。　ඊයෙ හොඳට ඉර පායලා තිබුණා, රස්නෙයි.

3） な- නාම විශේෂණ［な̸］→ ～で

⑤ ミラーさんは ハンサムで、親切(しんせつ)です。　මිලර් මහත්තයා කඩවසම්, කරුණාවන්තයි.

⑥ 奈良(なら)は 静(しず)かで、きれいな 町(まち)です。　නරා නිස්කලංක, ලස්සන නගරයක්.

සංලක්ෂ්‍යය:- එක සමාන උක්ත පදය සහිත එහෙත් ආඛ්‍යාතය වශයෙන් වෙනස් නාම විශේෂණ යෙදෙන වාක්‍ය සම්බන්ධ කරන විට, ～て（で）භාවිත කළ ද, භාෂකයා විසින් ප්‍රකාශ කරනු ලබන අගය වෙනස් වන වාක්‍ය සම්බන්ධ කිරීමේදී ～て（で）භාවිත කළ නොහැකි ය. (අටවන පාඩමේ 4 බලන්න.)

× この 部屋(へや)は 狭(せま)くて、きれいです。

○ この 部屋(へや)は 狭(せま)いですが、きれいです。　මේ කාමරය පුංචියි, ඒත් ලස්සනයි.

4） නාම පද で

⑦ カリナさんは インドネシア人(じん)で、富士大学(ふじだいがく)の 留学生(りゅうがくせい)です。

කරිනා නෝනා ඉන්දුනීසියානු ජාතිකයෙක් වගේම කියෝතෝ විශ්වවිද්‍යාලයේ විදේශික ශිෂ්‍යාවක්.

⑧ カリナさんは 学生(がくせい)で、マリアさんは 主婦(しゅふ)です。

කරිනා නෝනා ශිෂ්‍යාවක් වුණත්, මරියා නෝනා ගෘහණියක්.

2. ක්‍රියා පද$_1$ て රූප から、ක්‍රියා පද$_2$

මෙම වාක්‍ය රටාවෙන් දැක්වෙන්නේ "ක්‍රියා පද$_2$" හි සිදුවීම "ක්‍රියා පද$_1$" හි සිදුවීමට පසුව සිදු වන බව ය. එම නිසා බොහෝ විට "ක්‍රියා පද$_2$" සිදුකිරීමට පෙර සූදානමක් වශයෙන් කරනු ලබන ක්‍රියාවක් වශයෙන් "ක්‍රියා පද$_1$" හඳුනාගත හැකි ය. වාක්‍යයක කාලය එම වාක්‍යයේ අවසාන ක්‍රියා පදයේ කාලය අනුව තීරණය වේ.

⑨ お金(かね)を 入(い)れてから、ボタンを 押(お)して ください。

සල්ලි දැම්මට පස්සෙ බොත්තම ඔබන්න.

"ක්‍රියා පදයේ て රූපය から" යන යෙදුමේ උක්ත පදය が නිපාතයෙන් දැක්වේ.

⑩ もう 昼ごはんを 食べましたか。 දැනටමත් දවල් කෑම කාල ද ඉන්නෙ?
……この 仕事が 終わってから、食べます。
……මේ වැඩ ඉවර වෙලාම කනවා.

3. නාම පද$_1$ は නාම පද$_2$ が නාම විශේෂණ

මෙම වාක්‍ය රටාවෙන් දැක්වෙන්නේ මාතෘකාව (නාම පද$_1$) ට “නාම පද$_2$ が නාම විශේෂණ” යන ගුණය හෝ ලක්ෂණය තිබෙන බව ය.

⑪ 大阪は 食べ物が おいしいです。 ඕසකාවල කෑම රසයි.

⑫ ドイツの フランケンは ワインが 有名です。
ජර්මනියේ ෆ්‍රන්කෙන් වයින්වලට ප්‍රසිද්ධයි.

⑬ マリアさんは 髪が 長いです。 මරියා නෝනාගේ කොණ්ඩේ දිගයි.

4. නාම පද を ක්‍රියා පද

でます、おります යනාදි ක්‍රියා පද を නිපාතය සමඟ භාවිත කෙරෙන අතර, මෙම を නිපාතයෙන්, ආරම්භ කිරීමේ හෝ පිටත් වීමේ ස්ථානය නිරූපණය කෙරේ.

⑭ 7時に うちを 出ます。 හතට ගෙදරින් පිටත් වෙනවා.

⑮ 梅田で 電車を 降りました。 උමෙදාවලදී කෝච්චියෙන් බැස්සා.

5. どうやって

どうやって යන යෙදුම භාවිත කෙරෙන්නේ, යා යුතු මාර්ගය හෝ ආකාරය පිළිබඳව විමසන විට ය.

⑯ 大学まで どうやって 行きますか。 කැම්පස් එකට යන්නෙ කොහොම ද?
……京都駅から 16番の バスに 乗って、大学前で 降ります。
……කියෝතෝ දුම්රියපොළෙන් අංක 16 බස් එකට නැගලා, “දයිගකු මඑ” බස් නැවතුමෙන් බහිනවා.

6. どれ／どの නාම පද

යම් කිසි දේවල් තුනකට වඩා වැඩි ප්‍රමාණයක් ඇති විට, ඉන් එකක් නිශ්චිත වශයෙන්ම තහවුරු කරගැනීම සඳහා どれ යන ප්‍රශ්නවාචී පදය භාවිත කරනු ලබයි.

⑰ ミラーさんの 傘は どれですか。 මිලර් මහත්තයාගේ කුඩය කොයි එක ද?
……あの 青い 傘です。 ……අර නිල් පාට කුඩය.

どれ යන පදය, නාම පදයකට පෙර යොදා, නාම විශේෂණයක් බවට පත් කළ නොහැකි අතර, එවැනි අවස්ථාවලදී どれ වෙනුවට どの යන පදය භාවිත කෙරේ.

⑱ サントスさんは どの 人ですか。 සන්තොස් මහත්තයා කොයි කෙනා ද?
……あの 背が 高くて、髪が 黒い 人です。
……අර උස, කොණ්ඩේ කළු කෙනා.

දහහත්වන පාඩම

I. වචන මාලාව

おぼえますⅡ	覚えます	කටපාඩම් කරනවා
わすれますⅡ	忘れます	අමතක වෙනවා, අමතක කරනවා
なくしますⅠ		නැති වෙනවා, නැති කරගන්නවා
はらいますⅠ	払います	(සල්ලි) ගෙවනවා
かえしますⅠ	返します	ආපසු දෙනවා
でかけますⅡ	出かけます	පිටත් වෙනවා
ぬぎますⅠ	脱ぎます	(ඇඳුම්, සපත්තු වැනි දෙය) ගළවනවා
もって いきますⅠ	持って 行きます	(යම් දෙයක්) අරන් යනවා
もって きますⅢ	持って 来ます	(යම් දෙයක්) අරන් එනවා
しんぱいしますⅢ	心配します	කනස්සල්ලට පත්වෙනවා
ざんぎょうしますⅢ	残業します	අතිකාල වැඩ කරනවා
しゅっちょうしますⅢ	出張します	රාජකාරි ගමනක් යනවා
のみますⅠ ［くすりを～］	飲みます ［薬を～］	බොනවා [බෙහෙත්]
はいりますⅠ ［おふろに～］	入ります	[නාන බේසමට බැස] නානවා
たいせつ［な］	大切［な］	වැදගත්, අගනා
だいじょうぶ［な］	大丈夫［な］	වරදක් නැහැ
あぶない	危ない	භයානක, අනතුරුදායක
きんえん	禁煙	දුම්බීම තහනම්
［けんこう］ ほけんしょう	［健康］保険証	සෞඛ්‍ය රක්ෂණ සහතිකය
ねつ	熱	උණ
びょうき	病気	අසනීපය, රෝගය
くすり	薬	බෙහෙත
［お］ふろ		නාන බාල්දිය
うわぎ	上着	උඩින් අඳින ඇඳුම
したぎ	下着	යට ඇඳුම

2、3にち	2、3日	දෙතුන් දිනක්
2、3～		～දෙක, තුනක් (දෙතුන් දෙනෙක්, දෙතුන් පාරක් වැනි ප්‍රත්‍යය සමග යෙදේ)
～までに		～ට කලින් (කාල සීමාව දැක්වීමට යෙදේ)
ですから		එනිසා

〈会話（かいわ）〉

どう しましたか。	මොකක්ද අමාරුව? (අසනීපයක් ගැන විමසීමෙහිදී යෙදේ)
のど	උගුර
[～が] 痛（いた）いです。	මගේ [～] රිදෙනවා.
かぜ	සෙම්ප්‍රතිශ්‍යාව, සෙම්ප්‍රතිශ්‍යාව උණ
それから	ඒ වගේම
お大事（だいじ）に。	පරිස්සම් වෙන්න.

107

17

II. පරිවර්තනය

වාක්‍ය රටා

1. පින්තූර ගන්න එපා.
2. ඔබ ගමන් බලපත්‍රය පෙන්නන්න ඕන.
3. ඉරිදා වේලාසනින් නැගිටින්න ඕන නෑ.

උදාහරණ වගන්ති

1. ඔතන වාහනය නවත්වන්න එපා.
   ……සමාවෙන්න.
2. දැන් වෙලාව දොළහයි නේ. තනියෙන් යන්න පුළුවන් ද?
   ……ඔව්. බය වෙන්න එපා. ටැක්සියකින් ගෙදර යන නිසා.
3. අද රෑ බොන්න යමු නේද?
   ……සමාවෙන්න. හෙට ඉඳලා රාජකාරි වැඩකට හොංකොං යන්න ඕන. ඒ නිසා, වේලාසනින් ගෙදර යනවා.
4. දරුවොත් සල්ලි ගෙවන්න ඕන ද?
   ……නෑ. ගෙවන්න ඕන නෑ.
5. නිබන්ධනය බාර දෙන්න පුළුවන් කවදා වෙනකම් ද?
   ……සිකුරාදා වෙනකම් බාර දෙන්න පුළුවන්.

සංවාදය

මොකක් ද වුණේ?

වෛද්‍යා:	මොකක් ද වුණේ?
මත්සුමොතො:	ඊයෙ ඉඳලා උගුර රිදෙනවා. ටිකක් උණත් තියෙනවා.
වෛද්‍යා:	එහෙම ද? පොඩ්ඩක් කට අරින්න.
	....
වෛද්‍යා:	හෙම්බිරිස්සාව නේ. දවස් දෙක තුනක් හොඳට විවේක ගන්න.
මත්සුමොතො:	මේ, මම හෙට ඉඳලා රාජකාරි වැඩකට ටෝකියෝ යන්න ඕන.
වෛද්‍යා:	එහෙනම් අද බෙහෙත් බීලා වේලාසනින් නිදාගන්න.
මත්සුමොතො:	හොඳයි.
වෛද්‍යා:	එහෙනම්, අද රෑ නාන බේසමට බහින්න එපා.
මත්සුමොතො:	හා, හොඳයි.
වෛද්‍යා:	එහෙනම් පරිස්සමින් ඉන්න.
මත්සුමොතො:	බොහොම ස්තුතියි.

III. අදාළ වචන සහ තොරතුරු

体・病気 <ruby>からだ</ruby> <ruby>びょうき</ruby>　　ශරීරය සහ අසනීපය

どう　しましたか。　　මොකක් ද වුණේ?

頭が　痛い	ඔළුව රිදෙනවා
おなかが　痛い	බඩ රිදෙනවා
歯が　痛い	දත් කැක්කුම තියෙනවා
熱が　あります	උණ තියෙනවා
せきが　出ます	කැස්ස තියෙනවා
鼻水が　出ます	නහයෙන් සොටු දියර ගලනවා
血が　出ます	ලේ ගලනවා
吐き気が　します	වමනය යන්න වගේ දැනෙනවා, වමනෙට එනවා
寒気が　します	ඇඟට සීතල ගතියක් දැනෙනවා
めまいが　します	ක්ලාන්ත ගතියක් දැනෙනවා
下痢を　します	බඩ යනවා
便秘を　します	මලබද්ධය තියනවා, බඩ වේලවනවා
けがを　します	තුවාල වෙනවා
やけどを　します	පිළිස්සෙනවා
食欲が　ありません	ආහාර රුචිය අඩුයි

肩が　こります	උරහිස රිදෙනවා. කැක්කුම, වේදනාව, උරහිසේ මාංශ පේශිවල ආතතිය, උරහිසේ මාංශපේශි තදයි.
体が　だるい	ඇලි මැලි දුබල ගතිය, ඇඟපතේ පණ නැතිකම දැනෙනවා
かゆい	කසනවා

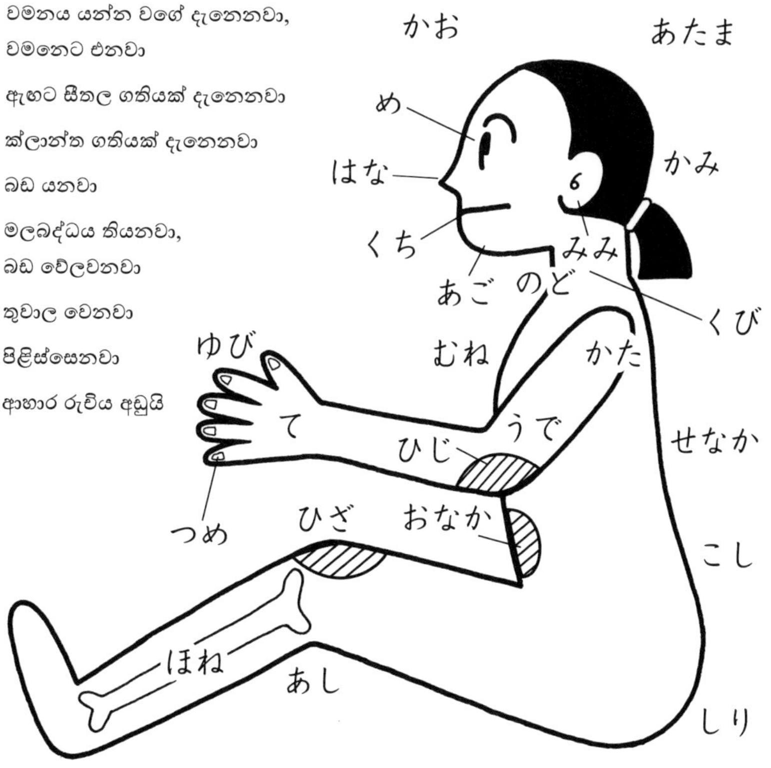

かお　あたま　め　はな　かみ　くち　みみ　あご　のど　くび　ゆび　むね　かた　て　うで　せなか　ひじ　つめ　ひざ　おなか　こし　ほね　あし　しり

ぎっくり腰	කොන්දේ අමාරුව, කොන්ද හරහා විදුලියක් කොටනවා වගේ දැනෙන වේදනාව

かぜ	හෙම්බිරිස්සාව
インフルエンザ	ඉන්ෆ්ලුවෙන්සා
盲腸	ඇපෙන්ඩිසයිටිස්

ねんざ	උළුක්කු වීම
骨折	අස්ථි බිඳීම
二日酔い	වෙරි මතින් පසුව ඇති වන හිසේ කැක්කුම වැනි අසනීප ගතිය

IV. ව්‍යාකරණ විස්තර

1. ක්‍රියා පදයේ ない රූපය

ない ප්‍රත්‍යය සමඟ එක් වන ක්‍රියා රූපය (උදා-: かかない හි かか) ක්‍රියා පදයේ ない රූපය ලෙස හැඳින් වේ. ます රූපයෙන් ない රූපය සකස් කරන ආකාරය ක්‍රියා පද වර්ගය අනුව පහත සඳහන් පරිදි වේ. (පෙළ පොතේ 17වන පාඩමේ අභ්‍යාස A1 බලන්න.)

1) I වන වර්ගයේ ක්‍රියා පද

I වන වර්ගයේ ක්‍රියා පදවල ます රූපයේ ක්‍රියා ප්‍රකෘතිය い ස්වරයෙන් අවසන් වන අතර, එය あ ස්වරය බවට පත් කෙරේ. නමුත් ます රූපයේ ක්‍රියා ප්‍රකෘතිය い අක්ෂරයෙන් අවසන් වන විට (かいます、あいます ආදි), එය あ ස්වරය බවට පත් නොකර わ අක්ෂරයට පත් කෙරේ.

かき－ます	→	かか－ない	いそぎ－ます	→	いそが－ない
よみ－ます	→	よま－ない	あそび－ます	→	あそば－ない
とり－ます	→	とら－ない	まち－ます	→	また－ない
すい－ます	→	すわ－ない	はなし－ます	→	はなさ－ない

2) II වන වර්ගයේ ක්‍රියා පද

II වන වර්ගයේ ක්‍රියා පදවල ます රූපයෙන්, ます ප්‍රත්‍යය ලොප් කොට එම ක්‍රියා ප්‍රකෘතිය සමඟ ない එක් කෙරේ.

たべ－ます → たべ－ない
み－ます → み－ない

3) III වන වර්ගයේ ක්‍රියා පද

べんきょうし－ます → べんきょうし－ない
し－ます → し－ない
き－ます → こ－ない

2. ක්‍රියා පදයේ ない රූපය ないで ください　යම් කිසි ක්‍රියාවක් කරන්න එපා

මෙම වාක්‍ය රටාව භාවිත වන්නේ, යම් කිසි ක්‍රියාවක් සිදු නොකරන ලෙස අවවාද කිරීම සඳහා හෝ උපදෙස් දීම සඳහා ය.

① ここで 写真(しゃしん)を 撮(と)らないで ください。　මෙතන ඡායාරූප ගන්න එපා.

එමෙන්ම යම් කිසි ක්‍රියාවක් කිරීම සඳහා කිසිදු අවශ්‍යතාවක් නොමැති බව ප්‍රකාශ කරමින්, අනෙක් පුද්ගලයා කෙරෙහි ඇති සහෘද හැඟීම ප්‍රකාශ කිරීම සඳහා ද යොදා ගත හැකි ය.

② わたしは 元気(げんき)ですから、心配(しんぱい)しないで ください。

මම හොඳින් ඉන්න නිසා, බය වෙන්න එපා.

3. ක්‍රියා පදයේ ない රූපය なければ なりません　යම් කිසි ක්‍රියාවක් කළ යුතුයි

මෙම වාක්‍ය රටාවෙන් දැක්වෙන්නේ යම් කිසි ක්‍රියාවක් කළ යුතු බව ය. මෙහි නිෂේධාර්ථ වාක්‍ය නොමැති බව සඳහන් කළ යුතු ය.

③ 薬(くすり)を 飲(の)まなければ なりません。　බෙහෙත් බොන්න ඕන.

4. **ක්‍රියා පදයේ ない රූපය なくても いいです**　යම් කිසි ක්‍රියාවක් කිරීමට අවශ්‍ය නැත

මෙම වාක්‍ය රටාවෙන් දැක්වෙන්නේ යම් කිසි ක්‍රියාවක් කිරීම සඳහා අවශ්‍යතාවක් නොමැති බව ය.

④ あした 来(こ)なくても いいです。　හෙට එන්න ඕන නැහැ.

5. **කර්ම පද මාතෘකාකරණයට ලක් කිරීම**

"නාම පද を ක්‍රියා පද" යන යෙදුමෙහි නාම පදය (කර්ම පදය) මාතෘකාකරණයට ලක් කිරීමෙන් වාක්‍යයක් ඉදිරිපත් කරන විට, を නිපාතය ඉවත් කර ඒ වෙනුවට は නිපාතය යොදාගනිමින් එම නාම පදය වාක්‍යයේ මුලින් යෙදේ.

ここに　荷物(にもつ)を 置(お)かないで ください。　මෙතන බඩු තියාගන්න එපා.
荷物(にもつ)~~を~~は ここに 置(お)かないで ください。
⑤ 荷物(にもつ)は　ここに 置(お)かないで ください。　බඩු නම් මෙතන තියාගන්න එපා.
会社(かいしゃ)の　食堂(しょくどう)で 昼(ひる)ごはんを 食(た)べます。
කොම්පැනියේ කැන්ටිමෙන් දවල් කෑම කනවා.
昼(ひる)ごはん~~を~~は 会社(かいしゃ)の 食堂(しょくどう)で　食(た)べます。
⑥ 昼(ひる)ごはんは　会社(かいしゃ)の 食堂(しょくどう)で　食(た)べます。
දවල් කෑම නම් කොම්පැනියේ කැන්ටිමෙන් කනවා.

6. **නාම පද (වේලාව) までに ක්‍රියා පද**

මෙම වාක්‍ය රටාවෙන් දැක්වෙන්නේ, යම් කිසි ක්‍රියාවකට හෝ සිද්ධියකට අදාළ නිශ්චිත කාල සීමාවක් පිළිබඳව ය.

⑦ 会議(かいぎ)は 5時(じ)までに 終(お)わります。　රැස්වීම පහ වෙනකන් තියෙනවා.
⑧ 土曜日(どようび)までに 本(ほん)を 返(かえ)さなければ なりません。
සෙනසුරාදා වෙනකොට පොත් ආපහු දෙන්න ඕන.

සංලක්ෂ්‍යය:- හතරවන පාඩමේදී උගත් まで නිපාතයෙන් දැක්වන්නේ සිදු කරමින් පවතින ක්‍රියාවේ අවසාන මොහොත ය. මෙම යෙදුම් දෙක රූපයෙන් සමාන වන නමුත් භාවිතයෙන් වෙනස් වන බව අවධාරණය කළ යුතු ය.

⑨ 5時(じ)まで 働(はたら)きます。　පහ වෙනකන් වැඩ කරනවා.

17

දහඅටවන පාඩම

I. වචන මාලාව

できますⅡ		කිරීමට හැකි, කිරීමට පුළුවන්
あらいますⅠ	洗います	සෝදනවා
ひきますⅠ	弾きます	වාදනය කරනවා (තත් සහිත තූර්යය භාණ්ඩයක්)
うたいますⅠ	歌います	ගයනවා
あつめますⅡ	集めます	එකතු කරනවා, රැස් කරනවා
すてますⅡ	捨てます	විසි කරනවා, ඉවත් කරනවා
かえますⅡ	換えます	මාරු කරනවා, හුවමාරු කරනවා
うんてんしますⅢ	運転します	(රියක්) පදවනවා, එළවනවා
よやくしますⅢ	予約します	කලින් (ආසනයක්) වෙන් කර ගන්නවා
ピアノ		පියනෝව
ーメートル		මීටර්ー
げんきん	現金	මුදල්
しゅみ	趣味	විනෝදාංශය
にっき	日記	දින පොත
おいのり	お祈り	යාච්ඤාව (～を します：යාච්ඤා කරනවා, බුදුන් වඳිනවා)
かちょう	課長	අංශ ප්‍රධානියා
ぶちょう	部長	දෙපාර්තමේන්තු ප්‍රධානියා
しゃちょう*	社長	අධිපති, සමාගම් ප්‍රධානියා
どうぶつ	動物	සත්වයා
うま	馬	අශ්වයා
インターネット		අන්තර්ජාලය

〈**会話**〉

特_{とく}に	විශේෂයෙන්
へえ	හැබෑට! (පුදුමය පළ කිරීමට යෙදේ)
それは おもしろいですね。	ඒක හරි හොඳ (ෂෝක්) ඇති.
なかなか	එතරම් ලෙහෙසි නැහැ (නිෂේධ වාකයයන්හි යෙදේ)
ほんとうですか。	ඇත්තටම?
ぜひ	කෙසේ හෝ, අනිවාර්යයෙන්ම (ආරාධනා, පැතුම් සමග යෙදේ)

....

故郷_{ふるさと}	උපන් ගම (සිංදුවේ නම. තේරුම වෙන්නේ උපන් ගම යන්නය)
ビートルズ	බීට්ල්ස් නමැති සුප්‍රකට බ්‍රිතාන්‍ය සංගීත කණ්ඩායම
秋葉原_{あきはばら}	ටෝකියෝවල ස්ථානම නාම

113

18

II. පරිවර්තනය

වාක්‍ය රටා

1. මිලර් මහත්තයාට කංජි කියවන්න පුළුවන්.
2. මගේ විනෝදාංශය චිත්‍රපට බැලීම.
3. නිදාගන්න කලින් දින පොතේ ලියනවා.

උදාහරණ වගන්ති

1. වාහන එළවන්න පුළුවන් ද?
   ……ඔව්, පුළුවන්.
2. මරියා නෝනාට බයිසිකල් පදින්න පුළුවන් ද?
   ……බෑ, පදින්න බෑ.
3. ඕසකා මාලිගාව කීය වෙනකම් බලන්න පුළුවන් ද?
   ……පහ වෙනකම්.
4. ක්‍රෙඩිට් කාඩ් එකෙන් ගෙවන්න පුළුවන් ද?
   ……සමාවෙන්න. කෑෂ්වලින් ගෙවන්න.
5. ඔබගේ විනෝදාංශය මොකක් ද?
   ……පරණ ඔරලෝසු එකතු කරන එක.
6. ජපන් ළමයි පාසලට ඇතුළු වෙන්න කලින් හිරගනා ඉගෙන ගන්න ඕන ද?
   ……නෑ, ඉගෙන ගන්න ඕන නෑ.
7. කෑම කන්න කලින් මේ බෙහෙත් බොන්න.
   ……හා, හොඳයි.
8. කසාද බැන්දෙ කවදා ද?
   ……කසාද බැන්දෙ අවුරුදු තුනකට කලින්.

සංවාදය

ඔබගේ විනෝදාංශය මොකක් ද?

යමදා: සන්තොස් මහත්තයාගේ විනෝදාංශය මොකක් ද?
සන්තොස්: පින්තූර ගන්න එක.
යමදා: මොනවගේ පින්තූර ද ගන්නෙ?
සන්තොස්: සත්තුන්ගේ පින්තූර.
විශේෂයෙන්ම අශ්වයන්ට කැමතියි.
යමදා: ෂා, ඒක හරිම ඉන්ට්‍රස්ටින්.
ජපානෙට ආවට පස්සෙ අශ්වයන්ගේ පින්තූර ගත්තා ද?
සන්තොස්: නෑ. ජපානෙදී අශ්වයෝ බලන්න නැති තරම්.
යමදා: හොකයිදෝවල අශ්වයෝ ගොඩක් ඉන්නවා නේ.
සන්තොස්: ඇත්ත ද?
එහෙනම් ගිම්හාන නිවාඩුවට අනිවාර්යෙන්ම යන්න ඕන.

III. අදාළ වචන සහ තොරතුරු

動(うご)き　ක්‍රියා

飛(と)ぶ ඉගිලෙනවා 	跳(と)ぶ පනිනවා 	登(のぼ)る කඳු නගිනවා 	走(はし)る දුවනවා
泳(およ)ぐ පිහිනනවා 	もぐる කිමිදෙනවා 	飛(と)び込(こ)む වතුරට පනිනවා 	逆立(さかだ)ちする දෑත් බිම තබා හිස පහළට සිටින සේ දෙපා ඔසවනවා
はう බඩගානවා 	ける පයින් ගහනවා 	振(ふ)る　වනනවා 	持(も)ち上(あ)げる උස්සනවා
投(な)げる වීසි කරනවා 	たたく ගහනවා, තට්ටු කරනවා 	引(ひ)く අදිනවා 	押(お)す තල්ලු කරනවා
曲(ま)げる නමනවා 	伸(の)ばす දික් කරනවා 	転(ころ)ぶ වැටෙනවා 	振(ふ)り向(む)く ආපසු හැරී බලනවා

IV. ව්‍යාකරණ විස්තර

1. ක්‍රියා පදයේ ශබ්දකෝෂ රූපය

මෙයින් අදහස් කරනුයේ ක්‍රියා පදයේ මූලික රූපය කි. එය ජපන් භාෂාවේ ශබ්දකෝෂවල ඉදිරිපත් වන රූපය කි. ます රූපයෙන් ශබ්දකෝෂ රූපය සකස් කරන ආකාරය ක්‍රියාපද වර්ග අනුව පහත සඳහන් පරිදි වේ. (පෙළ පොතේ දහඅටවන පාඩමේ අභ්‍යාස A1 බලන්න.)

1) I වන වර්ගයේ ක්‍රියා පද

I වන වර්ගයේ ක්‍රියා පදවල ます රූපයේ ක්‍රියා ප්‍රකෘතිය i ස්වරයෙන් අවසන් වන අතර, එම i ස්වරය u ස්වරය බවට පත් වේ.

かきーます →	かく	いそぎーます →	いそぐ
よみーます →	よむ	あそびーます →	あそぶ
とりーます →	とる	まちーます →	まつ
すいーます →	すう	はなしーます →	はなす

2) II වන වර්ගයේ ක්‍රියා පද

II වන වර්ගයේ ක්‍රියා පදවල ます රූපයෙන් ます ප්‍රත්‍යය ඉවත් කොට එම ක්‍රියා ප්‍රකෘතිය සමඟ る එක් කෙරේ.

たべーます → たべーる　　　みーます → みーる

3) III වන වර්ගයේ ක්‍රියා පද

します යන ක්‍රියා පදයේ ශබ්දකෝෂ රූපය する වන අතර, きます යන ක්‍රියා පදයේ ශබ්දකෝෂ රූපය くる වේ.

2. නාම පද / ක්‍රියා පදයේ ශබ්දකෝෂ රූපය こと } が できます

යම් කිසි දෙයක් කරන්න පුළුවන්

できます යන ක්‍රියා පදය පුද්ගලයෙකුට තමන් සතු යම් හැකියාවකින් යමක් කළ හැකි බව හෝ අදාළ තත්ත්වයෙන් යම් කිසි ක්‍රියාවක් කළ හැකි බව නිරූපණය කරන ක්‍රියා පදයක් වන අතර, できます යන ක්‍රියා පදය සමඟ යෙදෙන කර්ම පදය が නිපාතයෙන් දැක්වේ. යම් කිසි ක්‍රියාවක් කළ හැකි බව නාම පදයකින් හෝ "ක්‍රියා පදයේ ශබ්දකෝෂ රූපය こと" යන යෙදුමෙන් දැක්වේ.

1) නාම පද

ක්‍රියාභාවය හඟවන නාම පද (うんてん、かいもの、スキー、ダンス) සමඟ できます යන ක්‍රියා පදය භාවිත කෙරෙන අතර にほんご හෝ ピアノ වැනි කුසලතාවක් හඟවන නාම පද සමඟ ද できます යෙදේ.

① ミラーさんは 日本語が できます。　　මිලර් මහත්තයාට ජපන් භාෂාව පුළුවන්.

② 雪が たくさん 降りましたから、ことしは スキーが できます。

ගොඩක් හිම වැටුණ නිසා, මේ අවුරුද්දේ නම් ස්කී ක්‍රීඩාව කරන්න පුළුවන්.

2) ක්‍රියා පද

යම් කිසි ක්‍රියාවක් කළ හැකි බව ප්‍රකාශ කරන විට, ක්‍රියා පදයේ ශබ්දකෝෂ රූපයට こと එකතු කිරීමෙන් නාම ඛණ්ඩයක් බවට පත් කොට ඉන් පසුව "が できます" එකතු කෙරේ.

③ ミラーさんは 漢字を 読む ことが できます。
(නාම ඛණ්ඩය)

මිලර් මහත්තයාට කංජි අකුරු කියවන්න පුළුවන්.

④ カードで 払う ことが できます。　　කාඩ් එකෙන් ගෙවන්න පුළුවන්.
(නාම ඛණ්ඩය)

3. わたしの 趣味(しゅみ)は { නාම පද / ක්‍රියා පදයේ ශබ්දකෝෂ රූපය こと } です　　මගේ විනෝදාංශය ~ කිරීම

⑤　わたしの 趣味(しゅみ)は 音楽(おんがく)です。　　මගේ විනෝදාංශය සංගීතය.

“ක්‍රියා පදයේ ශබ්දකෝෂ රූපය こと” යන යෙදුම භාවිත කිරීමෙන් විනෝදාංශය පිළිබඳව වැඩියෙන් විස්තර කළ හැකි ය.

⑥　わたしの 趣味(しゅみ)は 音楽(おんがく)を 聞(き)く ことです。 මගේ විනෝදාංශය සංගීතය අහන එක.

4. { ක්‍රියා පදයේ$_1$ ශබ්දකෝෂ රූපය / නාම පද の / ප්‍රමාණවාචී සංඛ්‍යා පද (කාල පරාසය) } まえに、ක්‍රියා පද$_2$　　එක් ක්‍රියාවක් කිරීමට පෙර වෙනත් ක්‍රියාවක් කරනවා

1) ක්‍රියා පද

මෙම වාක්‍ය රටාවෙන් දැක්වෙන්නේ ක්‍රියා පද$_1$ට පෙර ක්‍රියා පද$_2$ සිදුවන බව ය. වාක්‍යයක කාලය (ක්‍රියා පද$_2$ අයත් වන කාලය) අතීත කාලය හෝ අනතීත කාලය වන විට, ක්‍රියා පද$_1$ හැම විටම ශබ්දකෝෂ රූපයක් වන බව අවධාරණය කළ යුතු ය.

⑦　日本(にほん)へ 来(く)る まえに、日本語(にほんご)を 勉強(べんきょう)しました。

ජපානයට එන්න කලින් ජපන් භාෂාව ඉගෙන ගත්තා.

⑧　寝(ね)る まえに、本(ほん)を 読(よ)みます。　　නිදාගන්න කලින් පොත් කියවනවා.

2) නාම පද

නාම පදයකට පසුව の නිපාතය එකතු කෙරෙන අතර, ක්‍රියාභාවය හඟවන නාම පද භාවිත කෙරේ.

⑨　食事(しょくじ)の まえに、手(て)を 洗(あら)います。　　කෑම කන්න කලින් අත් හෝදනවා.

3) ප්‍රමාණවාචී සංඛ්‍යා පද (කාල පරාසයක්)

ප්‍රමාණවාචී සංඛ්‍යා පදයකට (කාල පරාසයක්) පසුව の නිපාතය එකතු නොකළ යුතු බව අවධාරණය කළ යුතු ය.

⑩　田中(たなか)さんは 1時間(じかん)まえに、出(で)かけました。

තනකා මහත්තයා පැයකට කලින් පිටත් වුණා.

5. なかなか

なかなか යන පදයට පසුව ප්‍රතිනිෂේධාර්ථ යෙදුම භාවිත කිරීමෙන් නිරූපණය කෙරෙන්නේ, “පහසුවෙන් ~ නැත”, “බලාපොරොත්තු වූ ආකාරයට ~ නැත”, යනාදි අර්ථ ය.

⑪　日本(にほん)では なかなか 馬(うま)を 見(み)る ことが できません。

ජපානයේදී අශ්වයෝ බලන්න අවස්ථාවක් ලෙහෙසියෙන් ලැබෙන්නෙ නැහැ.

සංලක්ෂ්‍යය:- උදාහරණ වගන්ති ⑪ හි (පෙළ පොතේ 147වන පිටුව සහ දහඅටවන පාඩමේ සංවාදය බලන්න.) にほんで යන යෙදුම මාතෘකරණයට ලක් වී ඇත. මෙවැනි で එකතු වූ නාම පද මාතෘකරණයට ලක් කරන විට, “නාම පද では” බවට පත් කෙරේ. (が සහ を හැර වෙනත් නිපාත එකතු වූ වචන මාතෘකරණයට ලක් කරන අවස්ථා පිළිබඳව සටහන I බලන්න.)

6. ぜひ

මෙය, භාෂකයාගේ බලාපොරොත්තුවක් හෝ අවශ්‍යතාවක් ප්‍රකාශ කරන යෙදුමක් සමඟ භාවිත කිරීමෙන් එම අර්ථය වඩාත් තීව්‍ර කෙරේ.

⑫　ぜひ 北海道(ほっかいどう)へ 行(い)きたいです。　　අනිවාර්යෙන්ම හොක්කයිදෝවලට යන්න ඕන.

⑬　ぜひ 遊(あそ)びに 来(き)て ください。　　අනිවාර්යෙන්ම බලන්න එන්න ඕන.

දහනවවන පාඩම

I. වචන මාලාව

のぼりますⅠ	登ります、上ります	නගිනවා
とまりますⅠ [ホテルに～]	泊まります	නවතිනවා [හෝටලයක～]
そうじしますⅢ	掃除します	සුද්ද කරනවා, පිරිසිදු කරනවා
せんたくしますⅢ	洗濯します	රෙදි සෝදනවා
なりますⅠ		වෙනවා, පත් වෙනවා
ねむい	眠い	නිදිමතයි
つよい	強い	ශක්තිමත්, ප්‍රබල
よわい*	弱い	දුර්වල
れんしゅう	練習	පුහුණු වීම (～［を］ します：පුහුණු වෙනවා)
ゴルフ		ගොල්ෆ් ක්‍රීඩාව (～を します：එම ක්‍රීඩාව කරනවා)
すもう	相撲	සුමෝ මල්ලව පොර (～を します：එම ක්‍රීඩාව කරනවා)
おちゃ	お茶	තේ චාරිත්‍රය
ひ	日	දවස
ちょうし	調子	තත්ත්වය
いちど	一度	එක් වරක්
いちども	一度も	එක් වරක්වත් (නිෂේධ වාක්‍යයන්හි යෙදේ)
だんだん		ටිකෙන් ටික, අනුක්‍රමයෙන්
もうすぐ		තව ටිකකින්
おかげさまで		ස්තූතියි (‘සනීපෙන් සිටිනවාද?’ වැනි ප්‍රශ්නයක පිළිතුර ලෙස ‘ඔබගෙ පිහිටෙන්’ (සනීපෙන් සිටීම්) කියා කෘතඥතාව පළ කරන විට යෙදේ)
でも		ඒත්

〈会話〉

乾杯	සුභ පැතුම්! (සව්දිය පුරන විට යෙදේ)
ダイエット	ඩයට් (～を します : ඩයට් කරනවා)
無理[な]	නොහැකි, බැරි, අපහසු
体に いい	ඇඟට ගුණයි

東京スカイツリー	ටෝකියෝ ස්කයි ට්‍රී (ටෝකියෝවල පිහිටි නැරඹුම් මැදිරිය සහිත විදුලි සංදේශ කුලුන)
葛飾北斎	කත්සුශිකා හොකුසයි (1760 – 1849, එදෝ යුගයෙහි බිහිවූ ප්‍රසිද්ධ උකියො – එ සිත්තරෙකි)

119

19

II. පරිවර්තනය

වාක්‍ය රටා

1. සුමෝ ක්‍රීඩාව බලලා තියෙනවා.
2. නිවාඩු දවස්වලට ටෙනිස් ක්‍රීඩාව කරනවා, ඇවිදින්න යනවා.
3. මීට පස්සෙ ටිකෙන් ටික රස්නෙ වැඩි වෙනවා.

උදාහරණ වගන්ති

1. හොක්කයිදෝ ගිහින් තියෙනවා ද?

   ……ඔව්, එක් සැරයක් ගිහින් තියෙනවා. අවුරුදු දෙකකට කලින් යහළුවොත් එක්ක ගියා.
2. අශ්වයන්ගේ පිටේ නැගලා තියෙනවා ද?

   ……නෑ, එක් සැරයක්වත් නෑ. නගින්න හරි ආසයි.
3. ශීත නිවාඩුවට මොනවා ද කළේ?

   ……කියෝතෝ ගිහින් පන්සලුයි දේවස්ථානයි බැලුවා, යහළුවොත් එක්ක සාදයක් පැවැත්තුවා.
4. ජපානෙදී මොනවා ද කරන්න කැමති?

   ……ගමන් යන්න, තේ කලාව ඉගෙන ගන්න එහෙම ආසයි.
5. කොහොම ද සැප සනීප?

   ……දෙවියන්ගේ පිහිටෙන් සනීප වුණා.
6. ජපන් භාෂාව හොඳට පුළුවන් වුණා නේ.

   ……බොහොම ස්තුතියි. ඒත් එච්චර බෑ.
7. තෙරේසා කවුරු වෙන්න ද කැමති?

   ……වෛද්‍යවරයෙක්.

සංවාදය

හෙට ඉඳලා කෑම පාලනය කරනවා.

සියලු දෙනාම:	චියර්ස්.
	…………………………………………………………
මත්සුමොතො යොෂිකො:	මරියා නෝනා, එච්චර කන්නෙ නෑ නේ.
මරියා:	නෑ. ඊයෙ ඉඳලා කෑම පාලනය කරන්න පටන් ගත්තා.
මත්සුමොතො යොෂිකො:	එහෙම ද? මමත් කෑම පාලනය කරලා තියෙනවා.
මරියා:	කෑම පාලනය කළේ කොහොම ද?
මත්සුමොතො යොෂිකො:	හැමදාම ඇපල් ගෙඩියක් විතරක් කාලා, වතුර ගොඩක් බිව්වා. හැබැයි හුඟාක් අමාරුවෙන් කෑම පාලනය කරන එක ඇඟට හොඳ නෑ නේ.
මරියා:	ඔව් නේද?
මත්සුමොතො යොෂිකො:	මරියා නෝනා, මේ අයිස් ක්‍රීම් රසයි නේ.
මරියා:	එහෙම ද? … එහෙනම්, ආයිත් හෙට ඉඳලා කෑම පාලනය කරන්න පටන් ගන්නවා.

III. අදාළ වචන සහ තොරතුරු

伝統文化（でんとうぶんか）・娯楽（ごらく）　සාම්ප්‍රදායික සංස්කෘතිය සහ විනෝදය

茶道（さどう）　තේ කලාව （お茶（ちゃ）） 	華道（かどう）　මල් සැකසීමේ කලාව, ඉකෙබානා මල් කලාව （生（い）け花（ばな）） 	書道（しょどう）　විචිත්‍ර අක්ෂර කලාව
歌舞伎（かぶき）　ජපානයේ සාම්ප්‍රදායික නාට්‍ය කලාව 	能（のう）　ජපානයේ සාම්ප්‍රදායික නාට්‍ය කලාව 	文楽（ぶんらく）　ජපානයේ සාම්ප්‍රදායික රූකඩ නාට්‍ය කලාව
相撲（すもう）　සුමෝ ක්‍රීඩාව 	柔道（じゅうどう）　ජූඩෝ ක්‍රීඩාව 	剣道（けんどう）　සාම්ප්‍රදායික ජපන් කඩු හරඹය
空手（からて）　කරාටේ ක්‍රීඩාව 	漫才（まんざい）・落語（らくご）　විකට නළුවන් දෙදෙනෙකු එක්ව(මන්සායි) හෝ එක් විකට නළුවෙකු තනිව(රකුගො) හාස්‍යෝත්පාදක කතා කීම 	囲碁（いご）・将棋（しょうぎ）　ක්‍රීඩකයන් දෙදෙනකු විසින් ලෑල්ලක් මත ඇති ඉත්තන් එහා මෙහා හසුරුවමින් කරනු ලබන ෂෝගි සහ ගෝ ක්‍රීඩාව
パチンコ　පචින්කෝ සූදුව 	カラオケ　කැරෝකේ 	盆踊（ぼんおど）り　බොන් උත්සවයේ නැටුම

IV. ව්‍යාකරණ විස්තර

1. ක්‍රියා පදයේ た රූපය

た හෝ だ යන ප්‍රත්‍යයෙන් අවසන් වන ක්‍රියා පදයේ, වර නැගෙන රූපය た රූපය ලෙස හැඳින් වේ. た රූපය සකස් කෙරෙන්නේ ක්‍රියා පදයේ て රූපයෙන් て සහ で ඉවත් කොට, ඒ වෙනුවට た සහ だ එකතු කිරීමෙනි. (පෙළ පොතේ දහනවවන පාඩමේ අභ්‍යාස A1 බලන්න.)

て රූපය → た රූපය
かいて → かいた
のんで → のんだ
たべて → たべた
きて → きた
して → した

2. ක්‍රියා පදයේ た රූපය ことが あります　කළ අත්දැකීමක් තියෙනවා

මෙම වාක්‍ය රටාව, අතීතයේදී සිදු කරන ලද යම් කිසි ක්‍රියාවක් පිළිබඳව, වර්තමානයේ කරනු ලබන සංවාදයක් අතරතුරදී තමන් ලැබූ අත්දැකීම පිළිබඳව ප්‍රකාශ කිරීමේදී භාවිත කෙරේ.

① 馬(うま)に 乗(の)った ことが あります。　අශ්වයෙක්ගේ පිට උඩට නැගල තියෙනවා.

අතීතයේ යම් කිසි කාලයක, යම් කිසි ක්‍රියාවක් කළ බව හුදෙක් අතීතයේ කරුණක් ලෙස ප්‍රකාශ කරන විට, අතීත කාල රූපය භාවිත කළ යුතු බවට අවධාරණය කළ යුතු ය.

② 去年(きょねん) 北海道(ほっかいどう)で 馬(うま)に 乗(の)りました。
ගිය අවුරුද්දේ හොක්කයිදෝවලදී අශ්වයෙක්ගේ පිටේ නැග්ගා.

3. ක්‍රියා පද$_1$ た රූප り、ක්‍රියා පද$_2$ た රූප り します　යමක් කරනවා

ආදර්ශ වශයෙන් දැක්වෙන නාම පද කිහිපයක් (දෙකක් හෝ ඊට වඩා) අනුපිළිවෙළින් සඳහන් කිරීම සඳහා や නිපාතය භාවිත කෙරේ. නමුත් ආදර්ශ වශයෙන් දැක්වෙන ක්‍රියා පද කිහිපයක් අනුපිළිවෙළින් සඳහන් කරන විට, මෙම වාක්‍ය රටාව භාවිත කෙරේ. වාක්‍යයක කාලය දැක්වෙන්නේ වාක්‍යය අවසානයේ ය.

③ 日曜日(にちようび)は テニスを したり、映画(えいが)を 見(み)たり します。
ඉරිදාට ටෙනිස් ක්‍රීඩාව කරනවා, චිත්‍රපටයක් බලනවා.

④ 日曜日(にちようび)は テニスを したり、映画(えいが)を 見(み)たり しました。
ඉරිදාට ටෙනිස් ක්‍රීඩාව කළා, චිත්‍රපටයක් බැලුවා.

සංලක්ෂ්‍යය:- දහසයවන පාඩමේ සඳහන් වූ ක්‍රියා පද$_1$ て රූප, [ක්‍රියා පද$_2$ て රූප], ක්‍රියා පද$_3$ යනාදියේ භාවිතය සහ මෙම වාක්‍ය රටාවේ භාවිතය වෙනස් වන නිසා, එම කරුණ කෙරෙහි අවධානය යොමු කළ යුතු ය. ක්‍රියා පද$_1$ て රූප, [ක්‍රියා පද$_2$ て රූප], ක්‍රියා පද$_3$, යන යෙදුමෙන් නිරූපණය කෙරෙන්නේ, දෙකක් හෝ ඊට වැඩියෙන් අනුපිළිවෙළින් සිදුවන ක්‍රියා එම අනුපිළිවෙළින්ම ප්‍රකාශ කරන බව ය.

⑤ 日曜日(にちようび)は テニスを して、映画(えいが)を 見(み)ました。
ඉරිදා ටෙනිස් ක්‍රීඩාව කරලා චිත්‍රපටයක් බැලුවා.

නමුත් "ක්‍රියා පද$_1$ た රූප り、ක්‍රියා පද$_2$ た රූප り します" යන යෙදුමෙන් ප්‍රකාශ කෙරෙන ක්‍රියා අතර කාල සම්බන්ධතාවක් නැත. උදාහරණ වශයෙන්, ක්‍රියා රාශියක් සිදු කොට ඇති මුත් ඉන් විශේෂිත ක්‍රියා කිහිපයක් පමණක් සඳහන් කරන නිසා මෙම වාක්‍ය රටාවෙන් දිනපතා අනිවාර්යෙන්ම සිදු කරනු ලබන ක්‍රියා පිළිබඳව (උදේ නැගිටිනවා, කෑම කනවා, රෑට නිදාගන්නවා ආදි) සඳහන් කිරීම නුසුදුසු ය.

4.

い- නාම විශේෂණ (～~~い~~) → ～く な- නාම විශේෂණ [~~な~~] → ～に නාම පද に	なります

～ට පත් වෙනවා
(පවතින තත්ත්වය වෙනස් වීමකට ලක් වන බව.)

なります යන පදයෙන් දැක්වෙන්නේ යම් කිසි තත්ත්වයක් වෙනස් වෙන බව ය.

⑥ 寒(さむ)い → 寒(さむ)く なります　　සීතල වෙනවා

⑦ 元気(げんき)[な] → 元気(げんき)に なります　　සනීප වෙනවා

⑧ 25歳(さい) → 25歳(さい)に なります　　වයස විසිපහක් වෙනවා

123

19

විසිවන පාඩම

I. වචන මාලාව

いりますⅠ ［ビザが～］	要ります	අවශ්‍ය වෙනවා [වීසා බල පත්‍රයක් ~]
しらべますⅡ	調べます	සොයා බලනවා, පරීක්ෂා කරනවා
しゅうりしますⅢ	修理します	අලුත්වැඩියා කරනවා
ぼく	僕	මම (わたし වෙනුවට පිරිමින් විසින් යොදනු ලබන මිත්‍රශීලී ව්‍යවහාරයකි)
きみ*	君	ඔබ (あなた වෙනුවට යොදනු ලබන මිත්‍රශීලී ව්‍යවහාරයකි. තමාට සමාන හෝ තමාට වඩා පහළ මට්ටමේ කෙනෙකු වෙත යෙදේ)
～くん	～君	(පිරිමි ළමයින් ගේ නමෙහි අගට さん වෙනුවට යොදනු ලබන මිත්‍රශීලී ප්‍රත්‍යයකි. තමාට සමාන හෝ තමාට වඩා පහළ මට්ටමේ කෙනෙකු වෙත යෙදේ)
うん		ඔව් (はい කියන පදයේ මිත්‍රශීලී ව්‍යවහාරයකි)
ううん		නැහැ (いいえ කියන පදයේ මිත්‍රශීලී ව්‍යවහාරයකි)
ことば		වචන, භාෂාව
きもの	着物	කිමෝනො (සම්ප්‍රදායික ජපන් ඇඳුම්)
ビザ		වීසා බල පත්‍රය
はじめ	初め	මුල, ආරම්භය
おわり	終わり	අග, අවසානය
こっち*		මේ පැත්තෙන්, මෙතැන (こちら වෙනුවට යෙදෙන වඩාත් පොදු ව්‍යවහාරයකි)
そっち		ඔය පැත්තෙන්, ඔතැන (そちら වෙනුවට යෙදෙන වඩාත් පොදු ව්‍යවහාරයකි)
あっち*		අර පැත්තෙන්, අතන (あちら වෙනුවට යෙදෙන වඩාත් පොදු ව්‍යවහාරයකි)
どっち		(දෙකෙන්) කොයි එක, කොයි පැත්තෙන්, කොහෙ (どちら වෙනුවට යෙදෙන වඩාත් පොදු ව්‍යවහාරයකි)
みんなで		සියලු දෙනා, හැමෝම
～けど		එහෙත් (が කියන නිපාතයේ වඩාත් පොදු ව්‍යවහාරයකි)
おなかが いっぱいです		බඩ පිරිලා

〈会話〉

よかったら   කැමති නම්

いろいろ   නොයෙක්/විවිධ ආකාරයෙන්

125

20

II. පරිවර්තනය

වාක්‍ය රටා

1. සන්තොස් මහත්තයා සාදයට ආවෙ නෑ.
2. ටෝකියෝ මිනිස්සු හරිම ජනාකීර්ණයි.
3. ඔකිනවාවල මුහුද ලස්සනයි.
4. අද මගේ උපන් දිනය.

උදාහරණ වගන්ති

1. අයිස් ක්‍රීම් කනවා ද?
   ……ඔව්, කනවා.
2. ඔතන කතුරක් තියෙනවා ද?
   ……නෑ, මෙතන නෑ.
3. ඊයෙ කිමුරා මහත්තයාව හම්බ වුණා ද?
   ……නෑ, හම්බ වුණේ නෑ.
4. ඔය කරිය රස ද?
   ……ඔව්, සැරයි. ඒත් රසයි.
5. හෙට අපි ඔක්කොම කියෝතො යමු ද?
   ……ඔව්, හොඳයි නේ.
6. මොනවා ද කන්න ආස?
   ……දැන් බඩ පිරිලා නිසා, මොකුත් කන්න ආසා නෑ.
7. දැන් ෆ්‍රී ද?
   ……ඔව්, ෆ්‍රී. මොකද?
   පොඩ්ඩක් උදවු කරන්න කෝ.
8. ශබ්දකෝෂයක් තියෙනවා ද?
   ……නෑ, මං ළඟ නෑ.

සංවාදය

මාත් එක්ක යමු ද?

කොබයෂි: ගිම්හාන නිවාඩුවට මව්රටට ආපසු යනවා ද?
තවාපොන්: නෑ. යන්න ආසයි. ඒත්……
කොබයෂි: එහෙනම්, තවාපොන්, ෆුජී කන්දට නැගලා තියෙනවා ද?
තවාපොන්: නෑ, නැගලා නෑ.
කොබයෂි: ආ, එහෙනම් කැමති නම්, මාත් එක්ක යමු ද?
තවාපොන්: හා, හොඳයි. කවදා වගේ ද?
කොබයෂි: අගෝස්තු මාසෙ මුලදී විතර කොහොම ද?
තවාපොන්: හරි.
කොබයෂි: එහෙනම් විස්තර ටිකක් හොයලා ආයෙත් ටෙලිෆෝන් කරන්නම්.
තවාපොන්: ස්තූතියි. මම බලාගෙන ඉන්නවා.

III. අදාළ වචන සහ තොරතුරු

人(ひと)の 呼(よ)び方(かた)　　අන් අයට ආමන්ත්‍රණය කරනු ලබන ක්‍රමවේදය

ලොකු පුතේ, ලොකු දුවේ!!

[තමන් ගේ සැමියාට බිරිඳ විසින් ආමන්ත්‍රණය කරනු ලබයි.] මහත්තයා, අද පුතාගේ උපන් දිනේ නෙ.

පවුලේ සාමාජිකයන් අතර බාලම දරුවාගේ දෘෂ්ටිකෝණයෙන් එකිනෙකාට ආමන්ත්‍රණය කිරීමේ ප්‍රවණතාවක් තිබේ. උදාහරණයක් වශයෙන් දෙමව්පියන් විසින් වැඩිමහල් පුතාට හෝ වැඩිමහල් දුවට "おにいちゃん" (අයියේ), "おねえちゃん" (අක්කේ) යනුවෙන් ආමන්ත්‍රණය කරනු ලබයි. එනම්, එම දරුවාගේ බාල සහෝදරයෙකුගේ හෝ බාල සහෝදරියකගේ දෘෂ්ටිකෝණයෙන් බලා ආමන්ත්‍රණය කරනු ලබයි. දෙමව්පියන් දරුවන්ගේ ඉදිරිපිට එකිනෙකාට ආමන්ත්‍රණය කරන විට, සැමියා විසින් බිරිඳට "おかあさん" (අම්මේ) හෝ "ママ" (මමා) යනුවෙන් ආමන්ත්‍රණය කරනු ලබන අතර, බිරිඳ විසින් සැමියාට "おとうさん" (තාත්තේ), "パパ" (පපා) යනුවෙන් ආමන්ත්‍රණය කරනු ලබයි. නමුත් මෑතක සිට මෙම ආමන්ත්‍රණ රටාව වෙනස් වීගෙන යන ආකාරයක් හඳුනාගත හැකි ය.

[සමාගමේ අංශාධිපතිට යටත් සේවකයෙකු විසින් ආමන්ත්‍රණය කරනු ලබයි.] සර්, අත්සන් කරන්න.

[වෙළඳ සැලේ සේවකයෙකු විසින් පාරිභෝගිකයෙකුට ආමන්ත්‍රණය කරනු ලබයි.] සර්, හොඳට ගැළපෙනවා.

[රෝගියෙකු විසින් වෛද්‍යවරයාට ප්‍රකාශ කරනු ලබයි.] සර්, බඩ රිදෙනවා නෙ.

සමාජයේදී තමන් අයත් වන කණ්ඩායම තුළ තමන් විසින් නිරූපණය කරනු ලබන භූමිකාවේ නමින් එකිනෙකාට ආමන්ත්‍රණය කිරීමේ ප්‍රවණතාවක් තිබේ. උදාහරණයක් වශයෙන් තනතුරෙන් තමාට වඩා උසස් අයෙකුට තනතුරේ නමින් ආමන්ත්‍රණය කරනු ලබයි. වෙළඳ සැලේ සේවකයන් විසින් පරිභෝගිකයන්ට "おきゃくさま" (පාරිභෝගිකයා) යනුවෙන් ආමන්ත්‍රණය කරනු ලබයි. රෝහලේදී රෝගීන් විසින් වෛද්‍යවරුන්ට "せんせい" (ගුරුවරයා) යනුවෙන් ආමන්ත්‍රණය කරනු ලබයි.

IV. ව්‍යාකරණ විස්තර

1. ආචාරශීලී විලාසය සහ සාමාන්‍ය විලාසය

ජපන් භාෂාව භාවිතයේදී ආචාරශීලී විලාසය සහ සාමාන්‍ය විලාසය වශයෙන් ආකාර දෙකක් හඳුනාගත හැකි ය.

ආචාරශීලී විලාසය	සාමාන්‍ය විලාසය
あした 東京(とうきょう)へ 行(い)きます。 හෙට ටෝකියෝ යනවා.	あした 東京(とうきょう)へ 行(い)く。 හෙට ටෝකියෝ යනවා.
毎日(まいにち) 忙(いそが)しいです。 හැමදාම කාර්යබහුලයි.	毎日(まいにち) 忙(いそが)しい。 හැමදාම කාර්යබහුලයි.
相撲(すもう)が 好(す)きです。 සුමෝ ක්‍රීඩාවට කැමතියි.	相撲(すもう)が 好(す)きだ。 සුමෝ ක්‍රීඩාවට කැමතියි.
富士山(ふじさん)に 登(のぼ)りたいです。 ෆුජි කන් දට නගින්න ආසයි.	富士山(ふじさん)に 登(のぼ)りたい。 ෆුජි කන්දට නගින්න ආසයි.
ドイツへ 行(い)った ことが ありません。 ජර්මනියට ගිහින් නෑ.	ドイツへ 行(い)った ことが ない。 ජර්මනියට ගිහින් නෑ.

ආචාරශීලී විලාසය සහිත වාක්‍යයෙහි です, ます භාවිත කෙරෙන රූපය 'ආචාරශීලී රූපය' ලෙස හැඳින් වන අතර, සාමාන්‍ය විලාසය සහිත වාක්‍යයෙහි භාවිත කෙරෙන රූපය 'සාමාන්‍ය රූපය' ලෙස හඳුනාගත හැකි ය. (පෙළ පොතේ විසිවන පාඩමේ අභ්‍යාස A1 බලන්න.)

2. ආචාරශීලී විලාසය සහ සාමාන්‍ය විලාසය අතර ඇති භාවිතයේ වෙනස්කම්

1) සංවාදය

මුල් වතාවට හමුවන විට හෝ වයසින් තමන්ට වඩා වැඩි කෙනෙකු කෙරෙහි හෝ සම වයසේ වුවත් එතරම් සමීප නොමැති කෙනෙකු කෙරෙහි, ආචාරශීලී විලාසය භාවිත කෙරේ. සමීප මිතුරන්, වෘත්තීය සගයන් හෝ පවුලේ සාමාජිකයන් සමඟ කතා කරන විට, සාමාන්‍ය විලාසය භාවිත කෙරේ.

සාමාන්‍ය විලාසය භාවිත නොකළ යුතු පුද්ගලයෙකු කෙරෙහි භාවිත කළහොත් අගෞරවයක් සිදුවන නිසා, සාමාන්‍ය විලාසය භාවිත කළ හැකි පුද්ගලයෙක් ද යන්න පිළිබඳව විමසිලිමත් විය යුතු ය.

2) ලේඛනයේදී

ලිපි ලිවීමේදී බොහෝවිට ආචාරශීලී විලාසය අනුගමනය කරනු ලබයි. නිබන්ධනයක්, වාර්තාවක්, දිනපොතක් යනාදිය සඳහා සාමාන්‍ය විලාසය භාවිත කෙරේ.

3. සාමාන්‍ය විලාසයේ සංවාදය

1) සාමාන්‍ය විලාසයේ ප්‍රශ්නවාචී වාක්‍ය සඳහා සාමාන්‍යයෙන් වාක්‍යයේ අවසානයේදී か නිපාතය එකතු නොකෙරෙන අතර, のむ(↗), のんだ(↗) යනාදි වශයෙන් වූ වචනවල අවසන් ශබ්දය උච්ච ධ්වනියෙන් යුතුව උච්චාරණය කෙරේ.

① コーヒーを 飲(の)む？（↗）　　කෝපි බොනව ද?
……うん、飲(の)む。（↘）　　……ඔව්, බොනවා.

2) නාම පද හෝ な නාම විශේෂණ සහිත ආඛ්‍යාත යෙදෙන ප්‍රශ්නවාචී වාක්‍යයකදී です යන ප්‍රත්‍යයේ සාමාන්‍ය රූපය වන だ ලොප් කෙරේ. යම් කිසි ප්‍රශ්නවාචී වාක්‍යයකට අදාළව එකඟ වන ස්වරූපයේ පිළිතුරක් සපයන විට だ භාවිත කළහොත් දැඩි බවක් දැනෙන නිසා だ ලොප් කිරීමෙන් හෝ අවසාන නිපාත (よ ආදි) එකතු කිරීමෙන් එම දැඩි බව මෘදු කෙරේ.

② 今晩(こんばん) 暇(ひま)? අද රෑට විවේක ද?

……うん、暇(ひま)／暇(ひま)だ／暇(ひま)だよ。

……ඔව්, විවේකයි. (පිරිමියෙකු විසින් ප්‍රකාශ කරනු ලබයි)

……うん、暇(ひま)／暇(ひま)よ／暇(ひま)だよ。

……ඔව්, විවේකයි. (කාන්තාවක විසින් ප්‍රකාශ කරනු ලබයි)

……ううん、暇(ひま)じゃない。 ……නෑ, විවේක නෑ.

3) සාමාන්‍ය විලාසය සහිත වාක්‍යයෙහි බොහෝ විට නිපාත ලොප් කෙරෙන්නේ කතා කරන අවස්ථාව අනුව තේරුම අවබෝධ කරගත හැකි වන විට ය.

③ ごはん[を] 食(た)べる? කෑම කමු ද?

④ あした 京都(きょうと)[へ] 行(い)かない? හෙට කියෝතෝ යමු ද?

⑤ この りんご[は] おいしいね。 මේ ඇපල් ගෙඩිය රසයි නේ.

⑥ そこに はさみ[が] ある? ඔතන කතුර තියෙනවා ද?

නමුත් で, に, から, まで, と යනාදි නිපාත ලොප් කළහොත්, වාක්‍යයේ අර්ථය පැහැදිලි කරගැනීමේදී ගැටලු මතුවිය හැකි නිසා, ඒවා ලොප් නොකෙරේ.

4) සාමාන්‍ය විලාසය සහිත වාක්‍යයෙහි "ක්‍රියා පදයේ て රූප いる" යන යෙදුමෙන් い බොහෝ විට ලොප් කෙරේ.

⑦ 辞書(じしょ)、持(も)って [い]る? ඔයා ළඟ ශබ්දකෝෂයක් තියෙනවා ද?

……うん、持(も)って [い]る。 ……ඔව්, තියෙනවා.

……ううん、持(も)って [い]ない。 ……නැහැ, මං ළඟ නැහැ.

5) けど

සංවාදවල නිතරම භාවිත කෙරෙන けど යන පදයේ භාවිතය が යන පදයේ භාවිතයට සමාන ය.

⑧ その カレー[は] おいしい? ඔය මාළුව රස ද?

……うん、辛(から)いけど、おいしい。 ……ඔව්, සැරයි. ඒත් රසයි.

⑨ 相撲(すもう)の チケット[が] あるけど、いっしょに 行(い)かない?

සුමෝ ටිකට් එකක් තියෙනවා. මාත් එක්ක යමු ද?

……いいね。 ……හොඳයි නෙ.

20

විසිඑක්වන පාඩම

I. වචන මාලාව

おもいます I	思います	සිතනවා
いいます I	言います	කියනවා
かちます I	勝ちます	දිනනවා
まけます II *	負けます	පරදිනවා
あります I		[උත්සවයක්] පවතිනවා
［おまつりが～］	［お祭りが～］	
やくに たちます I	役に 立ちます	ප්‍රයෝජනවත් වෙනවා, වැඩදායක වෙනවා
うごきます I	動きます	ගමන් කරනවා
やめます II		ඉවත් වෙනවා [සමාගමෙන් ～]
［かいしゃを～］	［会社を～］	
きを つけます II	気を つけます	ප්‍රවේශම් වෙනවා
りゅうがくします III	留学します	අධ්‍යාපනය සඳහා විදේශගත කරනවා
むだ［な］		නාස්තිකාර, නිෂ්ඵල
ふべん［な］	不便［な］	අපහසු, දුෂ්කර
すごい		පුදුමාකාර (පුදුමය හෝ, ප්‍රශංසාව පළ කිරීමට යෙදේ)
ほんとう		ඇත්ත
うそ *		බොරු
じどうしゃ	自動車	වාහන
こうつう	交通	ප්‍රවාහනය, වාහන ගමනාගමනය
ぶっか	物価	බඩු මිල
ほうそう	放送	විකාශනය
ニュース		ප්‍රවෘත්ති
アニメ		සජීවීකරණ චිත්‍රපටය
マンガ		චිත්‍ර කථාව
デザイン		නිර්මාණය, මෝස්තර නිර්මාණය, මෝස්තර රටාව
ゆめ	夢	සිහිනය
てんさい	天才	ප්‍රතිභාවන්තයා, ශ්‍රේෂ්ඨ බුද්ධිමතා
しあい	試合	තරඟය (～を します: තරඟයක් පවත්වනවා)

いけん	意見	මතය
はなし	話	කතාව (～を します：කතා කරනවා, කතාවක් කරනවා)
ちきゅう	地球	පෘථිවිය
つき	月	හඳ
さいきん	最近	මෑතක
たぶん		සමහර විට
きっと		නිසැකවම, නොඅනුමානවම
ほんとうに		ඇත්තටම
そんなに		එතරම් (නිශේධ වාක්‍යයන්හි පමණක් යෙදේ)
～に ついて		(යම් දෙයක්) ගැන, (යම් දෙයක්) පිළිබඳව

〈会話(かいわ)〉

久(ひさ)しぶりですね。	ගොඩක් කාලෙකින් නෙ.
～でも 飲(の)みませんか。	～වත් බොමු ද?
もちろん	ඇත්තටම, ස්ථිරවම
もう 帰(かえ)らないと……。	දැන් යන්න ඕන.

....

アインシュタイン	ඇල්බට් අයින්ස්ටයින් (1879－1955)
ガガーリン	යූරි ගගාරින් (1934－1968)
ガリレオ	ගැලීලියෝ ගැලිලි (1564－1642)
キング牧師(ぼくし)	මාර්ටින් ලූතර් කිං (1929－1968)
フランクリン	බෙන්ජමින් ෆ්‍රැන්ක්ලින් (1706－1790)
かぐや姫(ひめ)	"තකෙතොරි කතන්දරය" යන ජපන් පරණ කතාවේ ප්‍රධාන චරිතය
天神祭(てんじんまつり)	ඕසකාවල උත්සවය
吉野山(よしのやま)	නරාවල පිහිටි කන්ද
カンガルー	කැංගරුවා
キャプテン・クック	කැප්ටන් කුක් (1728－1779)
ヨーネン	මනඃකල්පිත සමාගම

II. පරිවර්තනය

වාක්‍ය රටා

1. හෙට වහියි කියලා මට හිතෙනවා.
2. ඉගෙනගන්න රට යන්න ආසයි කියලා මම තාත්තට කිව්වා.
3. මහන්සියි නේද?

උදාහරණ වගන්ති

1. මිලර් මහත්තයා කොහෙ ද?
   ……සමහරවිට දැන් ගෙදර ගිහින් ඇති කියලා මම හිතනවා.
2. මිලර් මහත්තයා මේ ප්‍රවෘත්තිය ගැන දන්නවා ද?
   ……නෑ, මම හිතන්නෙ දන්නෙ නෑ.
3. රස්සාවයි පවුලයි අතරින් කොයි එක ද වැදගත්?
   ……දෙකම වැදගත් කියලා හිතනවා.
4. ජපානෙ ගැන මොනවා ද හිතන්නෙ?
   ……බඩු ගණන් කියලා හිතනවා.
5. කෑම කන්න කලින් දෙවියන් සිහිකරනවා ද?
   ……නෑ, සිහිකරන්නෙ නෑ. ඒත් "ඉතදකිමසු" කියලා කියනවා.
6. "හඳට යන්න ඕන" කියලා කගුයා කුමාරි කිව්වා.
   ……ඊට පස්සෙ හඳට ගියා. ඔන්න ඉවරයි.
   ඉවර ද? අම්මේ, මමත් හඳට යන්න ආසයි.
7. රැස්වීමේදී මොකක් හරි අදහසක් කිව්වා ද?
   ……ඔව්. අනවශ්‍ය ෆොටෝ කොපි ගොඩක් තියෙනවා කියලා කිව්වා.
8. ජූලි මාසේ කියෝතොවල උත්සවයක් තියෙනවා නේද?
   ……ඔව්, තියෙනවා.

සංවාදය

මමත් එහෙම හිතනවා.

මත්සුමොතො:	ආ, සන්තොස් මහත්තයා, ගොඩක් කාලෙකින් දැක්කා නේ.
සන්තොස්:	ආ, මත්සුමොතො මහත්තයා, කොහොම ද සැප සනීප?
මත්සුමොතො:	හොඳයි. බියර් ටිකක් එහෙම බොන්න යමු ද?
සන්තොස්:	හොඳයි නේ.
	…………………………………………………………
සන්තොස්:	අද රෑ දහයේ ඉඳලා ජපානයයි බ්‍රසීලයයි අතර පාපන්දු තරඟය තියෙනවා නේ.
මත්සුමොතො:	ආ, ඔව් නේ.
	සන්තොස් මහත්තයා, හිතන්නෙ කොයි රට දිනයි කියලා ද?
සන්තොස්:	අනිවාර්යෙන්ම බ්‍රසීලය.
මත්සුමොතො:	ඔව්. ඒත් මේ ළඟදී ජපන් කණ්ඩායමත් හොඳට ක්‍රීඩා කළා නේ.
සන්තොස්:	ඔව්, මමත් එහෙම හිතනවා. ඒත්…
	ආ, දැන් යන්න ඕන.
මත්සුමොතො:	හොඳයි. එහෙනම්, ගෙදර යමු.

III. අදාළ වචන සහ තොරතුරු

役職名（やくしょくめい）　තනතුරු, සමාජ තත්ත්වය

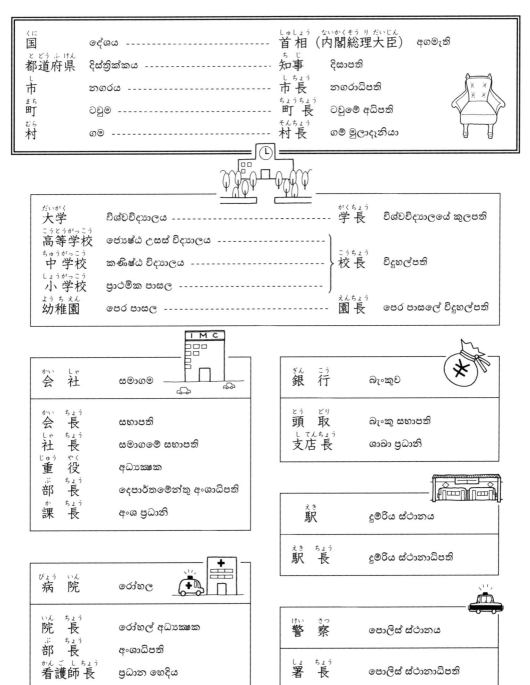

国（くに）	දේශය	首相（しゅしょう）（内閣総理大臣（ないかくそうりだいじん））	අගමැති
都道府県（とどうふけん）	දිස්ත්‍රික්කය	知事（ちじ）	දිසාපති
市（し）	නගරය	市長（しちょう）	නගරාධිපති
町（まち）	ටවුම	町長（ちょうちょう）	ටවුමේ අධිපති
村（むら）	ගම	村長（そんちょう）	ගම් මුලාදෑනියා

大学（だいがく）	විශ්වවිද්‍යාලය	学長（がくちょう）	විශ්වවිද්‍යාලයේ කුලපති
高等学校（こうとうがっこう）	ජ්‍යෙෂ්ඨ උසස් විද්‍යාලය	校長（こうちょう）	විදුහල්පති
中学校（ちゅうがっこう）	කණිෂ්ඨ විද්‍යාලය	校長（こうちょう）	විදුහල්පති
小学校（しょうがっこう）	ප්‍රාථමික පාසල	校長（こうちょう）	විදුහල්පති
幼稚園（ようちえん）	පෙර පාසල	園長（えんちょう）	පෙර පාසලේ විදුහල්පති

会社（かいしゃ）	සමාගම
会長（かいちょう）	සභාපති
社長（しゃちょう）	සමාගමේ සභාපති
重役（じゅうやく）	අධ්‍යක්ෂක
部長（ぶちょう）	දෙපාර්තමේන්තු අංශාධිපති
課長（かちょう）	අංශ ප්‍රධානි

病院（びょういん）	රෝහල
院長（いんちょう）	රෝහල් අධ්‍යක්ෂක
部長（ぶちょう）	අංශාධිපති
看護師長（かんごしちょう）	ප්‍රධාන හෙදිය

銀行（ぎんこう）	බැංකුව
頭取（とうどり）	බැංකු සභාපති
支店長（してんちょう）	ශාඛා ප්‍රධානි

駅（えき）	දුම්රිය ස්ථානය
駅長（えきちょう）	දුම්රිය ස්ථානාධිපති

警察（けいさつ）	පොලිස් ස්ථානය
署長（しょちょう）	පොලිස් ස්ථානාධිපති

IV. ව්‍යාකරණ විස්තර

1. සාමාන්‍ය රූපය と 思います　～කියලා හිතනවා

අනුමාන වශයෙන් කරනු ලබන ප්‍රකාශ හෝ කිසියම් දෙයක් හෝ පුද්ගලයෙකු පිළිබඳව කරනු ලබන විනිශ්චයක ස්වභාවයේ ප්‍රකාශවලදී と නිපාතය යොදා ගැනේ. මෙම වාක්‍ය රටාවේ ව්‍යවහාර පහත සඳහන් පරිදි හඳුනාගත හැකි ය.

1) අනුමාන දැක්වීම

① あした 雨が 降ると 思います。　හෙට වහියි කියලා හිතනවා.

② テレーザちゃんは もう 寝たと 思います。　තෙරේසා දැන් නිදි ඇති කියලා හිතනවා.

අනුමාන වශයෙන් කරනු ලබන ප්‍රකාශ ප්‍රතිනිෂේධනයට ලක් කරන විට, と නිපාතයට පෙර ない ප්‍රත්‍යය යොදා ප්‍රතිනිෂේධන රූපයට පත් කෙරේ.

③ ミラーさんは この ニュースを 知って いますか。
……いいえ、知らないと 思います。
මිලර් මහත්තයා මේ ප්‍රවෘත්තිය ගැන දන්නවා ද?
……නෑ, දන්නෙ නෑ කියලා හිතනවා.

2) යම් කිසි සංසිද්ධියක් පිළිබඳව පුද්ගලික මතයක් ප්‍රකාශ කිරීම

④ 日本は 物価が 高いと 思います。　ජපානයේ බඩු ගණන් කියලා හිතනවා.

යම් කිසි දෙයක් පිළිබඳව ශ්‍රාවකයාගෙන් අදහස් විමසන විට, ～に ついて どう おもいますか යන යෙදුම භාවිත කෙරෙන අතර どう යන ප්‍රශ්නවාචී පදයට පසුව と එකතු නොකෙරේ.

⑤ 新しい 空港に ついて どう 思いますか。
……きれいですが、ちょっと 交通が 不便だと 思います。
අලුත් ගුවන් තොටුපොළ ගැන මොකද හිතන්නෙ?
……ලස්සනයි, ඒත් වාහන ගමනාගමනයට ටිකක් අපහසුතාවක් තියෙනවා කියලා හිතනවා.

වෙනත් පුද්ගලයෙකුගේ අදහස්වලට එකඟ වීම හෝ නොවීම පහත පරිදි හඳුනාගත හැකි ය.

⑥ ケータイは 便利ですね。　ජංගම දුරකතන භාවිතයට පහසුයි නේ.
……わたしも そう 思います。　……මමත් එහෙම හිතනවා.

2. "වාක්‍යය" / සාමාන්‍ය රූපය } と 言います　～කියලා කියනවා

යම් කිසි පුද්ගලයෙකු විසින් කරනු ලබන ප්‍රකාශයක කොටසක් හෝ ප්‍රකාශයම උපුටා දැක්වීමේදී උපුටා ගැනීමට පසුව と නිපාතය සඳහන් කරනු ලබයි. මෙහි ආකාර දෙකක් හඳුනාගත හැකි ය.

1) කෙළින්ම උපුටා දක්වන විට, උපුටා දක්වන වචන එලෙසම ප්‍රකාශ කෙරෙන අතර ලේඛනයේදී「　」තුළ එම වචන එලෙසම සඳහන් කරනු ලබයි.

⑦ 寝る まえに、「お休みなさい」と 言います。
නිදාගන්න කලින් "ඔයසුමිනසයි" කියලා කියනවා.

⑧ ミラーさんは「来週 東京へ 出張します」と 言いました。
මිලර් මහත්තයා "ලබන සතියෙ ටෝකියෝවලට රාජකාරි ගමනක් යනවා" කියලා කිව්වා.

2) උපුටා දක්වන කෙනා විසින් විස්තර කරනු ලබන විට, と නිපාතයට පෙර සාමාන්‍ය රූපය භාවිත කෙරේ.

⑨ ミラーさんは 東京へ 出張すると 言いました。
මිලර් මහත්තයා ටෝකියෝවලට රාජකාරි ගමනක් යනවා කියලා කිව්වා.

උපුටා දැක්වන කොටසේ කාලය ප්‍රධාන වාක්‍යයේ කාලයට බලපෑමක් ඇති නොකරයි. උපුටා දැක්වෙන ප්‍රකාශනය ඉදිරිපත් කරනු ලබන පුද්ගලයා に නිපාතය සමඟ සඳහන් කෙරේ.

⑩ 父(ちち)に 留学(りゅうがく)したいと 言(い)いました。　ඉගෙනගන්න රට යන්න ආසයි කියලා තාත්තට කිව්වා.

3.

ක්‍රියා පද い- නාම විශේෂණ	සාමාන්‍ය රූපය	でしょう？
な- නාම විශේෂණ නාම පද	සාමාන්‍ය රූපය ～だ	

～නේද?

මෙම でしょう යන යෙදුම උච්චව උච්චාරණය කෙරෙන අතර යම් කිසි ප්‍රකාශයක් සම්බන්ධව ශ්‍රාවකයාගෙන් එකඟතාව විමසීමේදී හෝ තහවුරු කිරීමේදී භාවිත කෙරේ.

මූලික වශයෙන් でしょう යන යෙදුම සමඟ ක්‍රියා පද い-නාම විශේෂණ, な- නාම විශේෂණ හෝ නාම පද යෙදෙන විට, කාල භේදයකින් තොරව නිශ්චිතත්වයක්/ප්‍රතිෂේධනයක් රහිතව, でしょう යන යෙදුමට පෙර සාමාන්‍ය රූප එකතු කෙරේ. නමුත් でしょう යන යෙදුම සමඟ අනතීත කාලයේ නිශ්චිතාර්ථ な- නාම විශේෂණ හෝ නාම පද යෙදෙන විට එම සාමාන්‍ය රූපයෙන් だ ඉවත් කොට でしょう යන යෙදුමට පෙර එකතු කෙරේ.

⑪ あした パーティーに 行(い)くでしょう？　හෙට පාටියට යනවා නේද?
……ええ、行(い)きます。　……ඔව්, යනවා.

⑫ 北海道(ほっかいどう)は 寒(さむ)かったでしょう？　හොක්කයිදෝ සීතලයි නේද?
……いいえ、そんなに 寒(さむ)くなかったです。　……නෑ, එච්චර සීතල නෑ.

4. නාම පද$_1$ (ස්ථානය) で නාම පද$_2$ が あります

නාම පද$_2$ සාදයක්, සංගීත ප්‍රසංගයක්, උත්සවයක්, සිද්ධියක්, ව්‍යසනයක් යනාදි සිදුවීම් ප්‍රකාශ කරන විට, あります යන පදය භාවිත කෙරෙන්නේ සිදුවන ස්ථානය යන අර්ථය දැක්වීම සඳහා ය.

⑬ 東京(とうきょう)で 日本(にほん)と ブラジルの サッカーの 試合(しあい)が あります。
තෝකියෝවල ජපානය යි බ්‍රසීලය යි අතර පාපන්දු තරඟයක් තියෙනවා.

5. නාම පද (අවස්ථාව) で

යම් කිසි සිදුවීමක් සිදුවන අවස්ථාව で නිපාතය සමඟ දැක්වේ.

⑭ 会議(かいぎ)で 何(なに)か 意見(いけん)を 言(い)いましたか。　රැස්වීමේදී මොකක් හරි අදහසක් කිව්වා ද?

6. නාම පද でも ක්‍රියා පද

යම් කිසි ආරාධනාවක් හෝ යෝජනාවක් කරන විට හෝ යම් කිසි බලාපොරොත්තුවක් ප්‍රකාශ කරන විට, එක් දෙයකට පමණක් සීමා නොකර උදාහරණයක් ලෙස ඉදිරිපත් කිරීම සඳහා でも නිපාතය භාවිත කෙරේ.

⑮ ちょっと ビールでも 飲(の)みませんか。　බියර් පොඩ්ඩක් එහෙම බොමු ද?

7. ක්‍රියා පදයේ ない රූපය ないと……

මෙම වාක්‍ය රටාව, “ක්‍රියා පදයේ ない රූපය ないと いけません (දහහත්වන පාඩම)” යන යෙදුමේ いけません ලොප් කළ රූපයකි. “ක්‍රියා පදයේ ない රූපය ないと いけません” යන යෙදුමේ අර්ථය, දහහත්වන පාඩමෙහි සඳහන් වූ “ක්‍රියා පදයේ ない රූපය なければ なりません” යන යෙදුමේ අර්ථයට බොහෝ විට සමාන ය.

⑯ もう 帰(かえ)らないと……。　දැන් ගෙදර යන්න ඕන.

විසිදෙවන පාඩම

I. වචන මාලාව

きますII	着ます	(කමිසය) ඇඳ ගන්නවා
はきますI		(සපත්තු) දමා ගන්නවා, ඇඳ ගන්නවා (මේස්, සාය, කලිසම් වැනි පහළ සිට ඉහළට ඇඳ අඳින ඇඳුම් සහ සපත්තු, සෙරෙප්පු සඳහා යෙදේ)
かぶりますI		(තොප්පිය) දමා ගන්නවා (ඔළුවට දමන දෙය සඳහා යෙදේ)
かけますII [めがねを～]	[眼鏡を～]	පළඳිනවා [උපැස් යුවල～]
しますIII [ネクタイを～]		අඳිනවා [ටයිපටිය～]
うまれますII	生まれます	උපදිනවා
わたしたち		අපි
コート		කබාය, කෝට් එක
セーター		ස්වෙටරය
スーツ*		සූට් එක
ぼうし	帽子	තොප්පිය
めがね	眼鏡	උපැස් යුවල
ケーキ		කේක්ගෙඩිය
[お]べんとう	[お]弁当	කෑම පර්සල්
ロボット		රොබෝ
ユーモア		හාස්‍යය
つごう	都合	පහසුව
よく		නිතර

〈練習（れんしゅう）C〉

えーと	මේ…
おめでとう［ございます］。	සුභ පැතුම්. (උපන් දින, මඟුල් දින, අළුත් අවුරුදු දින වැනි විටදී සතුට පළ කිරීම සඳහා යෙදේ)

〈会話（かいわ）〉

お探（さが）しですか。	හොයනවා ද?
では	එහෙනම්
こちら	මෙය (これ කියන පදයේ ආචාරශීලී ස්වරූපය)
家賃（やちん）	ගෙවල් කුලිය
ダイニングキッチン	කෑම කාමරය සමග කුස්සිය
和室（わしつ）	ජපන් තාලයේ කාමරය
押（お）し入（い）れ	ජපන් තාලයේ ඇඳුම්, මෙට්ට ආදිය දැමීම සඳහා යොදන බිත්ති අල්මාරිය
布団（ふとん）	ජපන් තාලයේ ෆුතොන් නමැති මෙට්ට

パリ	පැරිසිය
万里（ばんり）の　長城（ちょうじょう）	චීන මහා ප්‍රාකාරය
みんなの　アンケート	මනඃකල්පිත ප්‍රශ්නාවලිය

II. පරිවර්තනය

වාක්‍ය රටා

1. මේක මිලර් මහත්තයා හදපු කේක් එක.
2. අර අතන ඉන්නෙ මිලර් මහත්තයා.
3. ඊයෙ ඉගෙනගත්ත වචන අමතක වුණා.
4. බඩු ගන්න යන්න වෙලාවක් නෑ.

උදාහරණ වගන්ති

1. මේක චීන මහා ප්‍රාකාරයේදී ගත්ත පින්තූරයක්.
   ……එහෙම ද? අපූරුයි නේද?
2. කරිනා නෝනා ඇඳපු චිත්‍රය කොයි එක ද?
   ……අරක. අර මුහුදේ චිත්‍රය.
3. අර කිමොනෝ ඇඳන් ඉන්න කෙනා කවුද?
   ……කිමුරා නෝනා.
4. යමදා මහත්තයා, නෝනාව මුලින්ම හම්බ වුණේ කොහෙදි ද?
   ……ඕසකා මාළිගාවේ.
5. කිමුරා නෝනාත් එක්ක ගිය සංගීත ප්‍රසංගය කොහොම ද?
   ……බොහොම හොඳයි.
6. මොකද වුණේ?
   ……ඊයෙ ගත්ත කුඩේ නැති වෙලා.
7. මොනවගේ ගෙයක් ඕන ද?
   ……ලොකු ගෙවත්තක් තියෙන ගෙයක් ඕන.
8. ඉරිදා පාපන්දු තරඟයක් බලන්න යමු ද?
   ……සමාවෙන්න. ඉරිදා පොඩ්ඩක් යහළුවෙක්ව හම්බ වෙන්න පොරොන්දු වෙලා ඉන්නෙ.

සංවාදය

ඔබට අවශ්‍ය මොන වගේ කාමරයක් ද?

දේපළ වෙළඳාම් නියෝජිතයා: මොනවගේ කාමරයක් ද හොයන්නෙ?

වන්: හ්ම්…මට ඕනා, කුලිය යෙන් අසූ දාහක් විතර වෙන, දුම්රියපොළට වැඩිය දුර නැති තැනකින් කාමරයක්.

දේපළ වෙළඳාම් නියෝජිතයා: එහෙනම්…මේක කොහොම ද?
දුම්රියපොළට විනාඩි දහයයි, කුලිය යෙන් අසූතුන් දාහයි.

වන්: මුළුතැන්ගෙය සහිත කෑම කාමරයයි, ජපන් ක්‍රමයේ කාමරයයි නේ. මේ, මේක මොකක් ද?

දේපළ වෙළඳාම් නියෝජිතයා: ජපන් ක්‍රමයේ බිත්ති අල්මාරිය. ජපන් ක්‍රමයේ මෙට්ට ගබඩා කරන තැන.

වන්: එහෙම ද? මේ කාමරය අද බලන්න යන්න පුළුවන් ද?

දේපළ වෙළඳාම් නියෝජිතයා: ඔව්. දැන් බලන්න යමු ද?

වන්: හොඳයි. එහෙනම් යමු.

III. අදාළ වචන සහ තොරතුරු

衣服(いふく)　ඇඳුම්

スーツ
ජැකට්ටු සහ කලිසම/සාය

ワンピース
ගවුම

上着(うわぎ)
ජැකට්ටුව

ズボン／パンツ
කලිසම
ジーンズ
ජීන්ස් එක

スカート
සාය

ブラウス
බ්ලවුසය, හැට්ටය

ワイシャツ
කමිසය

セーター
ස්විටරය, සීත කබාය

マフラー　ස්කාර්ෆ්
手袋(てぶくろ)　අත් මේස්

下着(したぎ)
යට ඇඳුම්

くつした　මේස්
(パンティー)ストッキング
ටයිට්, පැන්ටි හෝස්

着物(きもの)　කිමෝනෝ

帯(おび)
කිමෝනෝ බඳ පටිය

(オーバー) コート
කබාය
レインコート
වැහි කබාය

ネクタイ
ටයිපටිය
ベルト
පටිය

ハイヒール
අඩි උස සෙරෙප්පු

ブーツ　බූට්ස්

運動靴(うんどうぐつ)
අඩිය පැතලි ස්වභාවයේ සපත්තු

ぞうり
සෙරෙප්පු

たび
ජපන් මේස්

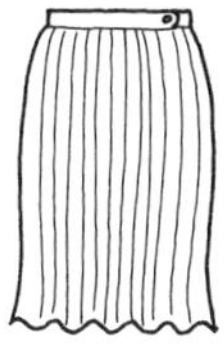

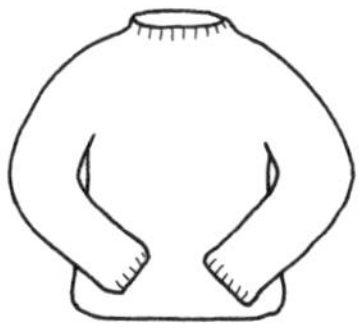

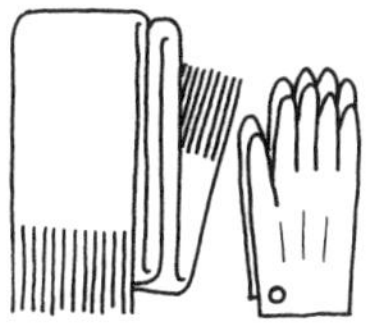

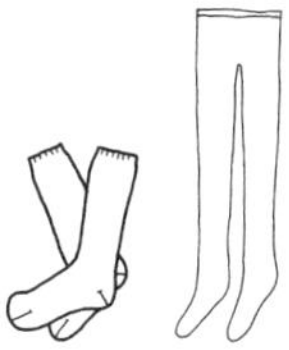

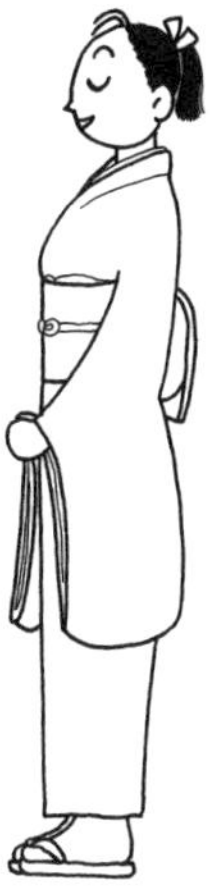

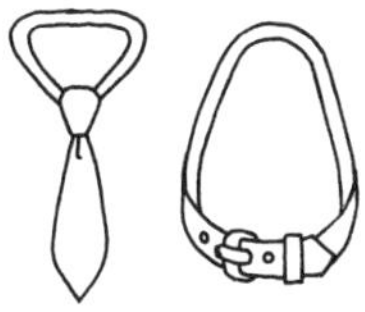

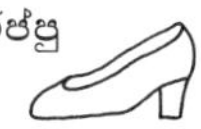

IV. ව්‍යාකරණ විස්තර

1. නාම විශේෂණ ඛණ්ඩය

දෙවන සහ අටවන පාඩමෙහි නාම පද විශේෂණය කරන ආකාරය පිළිබඳව විස්තර කරන ලදී.

ミラーさんの うち	මිලර් මහත්තයාගේ ගෙදර (දෙවන පාඩම)
新(あたら)しい うち	අලුත් ගෙදර (අටවන පාඩම)
きれいな うち	ලස්සන ගෙදර (අටවන පාඩම)

විශේෂණය කිරීමට ලක් වන නාම පදයට පෙර විශේෂණය කරන යෙදුමක් හෝ අතුරු වාක්‍යයක් එකතු වේ. අතුරු වාක්‍යයකින් නාම පදයක් විශේෂණය කෙරෙන ආකාරය පිළිබඳව මෙම පාඩමෙන් විස්තර කෙරේ.

1) නාම පදයක් විස්තර කරනු ලබන අතුරු වාක්‍යයක් තුළ අන්තර්ගත ක්‍රියා පදයක්, い- නාම විශේෂණයක්, නාම පදයක් සාමාන්‍ය රූපයට පත් කෙරේ. な- නාම විශේෂණයක් නම් ～な බවට ද, නාම පදයක් නම් ～の බවට ද, පත් කෙරේ.

① 京都(きょうと)へ 行(い)く 人(ひと)	කියෝතෝවලට යන කෙනෙක්
京都へ 行(い)かない 人(ひと)	කියෝතෝවලට යන්නෙ නැති කෙනෙක්
京都へ 行(い)った 人(ひと)	කියෝතෝවලට ගිය කෙනෙක්
京都へ 行(い)かなかった 人(ひと)	කියෝතෝවලට නොගියපු කෙනෙක්
背(せ)が 高(たか)くて、髪(かみ)が 黒(くろ)い 人(ひと)	උස කොණ්ඩේ කළු කෙනෙක්
親切(しんせつ)で、きれいな 人(ひと)	කරුණාවන්ත ලස්සන කෙනෙක්
65歳(さい)の 人(ひと)	වයස හැට පහේ කෙනෙක්

2) නාම පදයක් විස්තර කරනු ලබන අතුරු වාක්‍ය පහත සඳහන් ආකාරයට විවිධ වාක්‍ය රටාවලදී භාවිත කෙරේ.

② これは ミラーさんが 住(す)んで いた うちです。
මේ මිලර් මහත්තයා ජීවත් වෙලා හිටිය ගෙදර.

③ ミラーさんが 住(す)んで いた うちは 古(ふる)いです。
මිලර් මහත්තයා ජීවත් වෙලා හිටිය ගෙදර පරණයි.

④ ミラーさんが 住(す)んで いた うちを 買(か)いました。
මිලර් මහත්තයා ජීවත් වෙලා හිටිය ගෙදර මිලදී ගත්තා.

⑤ わたしは ミラーさんが 住(す)んで いた うちが 好(す)きです。
මම මිලර් මහත්තයා ජීවත් වෙලා හිටිය ගෙදරට කැමතියි.

⑥ ミラーさんが 住(す)んで いた うちに 猫(ねこ)が いました。
මිලර් මහත්තයා ජීවත් වෙලා හිටිය ගෙදර පූසෙක් හිටියා.

⑦ ミラーさんが 住(す)んで いた うちへ 行(い)った ことが あります。
මිලර් මහත්තයා ජීවත් වෙලා හිටිය ගෙදරට ගිහින් තියෙනවා.

3) නාම පදයක් විස්තර කරනු ලබන අතුරු වාක්‍යයක් තුළ අන්තර්ගත උක්ත පදය が නිපාතයෙන් දැක්වේ.

⑧ これは ミラーさんが 作(つく)った ケーキです。

මේ මිලර් මහත්තයා හදපු කේක් එක.

⑨ わたしは カリナさんが かいた 絵(え)が 好(す)きです。

කරිනා නෝනා ඇඳපු චිත්‍රවලට මම කැමතියි.

⑩ ［あなたは］ 彼(かれ)が 生(う)まれた 所(ところ)を 知(し)って いますか。

[ඔයා] එයා ඉපදිච්ච තැන දන්නවා ද?

2. ක්‍රියා පදයේ ශබ්දකෝෂ රූපය 時間(じかん)／約束(やくそく)／用事(ようじ)

යම් කිසි කටයුත්තක් කරනු ලබන වේලාව, පොරොන්දුව හෝ එම කටයුත්ත පිළිබඳ තොරතුරු ආදිය ප්‍රකාශ කරන විට යෙදෙන ක්‍රියා පදය ශබ්දකෝෂ රූපයට පත් කෙරේ. එම රූපය じかん、やくそく、ようじ යනාදි වශයෙන් නාම පදයට පෙර එකතු කෙරේ.

⑪ わたしは 朝(あさ)ごはんを 食(た)べる 時間(じかん)が ありません。

මට උදේ කෑම කන්න වෙලාවක් නෑ.

⑫ わたしは 友達(ともだち)と 映画(えいが)を 見(み)る 約束(やくそく)が あります。

මම යහළුවෙක් එක්ක චිත්‍රපටයක් බලන්න යන්න පොරොන්දු වෙලා තියෙනවා.

⑬ きょうは 市役所(しやくしょ)へ 行(い)く 用事(ようじ)が あります。

අද නාගරික කාර්යාලයට යන්න තියෙනවා.

3. ක්‍රියා පදයේ ます රූපය ましょうか ~මු ද?

මෙම වාක්‍ය රටාව, භාෂකයා විසින් යම් කිසි කාර්යයක් සඳහා ශ්‍රාවකයා වෙත කරනු ලබන යෝජනාමය ස්වරූපයේ යෙදුමක් වශයෙන් දහ හතරවන පාඩමේදී විස්තර කරන ලදී. මෙම පාඩමේ සංවාදයෙහි භාෂකයා සහ ශ්‍රාවකයා එක්ව යම් කිසි කාර්යයක් කිරීම සඳහා කරනු ලබන යෝජනාමය ස්වරූපයේ යෙදුමක් වශයෙන් මෙම වාක්‍ය රටාව ඉදිරිපත් කෙරේ.

⑭ この 部屋(へや)、きょう 見(み)る ことが できますか。
……ええ。今(いま)から 行(い)きましょうか。

අද මේ කාමරේ බලන්න පුළුවන් ද?
……ඔව්, දැන් යමු ද?

විසිතුන්වන පාඩම

I. වචන මාලාව

ききます I [せんせいに〜]	聞きます [先生に〜]	අහනවා [ගුරුවරයාගෙන් 〜]
まわします I	回します	කරකවනවා
ひきます I	引きます	අදිනවා
かえます II	変えます	වෙනස් කරනවා, මාරු කරනවා
さわります I [ドアに〜]	触ります	ස්පර්ශ කරනවා, අල්ලනවා [දොර 〜]
でます II [おつりが〜]	出ます [お釣りが〜]	එළියට එනවා [ඉතුරු සල්ලි 〜]
あるきます I	歩きます	ඇවිදිනවා
わたります I [はしを〜]	渡ります [橋を〜]	එතෙර වෙනවා [පාලමෙන් 〜]
まがります I [みぎへ〜]	曲がります [右へ〜]	හැරෙනවා [දකුණට 〜]
さびしい	寂しい	පාළුයි
[お]ゆ	[お]湯	උණු වතුර
おと	音	ශබ්දය
サイズ		විශාලත්වය, සයිස් එක
こしょう	故障	ක්‍රියා විරහිත වීම (〜します : ක්‍රියා විරහිත වෙනවා)
みち	道	පාර
こうさてん	交差点	හරස් පාර, මංසන්ධිය
しんごう	信号	මාර්ග සංඥා පහන
かど	角	සන්ධිය
はし	橋	පාලම
ちゅうしゃじょう	駐車場	රථ ගාල
たてもの	建物	ගොඩනැගිල්ල
なんかいも	何回も	කිහිප වරක්
—め	—目	— වන (අනුපිළිවෙල දක්වන විට යොදන ප්‍රත්‍යයකි)

聖徳太子 （しょうとくたいし）	ශෝතොකු කුමාරයා (574－622)
法隆寺 （ほうりゅうじ）	හෝර්යූජි පන්සල (හත්වන සියවසේදී ශෝතොකු කුමාරයා විසින් තැන වූ නරාවල පිහිටි පන්සලකි)
元気茶 （げんきちゃ）	මනඃකල්පිත තේ
本田駅 （ほんだえき）	මනඃකල්පිත දුම්රියපොළ
図書館前 （としょかんまえ）	මනඃකල්පිත බස් නැවතුම

II. පරිවර්තනය

වාක්‍ය රටා

1. පුස්තකාලයෙන් පොත් ගන්න කාඩ්පත අවශ්‍යයයි.
2. මේ බොත්තම එබුවොත් ඉතුරු සල්ලි එනවා.

23

උදාහරණ වගන්ති

1. නිතරම ටී.වී. බලනවා ද?

   ……ඔව්. බේස්බෝල් තරඟයක් තියෙද්දි බලනවා.
2. ශීතකරණයේ මොකුත් නැත්නම් මොකද කරන්නෙ?

   ……ගෙදර ළඟ ආපන ශාලාවකට කන්න යනවා.
3. රැස්වීම් කාමරයෙන් පිටත් වෙන කොට වායු සමීකරණ යන්ත්‍රය ක්‍රියා විරහිත කළා ද?

   ……ඔව්, ක්‍රියා විරහිත කළා.
4. සන්තොස් මහත්තයා ඇඳුම් සපත්තු එහෙම ගන්නෙ කොහෙන් ද?

   ……මගේ රටට ආපහු ගිහින් ගන්නවා. ජපානයේ බඩු පුංචි නිසා.
5. ඕක මොකක් ද?

   ……"ගෙන්කිචා". අසනීප ගතියක් දැනෙන කොට බොනවා.
6. වෙලාවක් තිබුණොත් මගේ ගෙදර එනවා ද?

   ……හොඳයි, බොහොම ස්තුතියි.
7. සරසවියෙ ඉගෙන ගත්තු කාලේ පාර්ට් ටයිම් කළා ද?

   ……ඔව්, ඉඳලා හිටලා කළා.
8. උණු වතුර එන්නෙ නෑ.

   ……ඕක එබුවොත් එනවා නේ.
9. සමාවෙන්න. නාගරික කාර්යාලය කොහෙ ද?

   ……මේ පාරේ කෙළින්ම ගියාම දකුණු පැත්තෙ තියෙන පරණ ගොඩනැගිල්ල.

සංවාදය

යන්නෙ කොහොම ද?

පුස්තකාලයේ සේවිකාව: ඔව්, මිදොරි පුස්තකාලය.

කරිනා: මේ, පුස්තකාලයට එන්නෙ කොහොම ද?

පුස්තකාලයේ සේවිකාව: හොන්දා දුම්රියපොළෙන් අංක දොළහේ බස් එකට නැගලා 'තොෂොකන් මඑ' වලින් බහින්න. තුන්වෙනි බස් නැවතුම.

කරිනා: තුන්වෙනි බස් නැවතුම නේ?

පුස්තකාලයේ සේවිකාව: ඔව්. බැස්සාම ඉදිරියෙ උද්‍යානයක් තියෙනවා. උද්‍යානය ඇතුළේ තියෙන සුදු පාට ගොඩනැගිල්ල තමයි පුස්තකාලය.

කරිනා: හොඳයි. එතකොට පොත් ගන්න නම්, මොනවා ද ඕන?

පුස්තකාලයේ සේවිකාව: ඔයාගේ නමයි ලිපිනයයි හඳුනාගන්න පුළුවන් දෙයක් අරන් එන්න.

කරිනා: හොඳයි. බොහොම ස්තුතියි.

III. අදාළ වචන සහ තොරතුරු

道路(どうろ)・交通(こうつう)　මාර්ග සහ ගමනාගමනය

①	歩道(ほどう)	පදික වේදිකාව
②	車道(しゃどう)	මාර්ග
③	高速道路(こうそくどうろ)	අධිවේගී මාර්ගය
④	通(とお)り	වීදිය
⑤	交差点(こうさてん)	හන්දිය
⑥	横断歩道(おうだんほどう)	පදික මාරුව, පදිකයින් මාරුවන ස්ථානය
⑦	歩道橋(ほどうきょう)	පදික පාලම
⑧	角(かく)	කොන
⑨	信号(しんごう)	රථ වාහන ආලෝක සංඥා
⑩	坂(さか)	පල්ලම, බෑවුම
⑪	踏切(ふみきり)	දුම්රිය හරස් මාර්ග
⑫	ガソリンスタンド	ඉන්ධන පිරවුම්හල

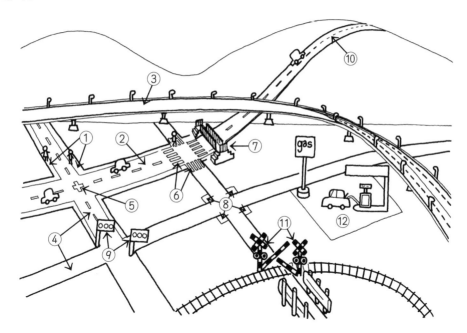

止(と)まれ	進入禁止(しんにゅうきんし)	一方通行(いっぽうつうこう)	駐車禁止(ちゅうしゃきんし)	右折禁止(うせつきんし)
නවතිනු	ඇතුළුවීම තහනම්	එක් දිශාවකට පමණක් වාහන ධාවනය වන මාර්ගය	වාහන නවතා තැබීම තහනම්	දකුණු පැත්තට හැරවීම තහනම්

IV. ව්‍යාකරණ විස්තර

1.

ක්‍රියා පදයේ ශබ්දකෝෂ රූපය ක්‍රියා පදයේ ない රූපය ない い- නාම විශේෂණ (～い) な- නාම විශේෂණ な නාම පද の	とき、～ (ප්‍රධාන අතුරු වාක්‍යය)	~කොට

とき යනුවෙන් නිරූපණය කෙරෙන්නේ, ඊට පසුව එකතු වන ප්‍රධාන අතුරු වාක්‍යයෙන් දැක්වෙන තත්ත්වයක්, ක්‍රියාවක් හෝ සංසිද්ධියක් සිදුවන වේලාව ය. とき ට පෙර එකතු වන රූපය නාම පදය විශේෂණය කරන රූපයට සමාන ය.

① 図書館で 本を 借りる とき、カードが 要ります。
පුස්තකාලයෙන් පොත් ගන්න කොට, කාඩ් පත අවශ්‍ය වෙනවා.

② 使い方が わからない とき、わたしに 聞いて ください。
පාවිච්චි කරන විදිය තේරෙන්නෙ නැත්නම්, මගෙන් අහන්න.

③ 体の 調子が 悪い とき、「元気茶」を 飲みます。
අසනීප ගතියක් දැනෙන කොට 'ගෙන්කිචා' බොනවා.

④ 暇な とき、うちへ 遊びに 来ませんか。
වෙලාවක් තිබුණොත් මගේ ගෙදර එනවා ද?

⑤ 妻が 病気の とき、会社を 休みます。
මගේ බිරිඳ අසනීප වුණාම, කොම්පැනියෙන් නිවාඩු ගන්නවා.

⑥ 若い とき、あまり 勉強しませんでした。
තරුණ කාලේ එච්චර පාඩම් කළේ නෑ.

⑦ 子どもの とき、よく 川で 泳ぎました。
පුංචි කාලේ නිතරම ගඟේ පීනුවා.

とき මඟින් විශේෂණය කරන අතුරු වාක්‍යයේ කාලය, ප්‍රධාන අතුරු වාක්‍යයේ කාලයේ බලපෑමට ලක් නොවේ.

2.

ක්‍රියා පදයේ ශබ්දකෝෂ රූපය ක්‍රිය පදයේ た රූපය	とき、～ (ප්‍රධාන අතුරු වාක්‍යය)	~කොට

とき ට පෙර එකතු වන ක්‍රියා පදය ශබ්දකෝෂ රූපය වන විට, ප්‍රධාන අතුරු වාක්‍යයේ සිද්ධිය, ～とき එක් වූ අතුරු වාක්‍යයේ සිද්ධියට පෙර සිදු වූ බව පැහැදිලි වේ. とき ට පෙර එකතු වන ක්‍රියා පදය た රූපය වන විට, ප්‍රධාන අතුරු වාක්‍යයේ සිද්ධිය, ～とき එක් වූ අතුරු වාක්‍යයේ සිද්ධියට පසුව සිදු වූ බව පැහැදිලි වේ.

⑧ パリへ 行く とき、かばんを 買いました。
පැරිස් යන්න කලින් බෑග් එකක් මිලදී ගත්තා.

⑨ パリへ 行った とき、かばんを 買いました。
පැරිස් ගිහින් බෑග් එකක් මිලදී ගත්තා.

වාක්‍ය ⑧ හි බෑගය මිලදී ගත්තේ පැරීසියට ළඟා වීමට පෙර, එනම් පැරීසිය වෙත යන ගමනේ කොතනකදී හෝ බව දැක්වේ. ⑨ හි බෑගය මිලදී ගත්තේ පැරීසියට ළඟා වූ පසුව, එනම් පැරීසියේදී බව දැක්වේ.

3. ක්‍රියා පදයේ ශබ්දකෝෂ රූපය と、～ (ප්‍රධාන අතුරු වාක්‍යය) ～කොට, ～ම

と ට පෙර එකතු වන ක්‍රියාවක් හෝ සිද්ධියක් සිදු වන අවස්ථාවේ, ඊට පසුව එකතු වන ප්‍රධාන අතුරු වාක්‍යයෙන් දැක්වෙන තත්ත්වය, ක්‍රියාව, සංසිද්ධිය හෝ අවස්ථාව අනිවාර්යයෙන්ම සිදු වන බව と නිපාතයෙන් දැක්වේ.

⑩ この ボタンを 押(お)すと、お釣(つ)りが 出(で)ます。
   මේ බොත්තම එබුවොත් ඉතුරු සල්ලි එනවා.

⑪ これを 回(まわ)すと、音(おと)が 大(おお)きく なります。
   මේක කැරකුවොත් සද්දෙ වැඩි වෙනවා.

⑫ 右(みぎ)へ 曲(ま)がると、郵便局(ゆうびんきょく)が あります。
   දකුණට හැරෙව්වොත් තැපැල් කන්තෝරුවක් තියෙනවා.

4. නාම පද が නාම විශේෂණ

යම් කිසි සංසිද්ධියක් පංචේන්ද්‍රියයන්ට (ඇස, කන, ආදි) දැනෙන ආකාරයෙන්ම ප්‍රකාශ කරන විට හෝ, යම් කිසි සිද්ධියක් පිළිබඳව වාස්තවිකව ඉදිරිපත් කරන විට, උක්ත පදය が නිපාතය සමඟ එක්ව දැක්වෙන බව දහහතරවන පාඩමේදී සඳහන් කරන ලදී. ක්‍රියා පදයක් ආඛ්‍යාතය වශයෙන් යෙදෙන වාක්‍ය සඳහා පමණක් නොව, නාම විශේෂණයක් ආඛ්‍යාතය වශයෙන් යෙදෙන වාක්‍ය සඳහා ද が නිපාතය භාවිත කෙරේ.

⑬ 音(おと)が 小(ちい)さいです。 පුංචි සද්දයක්.

5. නාම පද を යම් කිසි ගමනක් නිරූපණය කරන ක්‍රියා පද

さんぽします、わたります、あるきます යනාදි ගමනක් නිරූපණය කරන ක්‍රියා පද සමඟ යෙදෙන を නිපාතය මඟින් යම් කිසි පුද්ගලයෙක් හෝ යම් කිසි දෙයක් ගමන් කරන ස්ථානය දැක්වේ.

⑭ 公園(こうえん)を 散歩(さんぽ)します。 උද්‍යානයේ ඇවිදිනවා. (දහතුන්වන පාඩම)

⑮ 道(みち)を 渡(わた)ります。 පාර මාරු වෙනවා.

⑯ 交差点(こうさてん)を 右(みぎ)へ 曲(ま)がります。 හන්දියෙන් දකුණට හැරෙනවා.

විසිහතරවන පාඩම

I. වචන මාලාව

くれます II		(මට) දෙනවා
なおします I	直します	හරිගස්සනවා, නිවැරදි කරනවා
つれて いきます I	連れて 行きます	කැටුව යනවා, කැඳවා ගෙන යනවා
つれて きます III*	連れて 来ます	කැටුව එනවා, කැඳවා ගෙන එනවා
おくります I	送ります	ඇරලනවා [යම් කෙනෙකු~]
[ひとを~]	[人を~]	
しょうかいします III	紹介します	හඳුන්වනවා
あんないします III	案内します	(යම් ස්ථානයක්) පෙන්වනවා, හඳුන්වා දෙනවා
せつめいします III	説明します	විස්තර කරනවා
おじいさん／		සීයා, වයසක පිරිමි කෙනා
おじいちゃん		
おばあさん／		ආච්චි, වයසක ගැහැනු කෙනා
おばあちゃん		
じゅんび	準備	සූදානම් වීම (~[を] します : සූදානම් වෙනවා)
ひっこし	引っ越し	ගෙවල් මාරු කරනවා (~[を] します : වෙන තැනකට ගිහින් පදිංචි වෙනවා)
[お]かし	[お]菓子	රස කැවිලි
ホームステイ		නිවසක නවතැන් ගැනීම
ぜんぶ	全部	සියල්ල
じぶんで	自分で	තමන්ම

〈会話〉

ほかに　　ඊට අමතරව, ඒ හැර

母の 日　　මව්වරුන්ගේ දිනය

24

II. පරිවර්තනය

වාක්‍ය රටා

1. සතෝ මහත්තයා මට චොකලට් දුන්නා.
2. මම යමදා මහත්තයාට කියලා මගේ නිබන්ධනය නිවැරදි කරව ගත්තා.
3. අම්මා මට ස්විටරයක් එව්වා.
4. මම කිමුරා මහත්තයාට (ණයට) පොතක් දුන්නා.

උදාහරණ වගන්ති

1. තරෝ ආච්චිට කැමති ද?
   ……ඔව්, කැමතියි. ආච්චි නිතරම මට රස කැවිලි දෙනවා.
2. රස වයින් එකක් නේද?
   ……ඔව්, සතෝ මහත්තයා දුන්නෙ. ප්‍රංශ වයින් එකක්.
3. මිලර් මහත්තයා, ඊයෙ සාදයේ කෑම ඔක්කොම තනියෙන් ද ඉව්වෙ?
   ……නෑ, වන් මහත්තයා මට උදවු කළා.
4. කෝච්චියෙන් ද ගියෙ?
   ……නෑ. යමදා මහත්තයා මාව වාහනෙන් ගෙනත් ඇරලුවා.
5. තරෝ අම්මලාගේ දිනයට අම්මා වෙනුවෙන් මොනවා ද කරන්නෙ?
   ……අම්මාට පියානෝ එක වාදනය කරලා පෙන්නනවා.

සංවාදය

උදවු කරන්න එන්න ද?

කරිනා: වන් මහත්තයා, ඉරිදා ගේ මාරු කරනවා නේද? උදවු කරන්න එන්න ද?
වන්: බොහොම ස්තුතියි. එහෙනම් කරුණාකරලා නවයට විතර එන්න.
කරිනා: තව කවුද උදවු කරන්න එන්නෙ?
වන්: යමදා මහත්තයායි මිලර් මහත්තයායි එනවා.
කරිනා: වාහනයක්?
වන්: යමදා මහත්තයා මට එයාගේ වාහනේ දෙන්නම් කිව්වා.
කරිනා: දවල් කෑම කොහොම ද?
වන්: මේ…
කරිනා: මම දවල් කෑම පාර්සල් ටිකක් අරන් එන්න ද?
වන්: කරදරයක් නැද්ද? බොහොම ස්තුතියි.
කරිනා: එහෙනම්, ඉරිදාට.

III. අදාළ වචන සහ තොරතුරු

贈答（ぞうとう）の習慣（しゅうかん）　තෑගි බෝග හුවමාරු කිරීමේ සිරිත්

お年玉（としだま）	අලුත් අවුරුදු උත්සවයේදී දෙමව්පියන් හෝ නෑදෑයන් විසින් ළමයින්ට ත්‍යාග වශයෙන් ලබා දෙන මුදලකි.
入学祝（にゅうがくいわ）い	පාසලට ඇතුළත් වන පුද්ගලයන්ට ලබා දෙන ත්‍යාගයකි (මුදල්, පොත්, ලිපි ද්‍රව්‍ය ආදි).
卒業祝（そつぎょういわ）い	අධ්‍යාපනය නිමා කරන පුද්ගලයන්ට දෙනු ලබන ත්‍යාගයකි (මුදල්, පොත්, ලිපි ද්‍රව්‍ය ආදි).
結婚祝（けっこんいわ）い	විවාහ වන පුද්ගලයන්ට දෙනු ලබන ත්‍යාගයකි (මුදල්, මුළුතැන්ගෙයි ගෘහ භාණ්ඩ ආදි).
出産祝（しゅっさんいわ）い	දරුවෙකු බිහිකළ මවකට දෙනු ලබන ත්‍යාගයකි (ළදරු ඇඳුම්, බෝනික්කන් ආදි).

お中元（ちゅうげん）　'ජූලි - අගෝස්තු මස'
お歳暮（せいぼ）　'දෙසැම්බර් මස'
} වෛද්‍යවරුන්, ගුරුවරුන් වැනි අපට උදව් උපකාර කරනු ලබන පුද්ගලයන්ට ස්තුති කිරීම් වශයෙන් දෙනු ලබන ත්‍යාගයකි (ආහාර ආදි).

お香典（こうでん）	යම් කිසි පුද්ගලයෙකු අභාවට පත් වූ විට එම පවුලේ සාමාජිකයන්ට පරිත්‍යාග කරනු ලබන මුදලකි.
お見舞（みま）い	තුවාල සහිත හෝ වෙනත් රෝගී තත්ත්ව සහිත රෝගීන් ගේ සුවදුක් විමසීමට යන විට රැගෙන යනු ලබන ත්‍යාගයකි (මල්, පලතුරු ආදි).

熨斗袋（のしぶくろ）　මුදල් දැමීම සඳහා භාවිත වන විශේෂ කඩදාසි කවර වර්ගයකි.

අවස්ථාව අනුව ඊට සුදුසු කඩදාසි කවරයක් භාවිත කළ යුතු ය.

විවාහ මංගල්‍යයකදී සුබ පැතීම සඳහා රතු සහ සුදු වර්ණ සහිත හෝ රන් සහ රිදී වර්ණ සහිත රිබන් පටියක් යොදා ගනු ලබයි.

විවාහ මංගල්‍යය හැර වෙනත් උත්සවවලට සුබ පැතීම සඳහා රතු සහ සුදු වර්ණ සහිත හෝ රන් සහ රිදී වර්ණ සහිත රිබන් පටියක් යොදා ගනු ලබයි.

අවමංගල්‍යය සඳහා කළු සහ සුදු වර්ණ සහිත රිබන් පටියක් යොදා ගනු ලබයි.

IV. ව්‍යාකරණ විස්තර

1. くれます

හත්වන පාඩමෙහි සඳහන් වූ පරිදි あげます යන ක්‍රියා පදය භාවිත කළ නොහැක්කේ භාෂකයා (මම) හැර වෙනත් කෙනෙකු භාෂකයා (මම) ට හෝ භාෂකයාගේ පවුලේ අයට යම් කිසි දෙයක් ලබා දෙන විට ය. එවිට くれます භාවිත කෙරේ.

① わたしは 佐藤(さとう)さんに 花(はな)を あげました。 මම සතෝ මහත්තයාට මල් දුන්නා.
× 佐藤(さとう)さんは わたしに クリスマスカードを あげました。

② 佐藤(さとう)さんは わたしに クリスマスカードを くれました。
සතෝ මහත්තයා මට නත්තල් කාඩ්පතක් දුන්නා.

③ 佐藤(さとう)さんは 妹(いもうと)に お菓子(かし)を くれました。 සතෝ මහත්තයා නංගිට රස කැවිලි දුන්නා.

2.

ක්‍රියා පදයේ て රූපය	あげます もらいます くれます

あげます、もらいます、くれます යන ක්‍රියා පද භාවිත කෙරෙන්නේ යම් කිසි ගනුදෙනුවක් සඳහා වන අතර, ～て あげます、～て もらいます、～て くれます යන යෙදුම් භාවිත කෙරෙනුයේ, එයින් දැක්වෙන ප්‍රතිලාභ ලබා දීමක් හෝ ලබා ගැනීමක් නිරූපණය කිරීම සඳහා ය.

1) ක්‍රියා පදයේ て රූපය あげます

"ක්‍රියා පදයේ て රූපය あげます" භාවිත කෙරෙනුයේ, යම් කිසි ක්‍රියාවක් කරනු ලබන පුද්ගලයා උක්ත පදය බවට පත් කරමින් එම ක්‍රියාවෙන් යම් කිසි ප්‍රතිලාභයක් ලබා දෙන බව නිරූපණය කිරීම සඳහා ය.

④ わたしは 木村(きむら)さんに 本(ほん)を 貸(か)して あげました。
මම කිමුරා මහත්තයාට පොතක් දුන්නා.

වයසින් ඉහළ කෙනෙකුට යම් කිසි ප්‍රතිලාභයක් ලබා දෙන ක්‍රියාවක් පිළිබඳව ～てあげます යන යෙදුම භාවිත කරමින් ප්‍රකාශ කළහොත්, පමණට වඩා බලපෑමක් ඇති කිරීමට ඉඩ ඇති නිසා එම යෙදුම භාවිත කිරීම පිළිබඳව විශේෂ අවධානය යොමු කළ යුතු ය. වයසින් ඉහළ කෙනෙකුට යම් කිසි ප්‍රතිලාභයක් ලබාදීම සඳහා වූ යෝජනාවකදී, "ක්‍රියා පදයේ ます රූපය ましょうか" (දහහතරවන පාඩමේ 5 බලන්න.) යනුවෙන් භාවිත කෙරේ.

⑤ タクシーを 呼(よ)びましょうか。 ටැක්සියක් අරන් දෙන්න ද? (දහහතරවන පාඩම)

⑥ 手伝(てつだ)いましょうか。 උදවු කරන්න ද? (දහහතරවන පාඩම)

2) ක්‍රියා පදයේ て රූපය もらいます

⑦ わたしは 山田(やまだ)さんに 図書館(としょかん)の 電話番号(でんわばんごう)を 教(おし)えて もらいました。
යමදා මහත්තයා මට පුස්තකාලයේ දුරකථන අංකය කියලා දුන්නා.

"ක්‍රියා පදයේ て රූපය もらいます" යන යෙදුමෙන් නිරූපණය කෙරෙන්නේ, යම් කිසි ක්‍රියාවකට ලක් වන පුද්ගලයෙකු උක්ත පදය බවට පත් කරමින් එම ක්‍රියාවෙන් උක්ත පදයට යම් කිසි ප්‍රතිලාභයක් ලැබේ යැයි භාෂකයා සිතන බව ය. උක්ත පදය "මම" වන විට, සාමාන්‍යයෙන් එය ලොප් කෙරේ.

3) ක්‍රියා පදයේ て රූපය くれます

⑧ 母（はは）は［わたしに］セーターを 送（おく）って くれました。

අම්මා මට ස්වීටරයක් එවලා තිබුණා.

“ක්‍රියා පදයේ て රූපය くれます” යන යෙදුමෙන් නිරූපණය කෙරෙන්නේ, ක්‍රියාවක් කරනු ලබන පුද්ගලයා උක්ත පදය බවට පත් කරමින්, එම ක්‍රියාවට ලක් වන පුද්ගලයාට, එම ක්‍රියාවෙන් යම් කිසි ප්‍රතිලාභයක් ලැබේ යැයි භාෂකයා සිතන බව ය. ක්‍රියාවට ලක් වන පුද්ගලයා (に නිපාතයෙන් නිරූපණය වේ) “මම” වන විට, සාමාන්‍යයෙන් එය ලොප් කෙරේ.

සංලක්ෂ්‍යය:- ～て あげます、～て くれます යන වාක්‍යවලදී ප්‍රතිලාභ ලබන්නා දැක්වීම සඳහා යොදාගනු ලබන නිපාත (に හෝ を), ～て あげます、～て くれます යන යෙදුම් භාවිත නොකරන වාක්‍යවලදී යෙදෙන නිපාත (に හෝ を) ට සමාන වේ.

わたしに 旅行（りょこう）の 写真（しゃしん）を 見（み）せます。

↓

わたしに 旅行（りょこう）の 写真（しゃしん）を 見（み）せて くれます。

මට චාරිකාවේ ඡායාරූප පෙන්වනවා.

わたしを 大阪城（おおさかじょう）へ 連（つ）れて 行（い）きます。

↓

わたしを 大阪城（おおさかじょう）へ 連（つ）れて 行（い）って くれます。

මාව ඕසකා රජ මාලිගාවට එක්ක යනවා.

わたしの 引（ひ）っ越（こ）しを 手伝（てつだ）います。

↓

わたしの 引（ひ）っ越（こ）しを 手伝（てつだ）って くれます。

ගේ මාරු කරනකොට මට උදව් කරනවා.

3. **නාම පද$_1$ は නාම පද$_2$ が ක්‍රියා පද**

⑨ おいしい ワインですね。

……ええ、［このワインは］佐藤（さとう）さんが くれました。

රසවත් වයින් නේ.

……ඔව්, [මේ වයින්] සතෝ මහත්තයා දුන්නේ.

මෙහිදී පිළිතුරු සපයන වාක්‍යය,「さとうさんが この ワインを くれました」යන වාක්‍යයේ කර්ම පදය වන「この ワインを」මාතෘකාකරණයට ලක් කරන ලද වාක්‍යයක් වේ (දහහත්වන පාඩමේ 5 බලන්න.).「この ワインは」යන යෙදුම භාෂකයා සහ ශ්‍රාවකයා යන දෙදෙනාම දන්නා දෙයක් වන නිසා, එය ලොප් කළ හැකි ය. මෙම වාක්‍යයෙහි「さとうさん」යන පදය උක්ත පදය වන නිසා, が නිපාතය භාවිත කෙරේ.

විසිපස්වන පාඩම

I. වචන මාලාව

かんがえます II	考えます	කල්පනා කරනවා, සැලකිල්ලට ගන්නවා
つきます I	着きます	(දුම්රියපොළට) පැමිණෙනවා
とります I	取ります	වයසට යනවා
［としを～］	［年を～］	
たります II	足ります	සෑහෙනවා, ඇති වෙනවා
いなか	田舎	(උපන්) ගම, ගම් පළාතය
チャンス		අවස්ථාව, වාසනාව
おく	億	මිලියන සීය
もし ［～たら］		～නම්
いみ	意味	තේරුම, අර්ථය

25

〈練習C〉

もしもし　　හලෝ (දුරකථනයෙන් කතා කරන විට යෙදේ)

〈会話〉

転勤　　මාරුවීමක් (～します：මාරුවීමක් ලැබෙනවා)

こと　　දෙය, කරුණ (～の こと：～සම්බන්ධ දෙය)

暇　　නිදහස් කාලය, කාර්ය රහිත

[いろいろ] お世話に なりました。　　නොයෙක් උදව් කළාට බොහොම ස්තුතියි.

頑張ります I　　උත්සාහ දරනවා

どうぞ お元気で。　　සනීපෙන් ඉන්න.

ベトナム　　වියට්නාමය

II. පරිවර්තනය

වාක්‍ය රටා

1. වැස්සොත් ගෙදරින් පිටත් වෙන්නෙ නෑ.
2. වැස්සත් ගෙදරින් පිටත් වෙනවා.

උදාහරණ වගන්ති

1. යෙන් මිලියන සීයක් තිබුණොත්, මොනවා ද කරන්න ආස?
   ……ඉස්කෝල හදන්න ආසයි.
2. කෝච්චියි බසුයි යන්නෙ නැත්නම් මොකක් ද කරන්නෙ?
   ……පයින් ගෙදර යනවා.
3. අර අලුත් සපත්තු කඩේ හොඳ සපත්තු ගොඩක් තියෙනවා නේ.
   ……එහෙම ද? ලාබයි නම් මිලදී ගන්න කැමතියි.
4. හෙටත් එන්න ඕන ද?
   ……බැරි නම් ලබන සතියෙ එන්න.
5. දැන් දරුවට නමක් කල්පනා කළා ද?
   ……ඔව්. පුතෙක් නම් 'හිකරු'. දුවෙක් නම් 'අයා'.
6. විශ්වවිද්‍යාලයෙන් උපාධිය ගත්තට පස්සෙ ඉක්මනින් රස්සාවක් කරනවා ද?
   ……නෑ, අවුරුද්දක් විතර එක එක රටවල සංචාරය කරන්න ආසයි.
7. සර්, මේ වචනේ තේරුම තේරෙන්නෙ නෑ.
   ……ශබ්දකෝෂයේ බැලුවා ද?
   ඔව්, බැලුවා. ඒත් තේරෙනෙ නෑ.
8. රස්නෙ වෙලාවට වායුසමීකරණය දානවා ද?
   ……නෑ, රස්නෙ වුණත් දාන්නෙ නෑ. සෞඛ්‍යයට හොඳ නෑ කියලා හිතනවා.

සංවාදය

හැම දෙයකටම ස්තුතිවන්ත වෙනවා.

කිමුරා: මාරුවීමක් ලැබුණාට සුභ පැතුම්.
මිලර්: බොහොම ස්තුතියි.
කිමුරා: මිලර් මහත්තයා ටෝකියෝ ගියාම අපිට පාළුයි නේ.
සතෝ: එහෙම නේ.
කිමුරා: ටෝකියෝ ගියත්, ඕසකා අමතක කරන්න එපා.
මිලර්: නෑ, කොහෙත්ම නෑ. වෙලාවක් තිබුණොත් හැමෝම ටෝකියෝවල ඇවිදින්න එන්න ඕන.
සන්තොස්: මිලර් මහත්තයාත් ඕසකා ආවොත් කෝල් කරන්න. අපි දෙන්නා බොමු.
මිලර්: ඔව්, අනිවාර්යෙන්ම. ඔයාලා හැමෝම මට ගොඩක් උදවු කළාට බොහොම ස්තුතියි.
සතෝ: උත්සාහ කරන්න. ඔයාගේ සෞඛ්‍යය රැකගන්න.
මිලර්: හොඳයි. ඔයාලා හැමෝම හොඳින් ඉන්න.

III. අදාළ වචන සහ තොරතුරු

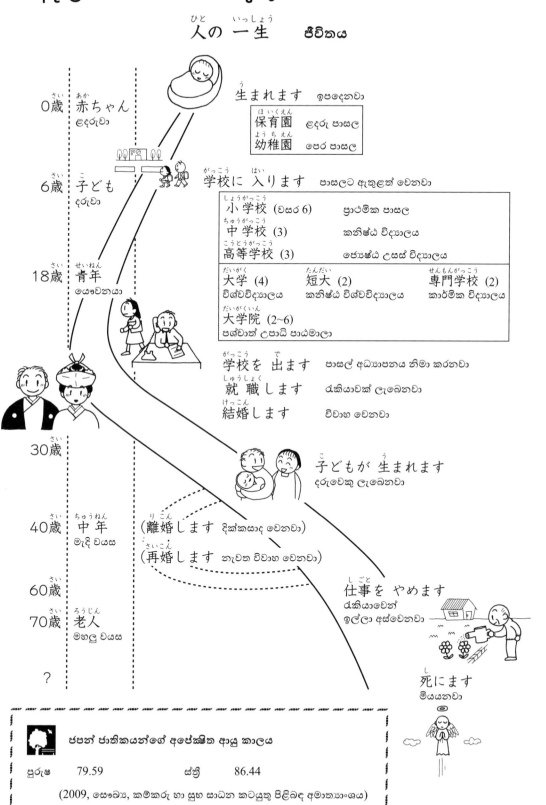

人の一生 (ひと・いっしょう) ජීවිතය

0歳 (さい) 赤ちゃん (あか) ළදරුවා

生まれます (う) ඉපදෙනවා

保育園 (ほいくえん) ළදරු පාසල
幼稚園 (ようちえん) පෙර පාසල

6歳 (さい) 子ども දරුවා

学校に入ります (がっこう・はい) පාසලට ඇතුළත් වෙනවා

小学校 (しょうがっこう) (වසර 6) ප්‍රාථමික පාසල
中学校 (ちゅうがっこう) (3) කනිෂ්ඨ විද්‍යාලය
高等学校 (こうとうがっこう) (3) ජ්‍යෙෂ්ඨ උසස් විද්‍යාලය

18歳 (さい) 青年 (せいねん) යෞවනයා

大学 (だいがく) (4)   短大 (たんだい) (2)   専門学校 (せんもんがっこう) (2)
විශ්වවිද්‍යාලය   කනිෂ්ඨ විශ්වවිද්‍යාලය   කාර්මික විද්‍යාලය
大学院 (だいがくいん) (2~6)
පශ්චාත් උපාධි පාඨමාලා

学校を出ます (がっこう・で) පාසල් අධ්‍යාපනය නිමා කරනවා
就職します (しゅうしょく) රැකියාවක් ලැබෙනවා
結婚します (けっこん) විවාහ වෙනවා

30歳 (さい)

子どもが生まれます (う) දරුවෙකු ලැබෙනවා

40歳 (さい) 中年 (ちゅうねん) මැදි වයස

(離婚します (りこん) දික්කසාද වෙනවා)
(再婚します (さいこん) නැවත විවාහ වෙනවා)

60歳 (さい)

仕事をやめます (しごと) රැකියාවෙන් ඉල්ලා අස්වෙනවා

70歳 (さい) 老人 (ろうじん) මහලු වයස

?

死にます (し) මියයනවා

25

ජපන් ජාතිකයන්ගේ අපේක්ෂිත ආයු කාලය

| පුරුෂ | 79.59 | ස්ත්‍රී | 86.44 |

(2009, සෞඛ්‍ය, කම්කරු හා සුභ සාධන කටයුතු පිළිබඳ අමාත්‍යාංශය)

157

IV. ව්‍යාකරණ විස්තර

1. අතීත කාල සාමාන්‍ය රූපය ら、～ (ප්‍රධාන අතුරු වාක්‍යය) ～ නම් ～

ක්‍රියා පදවල, නාම විශේෂණවල, නාම පදවල අතීත කාල සාමාන්‍ය රූපයට ら එකතු කිරීමෙන් යම් කිසි කොන්දේසියක් ප්‍රකාශ කෙරෙන අතර, ඊට පසුව එකතු වන අතුරු වාක්‍යයෙන් (ප්‍රධාන වාක්‍යය) එම කොන්දේසිය මත සිදුවන ප්‍රතිඵල ප්‍රකාශ කෙරේ. ප්‍රධාන වාක්‍යයෙහි භාෂකයාගේ කැමැත්ත, තීරණය, බලාපොරොත්තුව, ආරාධනාව හෝ යෝජනාව යනාදි අදහස් ප්‍රකාශ කළ හැකි ය.

① お金が あったら、旅行します。
සල්ලි තිබුණොත් ගමනක් යනවා.

② 時間が なかったら、テレビを 見ません。
වෙලාවක් නැත්නම් ටී වී එක බලන්නෙ නෑ.

③ 安かったら、パソコンを 買いたいです。
ලාභ නම් පරිගණකයක් මිලදී ගන්න ආසයි.

④ 暇だったら、手伝って ください。
වෙලාවක් තිබුණොත්, උදව් කරන්න.

⑤ いい 天気だったら、散歩しませんか。
ඉර හොඳට පායනවා නම්, ඇවිදින්න යමු.

සංලක්ෂ්‍යය:- ～と ට පසුව එකතු වන අතුරු වාක්‍යයෙන් (ප්‍රධාන වාක්‍යය) කැමැත්තක්, තීරණයක්, බලාපොරොත්තුවක්, ආරාධනාවක් හෝ යෝජනාවක් වැනි අදහස් ප්‍රකාශ කළ නොහැකි ය.

× 時間が あると、
- コンサートに 行きます。 (කැමැත්ත)
- コンサートに 行きたいです。 (බලාපොරොත්තුව)
- コンサートに 行きませんか。 (ආරාධනාව)
- ちょっと 手伝って ください。 (යෝජනාව)

2. ක්‍රියා පදයේ た රූපය ら、～ (ප්‍රධාන අතුරු වාක්‍යය) ～ම

"ක්‍රියා පදයේ た රූපය ら" යනුවෙන් දැක්වෙන සිද්ධිය අනාගතයේ සිදු වන බව භාෂකයා දන්නා විට, එය සිදු වූ පසුව ඊළඟට ප්‍රධාන වාක්‍යයෙන් දැක්වෙන ක්‍රියාව හෝ සිද්ධිය සිදු වන බව ප්‍රකාශ කෙරේ.

⑥ 10時に なったら、出かけましょう。 දහයට පිටත් වෙමු.

⑦ うちへ 帰ったら、すぐ シャワーを 浴びます。
ගෙදර ගියාම ඉක්මනින් ඇඟපත හෝදගන්නවා.

3.

ක්‍රියාපදයේ て රූපය ක්‍රියා පදයේ ない රූපය なくて い- නාම විශේෂණ (～い) → ～くて な- නාම විශේෂණ [な] → ～で නාම පද で	も、～ (ප්‍රධාන අතුරු වාක්‍යය)

～ත්～

විරුද්ධාර්ථවාචී අසම්භාව්‍ය කොන්දේසිමය ස්වරූපයේ ප්‍රකාශන මෙම වාක්‍ය රටාව මඟින් නිරූපණය කෙරේ. "て රූපය も" ට පසුව එකතු වන අතුරු වාක්‍යයෙන් (ප්‍රධාන වාක්‍යය) එම කොන්දේසි මත සාමාන්‍යයෙන් අනුමාන කළ හැකි සංසිද්ධියකට ප්‍රතිවිරුද්ධ තත්ත්වයක් ඇති වීම හෝ, සාමාන්‍යයෙන් අනුමාන කළ නොහැකි තත්ත්වයක් මෙමඟින් ප්‍රකාශ කෙරේ.

⑧ 雨(あめ)が 降(ふ)っても、洗濯(せんたく)します。 වැස්සත් රෙදි හෝදනවා.

⑨ 安(やす)くても、わたしは グループ旅行(りょこう)が 嫌(きら)いです。
ලාභ වුණත් මම කණ්ඩායමයක් හැටියට ගමන් යන්න කැමති නෑ.

⑩ 便利(べんり)でも、パソコンを 使(つか)いません。
පහසු වුණත්, පරිගණකයක් පාවිච්චි කරන්නෙ නෑ.

⑪ 日曜日(にちようび)でも、働(はたら)きます。 ඉරිදා වුණත්, වැඩ කරනවා.

4. もし

もし යන පදය ～たら සමඟ භාවිත කිරීමෙන් එම වාක්‍යය කොන්දේසිමය ස්වරූපයේ වාක්‍යයක් වන බවට පූර්ව දැනුම් දීමේ හැකියාවක් තිබේ. もし යන පදය භාවිත කිරීමෙන් භාෂකයා විසින් උපකල්පනය කරනු ලබන හැඟීම අවධාරණය කළ හැකි ය.

⑫ もし 1億円(おくえん) あったら、いろいろな 国(くに)を 旅行(りょこう)したいです。
යෙන් මිලියන සීයක් තිබුණොත්, වෙන වෙන රටවලට යන්න ආසයි.

5. අනුබද්ධ වාක්‍යය තුළ අන්තර්ගත උක්ත පදය

～てから යන අතුරු වාක්‍යය තුළ අන්තර්ගත උක්ත පදය が නිපාතය සමඟ යෙදෙන බව දහසයවන පාඩමේ 2 හි දී පැහැදිලි කරන ලදී. ～てから、～とき、～と、～まえに යනාදි යෙදුම්වල මෙන්ම ～たら、～ても යන යෙදුම්වල ද අතුරු වාක්‍යය තුළ අන්තර්ගත උක්ත පදය が නිපාතය සමඟ දැක්වේ.

⑬ 友達(ともだち)が 来(く)る まえに、部屋(へや)を 掃除(そうじ)します。
යාළුවා එන්න කලින් කාමරේ අස්කරනවා. (දහඅටවන පාඩම)

⑭ 妻(つま)が 病気(びょうき)の とき、会社(かいしゃ)を 休(やす)みます。
මගේ බිරිඳට අසනීප වුණාම, මම කොම්පැනියෙන් නිවාඩුවක් ගන්නවා. (දහඅටවන පාඩම)

⑮ 友達(ともだち)が 約束(やくそく)の 時間(じかん)に 来(こ)なかったら、どう しますか。
යාළුවා පොරොන්දු වුණ වෙලාවට එන්නෙ නැත්නම්, මොකද කරන්නෙ? (විසිපස්වන පාඩම)

සටහන 1: මාතෘකාව සහ උක්ත පදය

1. මාතෘකාව යනු කුමක් ද?

ජපන් භාෂාවේ වාක්‍යවල (බොහෝ විට) මාතෘකාව ඇත. මාතෘකාව වාක්‍යයක මුලින් යෙදේ. වාක්‍යයකින් කුමක් පිළිබඳව ප්‍රකාශ කරන්නේද යන්න, මාතෘකාව මඟින් දැක්වේ. එනම්, "~පිළිබඳව කියහොත්" යන අර්ථය ය. උදාහරණයක් වශයෙන් (1) වන වාක්‍යයෙන් ප්‍රකාශ කෙරෙන්නේ "ටෝකියෝ" පිළිබඳව කියහොත් එය "ජපානයේ අගනුවර" වන බව ය.

(1) 東京(とうきょう)は 日本(にほん)の 首都(しゅと)です。　　තෝකියෝ ජපානයේ අගනුවර.

එමෙන්ම (2) (3) අනුපිළිවෙළින් "この 部屋(へや)", "わたし" පිළිබඳව ප්‍රකාශ කරනු ලබන වේ.

(2) この 部屋(へや)は 静(しず)かです。　　මේ කාමරේ නිස්කලයි.

(3) わたしは 先週(せんしゅう) ディズニーランドへ 行(い)きました。

මම නම් ගිය සතියේ ඩිස්නිලන්තයට ගියා.

මාතෘකාව දැක්වෙන්නේ は නිපාතයෙනි. එනම්, මාතෘකාවක් සහිත වාක්‍යයක් は නිපාතයට පෙර කොටස සහ ඊට පසු කොටස වශයෙන් කොටස් දෙකකට වෙන් කළ හැකි ය. は නිපාතය එකතු වූ කොටස මාතෘකාවක් වන අතර, වාක්‍යයෙන් මාතෘකාව ඉවත් කළ විට ඉතිරි වන කොටස විස්තරය ලෙස හැඳින් වේ.

(1) 東京(とうきょう)は 日本(にほん)の 首都(しゅと)です。

මාතෘකාව　　විස්තරය

2. උක්ත පදය යනු කුමක් ද?

උක්ත පදය ආඛ්‍යාතය විෂයෙහි (ක්‍රියා පද, නාම විශේෂණ, නාම පද + です) වැදගත් වේ. උදාහරණයක් වශයෙන් 飲(の)みます、走(はし)ります යන ක්‍රියා පදවල දැක්වෙන්නේ ක්‍රියාව කරනු ලබන පුද්ගලයා වන අතර います、あります යන ක්‍රියා පදවල දැක්වෙන්නේ සිටින කෙනා හෝ තිබෙන දෙය යි. 降(ふ)ります、吹(ふ)きます යන ක්‍රියා පදවල දැක්වෙන්නේ සිදුවන දෙයක් (වහින දෙය, හමන දෙය) වන අතර 大(おお)きいです、有名(ゆうめい)です වැනි නාම විශේෂණවල හෝ 学生(がくせい)です、病気(びょうき)です වැනි "නාම පද + です" වල දැක්වෙන්නේ එම ගුණය හිමි පුද්ගලයා ය. 好(す)きです、怖(こわ)いです යන නාම විශේෂණවල දැක්වෙන්නේ දැනෙන හැඟෙන පුද්ගලයා ය. එම නිසා, පහත සඳහන් එක් එක් උදාහරණ වගන්තිවල ඇති ඉරි ඇඳි නාම ඛණ්ඩ සියල්ලම උක්ත පද ලෙස හඳුනාගත හැකි ය.

මාතෘකාව නොමැති වාක්‍යයක උක්ත පදය が නිපාතයෙන් දැක්වේ.

(4) 太郎(たろう)が ビールを 飲(の)みました。　　තරෝ බියර් එකක් බිව්වා.

(5) 机(つくえ)の上(うえ)に 本(ほん)が あります。　　මේසෙ උඩ පොතක් තියෙනවා.

(6) きのう 雨(あめ)が 降(ふ)りました。　　ඊයෙ වැස්සා.

3. මාතෘකාව සහ උක්ත පදය අතර ඇති සම්බන්ධතාව

උක්ත පදය සහ මාතෘකාව යනු වෙන වෙනම සංකල්ප දෙකක් වන අතර, අන්‍යොන්‍ය වශයෙන් සමීප සම්බන්ධතාවක් ඇත. මාතෘකාවක් සහිත බොහෝ වාක්‍යවල මාතෘකාව උක්ත පදය ද වේ. උදාහරණයක් වශයෙන් (7) හි 田中(たなか)さん, (8) හි 佐藤(さとう)さん, (9) හි わたし යන පද (は නිපාතය එකතු වූ නිසා) සියල්ලම මාතෘකාව වන අතර, ඒ සමඟම (අනුපිළිවෙළින් ගුණය හිමි පුද්ගලයා, දැනෙන හැඟෙන පුද්ගලයා වන නිසා) උක්ත පදය ද වේ.

(7) 田中(たなか)さんは 有名(ゆうめい)です。　　තනාකා මහත්තයා ප්‍රසිද්ධයි.

(8) 佐藤(さとう)さんは 学生(がくせい)です。　　සතෝ මහත්තයා ශිෂ්‍යයෙක්.

(9) わたしは 犬(いぬ)が 怖(こわ)いです。　　මම බල්ලන්ට බයයි.

මාතෘකාව සහ උක්ත පදය එකම වීම බොහෝ විට (සාපේක්ෂව) සිදු වන අතර, එකම නොවන අවස්ථා ද හඳුනාගත හැකි ය. උදාහරණයක් වශයෙන් (10) හි この 本(ほん) යන පදය (は නිපාතය එකතු වූ නිසා) මාතෘකාව වන අතර, 書(か)きます යන ක්‍රියාව කරන පුද්ගලයා 田中(たなか)さん වන නිසා, この 本(ほん) උක්ත පදය නොවේ.

(10) この 本(ほん)は 田中(たなか)さんが 書(か)きました。

මේ පොත තානාකා මහත්තයා ලිව්වා.

වාක්‍ය (10), වාක්‍ය (11) හි この 本(ほん)を යන යෙදුම මාතෘකාකරණයට ලක් වූ වාක්‍යයක් ලෙස සිතිය හැකි ය.

(11) 田中(たなか)さんが この 本(ほん)を 書(か)きました。

තනකා මහත්තයාමයි මේ පොත ලිව්වේ.

(12) この 本(ほん)をは 田中(たなか)さんが 書(か)きました。

මේ පොත තනකා මහත්තයා ලිව්වා.

මුලින්ම この 本(ほん) යන පදය වාක්‍යයේ මුලට යෙදී, මාතෘකාව දැක්වීම සඳහා は නිපාතය එකතු කෙරේ. එවිට, を සහ は එක්ව භාවිත කළ නොහැකි නිසා, を ඉවත් කිරීමෙන් は පමණක් ඉතිරි වී, (10) බවට පත් වේ. නමුත්, が, を හැර වෙනත් නිපාත は සමඟ භාවිත කළ හැකි ය. (13) (14) උදාහරණ විමසීමෙන් ඒ බව අවබෝධ කොට ගත හැකි වේ.

(13) 田中(たなか)さんには わたしが 連絡(れんらく)します。

තනකා මහත්තයාට මමම කෝල් කරන්නම්.

(14) 山田(やまだ)さんからは 返事(へんじ)が 来(き)ませんでした。

යමදා මහත්තයාගෙන් උත්තරයක් නෑ.

4. මාතෘකාව සහිත වාක්‍යය සහ මාතෘකාව රහිත වාක්‍යය

ජපන් භාෂාවෙහි බොහෝ වාක්‍යවල මාතෘකාවක් ඇති අතර, මාතෘකාවක් නොමැති වාක්‍ය ද තිබේ. මාතෘකාව සහිත වාක්‍යයෙහි උක්ත පදය දැක්වීම සඳහා は භාවිත කෙරෙන අතර, මාතෘකාව නොමැති වාක්‍යයෙහි උක්ත පදය දැක්වීම සඳහා が භාවිත කෙරේ. මාතෘකාව

නොමැති වාක්‍ය භාවිත කෙරෙන අවස්ථා පහත සඳහන් පරිදි හඳුනාගත හැකි ය.

1) යම් කිසි සිද්ධියක් බලන හෝ අසන ආකාරයෙන්ම ප්‍රකාශ කිරීම සඳහා

යම් කිසි සිද්ධියක් පංචේන්ද්‍රියයන්ට දැනෙන ආකාරයෙන්ම ප්‍රකාශ කරන විට මාතෘකාව නොමැති වාක්‍ය භාවිත කෙරේ.

(15) あっ、雨(あめ)が 降(ふ)って います。　　අහ්, වහිනවා.

(16) ラジオの 音(おと)が 小(ちい)さいです。　　රේඩියෝ එකේ සද්දෙ මදි.

(17) （窓(まど)の 外(そと)を 見(み)て） 月(つき)が きれいだなぁ。

(ජනේලයෙන් පිටත බලමින්) හඳ ලස්සනට පායලා නේ.

2) යම් කිසි සිද්ධියක් පිළිබඳව වාස්තවිකව ඉදිරිපත් කිරීම සඳහා හෝ යම් කිසි කතාවක් ආරම්භ කිරීම සඳහා මාතෘකාවක් නොමැති වාක්‍ය භාවිත කෙරේ.

(18) きのう 太郎(たろう)が 来(き)ました。　　ඊයෙ තරෝ ආවා.

(19) 来週(らいしゅう) パーティーが あります。

ලබන සතියෙ සාදයක් තියෙනවා.

(20) むかしむかし ある ところに おじいさんと おばあさんが いました。

එකමත් එක කාලෙක එක්තරා ගමක එක ආච්චි කෙනෙකුයි සීයා කෙනෙකුයි හිටියා.

සටහන 2: **අතුරු වාක්‍ය**

යම් කිසි වාක්‍යයක් වෙනත් වාක්‍යයක එක් කොටසක් වන විට එය අතුරු වාක්‍යයක් ලෙස හඳුනාගත හැකි ය.

පහත සඳහන් උදාහරණයක් වශයෙන් (1) සහ (2) විමසීමේදී, සම්පූර්ණ වාක්‍යයේ අන්තර්වාක්‍යයක් බවට පත්වන විට, "田中(たなか)さんが ここへ 来(き)ました。" යන වාක්‍යය (1) හි ඉරි ඇඳි වැනි අතුරු වාක්‍යයක් බවටත්, "あした 雨(あめ)が 降(ふ)ります。" යන වාක්‍යය (2) හි ඉරි ඇඳි වැනි අතුරු වාක්‍යයක් බවටත් පත්වන බව හඳුනාගත හැකි ය.

(1) <u>田中(たなか)さんが ここへ 来(き)た とき</u>、山田(やまだ)さんは いませんでした。

තනකා මහත්තයා මෙතැනට එද්දි, යමදා මහත්තයා හිටියෙ නෑ.

(2) <u>あした 雨(あめ)が 降(ふ)ったら</u>、わたしは 出(で)かけません。

හෙට වැස්සොත්, මම යන්නෙ නෑ.

මෙලෙස වෙනත් එක් කොටසක් වූ අතුරු වාක්‍යය 'අනුබද්ධ වාක්‍යයක්' ලෙස හැඳින් වේ. සම්පූර්ණ වාක්‍යයෙන් අනුබද්ධ වාක්‍යය ඉවත් කළ විට ඉතිරි වන කොටස ප්‍රධාන වාක්‍යය ලෙස හඳුනාගත හැකි ය.

අර්ථමය වශයෙන් ප්‍රධාන වාක්‍යයෙහි අන්තර්ගත තොරතුරු තව දුරටත් විස්තර කිරීම අනුබද්ධ වාක්‍යයක් මඟින් සිදුවේ.

උදාහරණයක් වශයෙන් (2) හි දැක්වෙන පරිදි, මම පිටත් නොවීමේ කොන්දේසි ලෙස "あした 雨(あめ)が 降(ふ)ったら" බව සඳහන් කිරීමෙන්, ප්‍රධාන වාක්‍යයට අඩංගු වූ තොරතුරු සීමා කිරීමක් සිදු වේ.

ජපන් භාෂාවෙහි සාමාන්‍ය වචන පිළිවෙළ අනුව, අනුබද්ධ වාක්‍යය ප්‍රධාන වාක්‍යයට පෙර යෙදේ. අනුබද්ධ වාක්‍යයේ උක්ත පදය සාමාන්‍ය වශයෙන් (は නොව) が නිපාතයෙන් දැක්වේ. නමුත් ～が, ～けど යන අතුරු වාක්‍යවල උක්ත පද は නිපාතයෙන් දැක්වේ.

උපග්‍රන්ථය

I. සංඛ්‍යාව

0	ゼロ、れい
1	いち
2	に
3	さん
4	よん、し
5	ご
6	ろく
7	なな、しち
8	はち
9	きゅう、く
10	じゅう
11	じゅういち
12	じゅうに
13	じゅうさん
14	じゅうよん、じゅうし
15	じゅうご
16	じゅうろく
17	じゅうなな、じゅうしち
18	じゅうはち
19	じゅうきゅう、じゅうく
20	にじゅう
30	さんじゅう
40	よんじゅう
50	ごじゅう
60	ろくじゅう
70	ななじゅう、しちじゅう
80	はちじゅう
90	きゅうじゅう

100	ひゃく
200	にひゃく
300	さんびゃく
400	よんひゃく
500	ごひゃく
600	ろっぴゃく
700	ななひゃく
800	はっぴゃく
900	きゅうひゃく
1,000	せん
2,000	にせん
3,000	さんぜん
4,000	よんせん
5,000	ごせん
6,000	ろくせん
7,000	ななせん
8,000	はっせん
9,000	きゅうせん
10,000	いちまん
100,000	じゅうまん
1,000,000	ひゃくまん
10,000,000	せんまん
100,000,000	いちおく
17.5	じゅうななてんご
0.83	れいてんはちさん
$\frac{1}{2}$	にぶんの いち
$\frac{3}{4}$	よんぶんの さん

II. කාලය පිළිබඳ යෙදුම්

දිනය	උදේ	රෑ
おととい පෙරේදා	おとといの　あさ පෙරේදා උදේ	おとといの　ばん(よる) පෙරේදා රෑ
きのう ඊයෙ	きのうの　あさ ඊයෙ උදේ	きのうの　ばん(よる) ඊයෙ රෑ
きょう අද	けさ උදේ	こんばん(きょうの　よる) අද රෑ
あした හෙට	あしたの　あさ හෙට උදේ	あしたの　ばん(よる) හෙට රෑ
あさって අනිද්දා	あさっての　あさ අනිද්දා උදේ	あさっての　ばん(よる) අනිද්දා රෑ
まいにち හැමදාම	まいあさ හැමදාම උදේ	まいばん හැමදාම රෑ

සතිය	මාසය	අවුරුද්ද
せんせんしゅう (にしゅうかんまえ) ගිය සතියට කලින් සතිය	せんせんげつ (にかげつまえ) ගිය මාසයට කලින් මාසය	おととし ගිය අවුරුද්දට කලින් අවුරුද්ද
せんしゅう ගිය සතිය	せんげつ ගිය මාසය	きょねん ගිය අවුරුද්ද
こんしゅう මේ සතිය	こんげつ මේ මාසය	ことし මේ අවුරුද්ද
らいしゅう ලබන සතිය	らいげつ ලබන මාසය	らいねん ලබන අවුරුද්ද
さらいしゅう සති දෙකකින් පසු	さらいげつ මාස දෙකකින් පසු	さらいねん අවුරුදු දෙකකින් පසු
まいしゅう හැම සතියකම	まいつき හැම මාසයකම	まいとし、まいねん හැම අවුරුද්දෙම

වේලාව පවසන ආකාරය

	වේලාව －時		විනාඩිය －分	සතියේ දවස් ～曜日
1	いちじ	1	いっぷん	にちようび ඉරිදා
2	にじ	2	にふん	げつようび සඳුදා
3	さんじ	3	さんぷん	かようび අඟහරුවාදා
4	よじ	4	よんぷん	すいようび බදාදා
5	ごじ	5	ごふん	もくようび බ්‍රහස්පතින්දා
6	ろくじ	6	ろっぷん	きんようび සිකුරාදා
7	しちじ	7	ななふん	どようび සෙනසුරාදා
8	はちじ	8	はっぷん	なんようび සතියේ කවරදා ද
9	くじ	9	きゅうふん	
10	じゅうじ	10	じゅっぷん、じっぷん	
11	じゅういちじ	15	じゅうごふん	
12	じゅうにじ	30	さんじゅっぷん、さんじっぷん、はん	
?	なんじ	?	なんぷん	

දිනය					
මාසය －月		දිනය －日			
1	いちがつ	1	ついたち	17	じゅうしちにち
2	にがつ	2	ふつか	18	じゅうはちにち
3	さんがつ	3	みっか	19	じゅうくにち
4	しがつ	4	よっか	20	はつか
5	ごがつ	5	いつか	21	にじゅういちにち
6	ろくがつ	6	むいか	22	にじゅうににち
7	しちがつ	7	なのか	23	にじゅうさんにち
8	はちがつ	8	ようか	24	にじゅうよっか
9	くがつ	9	ここのか	25	にじゅうごにち
10	じゅうがつ	10	とおか	26	にじゅうろくにち
11	じゅういちがつ	11	じゅういちにち	27	にじゅうしちにち
12	じゅうにがつ	12	じゅうににち	28	にじゅうはちにち
?	なんがつ	13	じゅうさんにち	29	にじゅうくにち
		14	じゅうよっか	30	さんじゅうにち
		15	じゅうごにち	31	さんじゅういちにち
		16	じゅうろくにち	?	なんにち

III. කාල වකවානුව පිළිබඳ යෙදුම්

කාල වකවානුව		
	පැය －時間	විනාඩි －分
1	いちじかん	いっぷん
2	にじかん	にふん
3	さんじかん	さんぷん
4	よじかん	よんぷん
5	ごじかん	ごふん
6	ろくじかん	ろっぷん
7	ななじかん、しちじかん	ななふん
8	はちじかん	はっぷん
9	くじかん	きゅうふん
10	じゅうじかん	じゅっぷん、じっぷん
?	なんじかん	なんぷん

කාල වකවානුව				
	දින －日	සති －週間	මාස －か月	අවුරුදු －年
1	いちにち	いっしゅうかん	いっかげつ	いちねん
2	ふつか	にしゅうかん	にかげつ	にねん
3	みっか	さんしゅうかん	さんかげつ	さんねん
4	よっか	よんしゅうかん	よんかげつ	よねん
5	いつか	ごしゅうかん	ごかげつ	ごねん
6	むいか	ろくしゅうかん	ろっかげつ、 はんとし	ろくねん
7	なのか	ななしゅうかん	ななかげつ	ななねん、 しちねん
8	ようか	はっしゅうかん	はちかげつ、 はっかげつ	はちねん
9	ここのか	きゅうしゅうかん	きゅうかげつ	きゅうねん
10	とおか	じゅっしゅうかん、 じっしゅうかん	じゅっかげつ、 じっかげつ	じゅうねん
?	なんにち	なんしゅうかん	なんかげつ	なんねん

IV. සංඛ්‍යාවාචී ප්‍රත්‍ය

	ද්‍රව්‍ය	පුද්ගලයන්	පිළිවෙළ	තුනී, පැතලි දේවල්
		ー人	ー番	ー枚
1	ひとつ	ひとり	いちばん	いちまい
2	ふたつ	ふたり	にばん	にまい
3	みっつ	さんにん	さんばん	さんまい
4	よっつ	よにん	よんばん	よんまい
5	いつつ	ごにん	ごばん	ごまい
6	むっつ	ろくにん	ろくばん	ろくまい
7	ななつ	ななにん、しちにん	ななばん	ななまい
8	やっつ	はちにん	はちばん	はちまい
9	ここのつ	きゅうにん	きゅうばん	きゅうまい
10	とお	じゅうにん	じゅうばん	じゅうまい
?	いくつ	なんにん	なんばん	なんまい

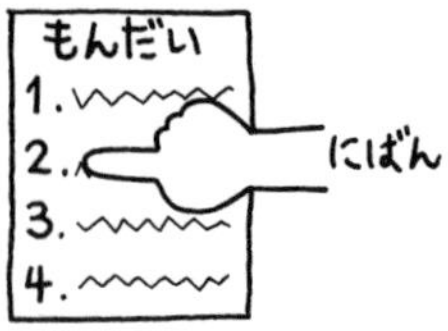

	යන්ත්‍ර සහ වාහන	වයස	පොත් සහ සටහන් පොත්	ඇඳුම්
	ー台	ー歳	ー冊	ー着
1	いちだい	いっさい	いっさつ	いっちゃく
2	にだい	にさい	にさつ	にちゃく
3	さんだい	さんさい	さんさつ	さんちゃく
4	よんだい	よんさい	よんさつ	よんちゃく
5	ごだい	ごさい	ごさつ	ごちゃく
6	ろくだい	ろくさい	ろくさつ	ろくちゃく
7	ななだい	ななさい	ななさつ	ななちゃく
8	はちだい	はっさい	はっさつ	はっちゃく
9	きゅうだい	きゅうさい	きゅうさつ	きゅうちゃく
10	じゅうだい	じゅっさい、じっさい	じゅっさつ、じっさつ	じゅっちゃく、じっちゃく
?	なんだい	なんさい	なんさつ	なんちゃく

	 වාර ගණන	 කුඩා දේවල්	 සපත්තු සහ මේස්	 නිවාස
	－回	－個	－足	－軒
1	いっかい	いっこ	いっそく	いっけん
2	にかい	にこ	にそく	にけん
3	さんかい	さんこ	さんぞく	さんげん
4	よんかい	よんこ	よんそく	よんけん
5	ごかい	ごこ	ごそく	ごけん
6	ろっかい	ろっこ	ろくそく	ろっけん
7	ななかい	ななこ	ななそく	ななけん
8	はっかい	はっこ	はっそく	はっけん
9	きゅうかい	きゅうこ	きゅうそく	きゅうけん
10	じゅっかい、じっかい	じゅっこ、じっこ	じゅっそく、じっそく	じゅっけん、じっけん
?	なんかい	なんこ	なんぞく	なんげん

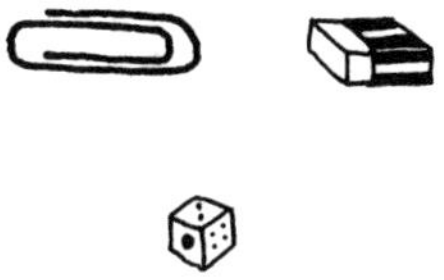

	 ගොඩනැගිල්ලක මහල	 තුනී, දිගටි දේවල්	 කෝප්පයක හෝ වීදුරුවක ඇති බීම වර්ගයක් ආදි	 කුඩා සතුන්, මත්ස්‍යයන් සහ කෘමීන් ආදි
	－階	－本	－杯	－匹
1	いっかい	いっぽん	いっぱい	いっぴき
2	にかい	にほん	にはい	にひき
3	さんがい	さんぼん	さんばい	さんびき
4	よんかい	よんほん	よんはい	よんひき
5	ごかい	ごほん	ごはい	ごひき
6	ろっかい	ろっぽん	ろっぱい	ろっぴき
7	ななかい	ななほん	ななはい	ななひき
8	はっかい	はっぽん	はっぱい	はっぴき
9	きゅうかい	きゅうほん	きゅうはい	きゅうひき
10	じゅっかい、じっかい	じゅっぽん、じっぽん	じゅっぱい、じっぱい	じゅっぴき、じっぴき
?	なんがい	なんぼん	なんばい	なんびき

V. ක්‍රියා පදයේ වරනැඟීම

I වන වර්ගයේ ක්‍රියා පද

	ක්‍රියා පදයේ ます රූපය		ක්‍රියා පදයේ て රූපය	ශබ්දකෝෂ රූපය
会います[ともだちに～]	あい	ます	あって	あう
遊びます	あそび	ます	あそんで	あそぶ
洗います	あらい	ます	あらって	あらう
あります	あり	ます	あって	ある
あります	あり	ます	あって	ある
あります[おまつりが～]	あり	ます	あって	ある
歩きます	あるき	ます	あるいて	あるく
言います	いい	ます	いって	いう
行きます	いき	ます	いって	いく
急ぎます	いそぎ	ます	いそいで	いそぐ
要ります[ビザが～]	いり	ます	いって	いる
動きます	うごき	ます	うごいて	うごく
歌います	うたい	ます	うたって	うたう
売ります	うり	ます	うって	うる
置きます	おき	ます	おいて	おく
送ります	おくり	ます	おくって	おくる
送ります[ひとを～]	おくり	ます	おくって	おくる
押します	おし	ます	おして	おす
思い出します	おもいだし	ます	おもいだして	おもいだす
思います	おもい	ます	おもって	おもう
泳ぎます	およぎ	ます	およいで	およぐ
下ろします[おかねを～]	おろし	ます	おろして	おろす
終わります	おわり	ます	おわって	おわる
買います	かい	ます	かって	かう
返します	かえし	ます	かえして	かえす
帰ります	かえり	ます	かえって	かえる
かかります	かかり	ます	かかって	かかる

ක්‍රියා පදයේ ない රූපය		ක්‍රියා පදයේ た රූපය	අර්ථය	පාඩම
あわ	ない	あった	හමුවෙනවා [යහළුවෙකු ~]	6
あそば	ない	あそんだ	සෙල්ලම් කරනවා, විනෝද වෙනවා	13
あらわ	ない	あらった	සෝදනවා	18
—	ない	あった	තියෙනවා	9
—	ない	あった	තියෙනවා	10
—	ない	あった	[උත්සවයක්] පවතිනවා	21
あるか	ない	あるいた	ඇවිදිනවා	23
いわ	ない	いった	කියනවා	21
いか	ない	いった	යනවා	5
いそが	ない	いそいだ	ඉක්මන් කරනවා	14
いら	ない	いった	අවශ්‍ය වෙනවා [වීසා බල පත්‍රයක් ~]	20
うごか	ない	うごいた	ගමන් කරනවා	21
うたわ	ない	うたった	ගයනවා	18
うら	ない	うった	විකුණනවා	15
おか	ない	おいた	තබනවා	15
おくら	ない	おくった	යවනවා/එවනවා	7
おくら	ない	おくった	ඇරලනවා [යම් කෙනෙකු ~]	24
おさ	ない	おした	තල්ලු කරනවා, ඔබනවා	16
おもいださ	ない	おもいだした	සිහිපත් වෙනවා, මතක් වෙනවා	15
おもわ	ない	おもった	සිතනවා	21
およが	ない	およいだ	පීනනවා	13
おろさ	ない	おろした	(ගිණුමෙන් සල්ලි) ගන්නවා	16
おわら	ない	おわった	අවසන් වෙනවා	4
かわ	ない	かった	මිලදී ගන්නවා	6
かえさ	ない	かえした	ආපසු දෙනවා	17
かえら	ない	かえった	ආපහු යනවා (ගෙදර යනවා, සමාගමට ආපහු යනවා)	5
かから	ない	かかった	වැය වෙනවා (මුදල් හෝ කාලය සම්බන්ධව යෙදෙන පදයකි)	11

	ක්‍රියා පදයේ ます රූපය		ක්‍රියා පදයේ て රූපය	ශබ්දකෝෂ රූපය
書きます(かきます)	かき	ます	かいて	かく
貸します	かし	ます	かして	かす
勝ちます	かち	ます	かって	かつ
かぶります	かぶり	ます	かぶって	かぶる
頑張ります	がんばり	ます	がんばって	がんばる
聞きます	きき	ます	きいて	きく
聞きます[せんせいに～]	きき	ます	きいて	きく
切ります	きり	ます	きって	きる
消します	けし	ます	けして	けす
触ります[ドアに～]	さわり	ます	さわって	さわる
知ります	しり	ます	しって	しる
吸います[たばこを～]	すい	ます	すって	すう
住みます	すみ	ます	すんで	すむ
座ります	すわり	ます	すわって	すわる
出します	だし	ます	だして	だす
立ちます	たち	ます	たって	たつ
使います	つかい	ます	つかって	つかう
着きます	つき	ます	ついて	つく
作ります、造ります	つくり	ます	つくって	つくる
連れて 行きます	つれて いき	ます	つれて いって	つれて いく
手伝います	てつだい	ます	てつだって	てつだう
泊まります[ホテルに～]	とまり	ます	とまって	とまる
取ります	とり	ます	とって	とる
撮ります[しゃしんを～]	とり	ます	とって	とる
取ります[としを～]	とり	ます	とって	とる
直します	なおし	ます	なおして	なおす
なくします	なくし	ます	なくして	なくす
習います	ならい	ます	ならって	ならう
なります	なり	ます	なって	なる

ක්‍රියා පදයේ ない රූපය		ක්‍රියා පදයේ た රූපය	අර්ථය	පාඩම
かか	ない	かいた	ලියනවා (かきます යන පදයෙන් චිත්‍රයක් අඳිනවා යන්නෙහි අර්ථයක් ද දැක්වේ. එම අර්ථය දැක්වීම සඳහා මෙම ග්‍රන්ථයෙහි හිරගනා අක්ෂරවලින් ලියනු ලැබේ)	6
かさ	ない	かした	ණයට හෝ තාවකාලිකව දෙනවා	7
かた	ない	かった	දිනනවා	21
かぶら	ない	かぶった	(තොප්පිය) දමා ගන්නවා (ඔළුවට දමන දෙයක් සඳහා යෙදේ)	22
がんばら	ない	がんばった	උත්සාහ දරනවා	25
きか	ない	きいた	අහනවා	6
きか	ない	きいた	අහනවා [ගුරුවරයාගෙන් ~]	23
きら	ない	きった	කපනවා	7
けさ	ない	けした	නිවනවා	14
さわら	ない	さわった	ස්පර්ශ කරනවා, අල්ලනවා [දොර ~]	23
しら	ない	しった	දැනගන්නවා	15
すわ	ない	すった	බොනවා, පානය කරනවා [සිගරැට්ටු, දුම් ~]	6
すま	ない	すんだ	පදිංචි වෙනවා	15
すわら	ない	すわった	ඉඳ ගන්නවා	14
ださ	ない	だした	පිටට දමනවා	16
たた	ない	たった	සිට ගන්නවා	14
つかわ	ない	つかった	භාවිත කරනවා	14
つか	ない	ついた	(දුම්රියපොළට) පැමිණෙනවා	25
つくら	ない	つくった	හදනවා	15
つれて いか	ない	つれて いった	කැටුව යනවා, කැඳවා ගෙන යනවා	24
てつだわ	ない	てつだった	උදව් කරනවා	14
とまら	ない	とまった	නවතිනවා [හෝටලයක ~]	19
とら	ない	とった	ගන්නවා, ළඟ ඇති දෙයක් පාස් කරනවා	14
とら	ない	とった	ගන්නවා [පිංතූර, ෆොටෝ ~]	6
とら	ない	とった	වයසට යනවා	25
なおさ	ない	なおした	හරිගස්සනවා, නිවැරදි කරනවා	24
なくさ	ない	なくした	නැති වෙනවා, නැති කරගන්නවා	17
ならわ	ない	ならった	ඉගෙන ගන්නවා	7
なら	ない	なった	වෙනවා, පත් වෙනවා	19

	ක්‍රියා පදයේ ます රූපය		ක්‍රියා පදයේ て රූපය	ශබ්දකෝෂ රූපය
脱ぎます	ぬぎ	ます	ぬいで	ぬぐ
登ります、上ります	のぼり	ます	のぼって	のぼる
飲みます	のみ	ます	のんで	のむ
飲みます	のみ	ます	のんで	のむ
飲みます[くすりを～]	のみ	ます	のんで	のむ
乗ります[でんしゃに～]	のり	ます	のって	のる
入ります[きっさてんに～]	はいり	ます	はいって	はいる
入ります[だいがくに～]	はいり	ます	はいって	はいる
入ります[おふろに～]	はいり	ます	はいって	はいる
はきます	はき	ます	はいて	はく
働きます	はたらき	ます	はたらいて	はたらく
話します	はなし	ます	はなして	はなす
払います	はらい	ます	はらって	はらう
弾きます	ひき	ます	ひいて	ひく
引きます	ひき	ます	ひいて	ひく
降ります[あめが～]	ふり	ます	ふって	ふる
曲がります[みぎへ～]	まがり	ます	まがって	まがる
待ちます	まち	ます	まって	まつ
回します	まわし	ます	まわして	まわす
持ちます	もち	ます	もって	もつ
持って 行きます	もって いき	ます	もって いって	もって いく
もらいます	もらい	ます	もらって	もらう
役に 立ちます	やくに たち	ます	やくに たって	やくに たつ
休みます	やすみ	ます	やすんで	やすむ
休みます[かいしゃを～]	やすみ	ます	やすんで	やすむ
呼びます	よび	ます	よんで	よぶ
読みます	よみ	ます	よんで	よむ
わかります	わかり	ます	わかって	わかる
渡ります[はしを～]	わたり	ます	わたって	わたる

ක්‍රියා පදයේ ない රූපය		ක්‍රියා පදයේ た රූපය	අර්ථය	පාඩම
ぬが	ない	ぬいだ	(ඇඳුම්, සපත්තු වැනි දෙය) ගළවනවා	17
のぼら	ない	のぼった	නගිනවා	19
のま	ない	のんだ	බොනවා	6
のま	ない	のんだ	බොනවා [මත්පැන්]	16
のま	ない	のんだ	බොනවා [බෙහෙත්]	17
のら	ない	のった	නගිනවා [දුම්රියට ~]	16
はいら	ない	はいった	ඇතුළු වෙනවා [තේ කඩේට~]	14
はいら	ない	はいった	ඇතුළු වෙනවා [විශ්වවිද්‍යාලයට ~]	16
はいら	ない	はいった	[නාන බේසමට බැස] නානවා	17
はか	ない	はいた	(සපත්තු) දමා ගන්නවා, (ඇඳුම්) ඇඳ ගන්නවා (මේස්, සාය, කලිසම් වැනි පහළ සිට ඉහළට අඳින ඇඳුම් සහ සපත්තු, සෙරෙප්පු සඳහා යෙදේ)	22
はたらか	ない	はたらいた	වැඩ කරනවා	4
はなさ	ない	はなした	කතා කරනවා	14
はらわ	ない	はらった	(සල්ලි) ගෙවනවා	17
ひか	ない	ひいた	වාදනය කරනවා (තත් සහිත තූර්ය භාණ්ඩයක්)	18
ひか	ない	ひいた	අදිනවා	23
ふら	ない	ふった	වහිනවා [වැස්ස~]	14
まがら	ない	まがった	හැරෙනවා [දකුණට ~]	23
また	ない	まった	බලා සිටිනවා	14
まわさ	ない	まわした	කරකවනවා	23
もた	ない	もった	අල්ල ගන්නවා	14
もって いか	ない	もって いった	(යම් දෙයක්) අරන් යනවා	17
もらわ	ない	もらった	ලැබෙනවා	7
やくに たた	ない	やくに たった	ප්‍රයෝජනවත් වෙනවා, වැඩදායක වෙනවා	21
やすま	ない	やすんだ	විවේක ගන්නවා, නිවාඩු ගන්නවා	4
やすま	ない	やすんだ	නිවාඩු ගන්නවා [සමාගමෙන් ~]	11
よば	ない	よんだ	අඬගසනවා, කැඳවනවා	14
よま	ない	よんだ	කියවනවා	6
わから	ない	わかった	තේරෙනවා	9
わたら	ない	わたった	එගොඩ වෙනවා [පාලමෙන් ~]	23

II වන වර්ගයේ ක්‍රියා පද

	ක්‍රියා පදයේ ます රූපය		ක්‍රියා පදයේ て රූපය	ශබ්දකෝෂ රූපය
開けます	あけ	ます	あけて	あける
あげます	あげ	ます	あげて	あげる
集めます	あつめ	ます	あつめて	あつめる
浴びます[シャワーを〜]	あび	ます	あびて	あびる
います	い	ます	いて	いる
います[こどもが〜]	い	ます	いて	いる
います[にほんに〜]	い	ます	いて	いる
入れます	いれ	ます	いれて	いれる
生まれます	うまれ	ます	うまれて	うまれる
起きます	おき	ます	おきて	おきる
教えます	おしえ	ます	おしえて	おしえる
教えます[じゅうしょを〜]	おしえ	ます	おしえて	おしえる
覚えます	おぼえ	ます	おぼえて	おぼえる
降ります[でんしゃを〜]	おり	ます	おりて	おりる
換えます	かえ	ます	かえて	かえる
変えます	かえ	ます	かえて	かえる
かけます[でんわを〜]	かけ	ます	かけて	かける
かけます[めがねを〜]	かけ	ます	かけて	かける
借ります	かり	ます	かりて	かりる
考えます	かんがえ	ます	かんがえて	かんがえる
着ます	き	ます	きて	きる
気を つけます	きを つけ	ます	きを つけて	きを つける
くれます	くれ	ます	くれて	くれる
閉めます	しめ	ます	しめて	しめる
調べます	しらべ	ます	しらべて	しらべる
捨てます	すて	ます	すてて	すてる
食べます	たべ	ます	たべて	たべる
足ります	たり	ます	たりて	たりる
疲れます	つかれ	ます	つかれて	つかれる
つけます	つけ	ます	つけて	つける

ක්‍රියා පදයේ ない රූපය		ක්‍රියා පදයේ た රූපය	අර්ථය	පාඩම
あけ	ない	あけた	අරිනවා	14
あげ	ない	あげた	ලබා දෙනවා	7
あつめ	ない	あつめた	එකතු කරනවා, රැස් කරනවා	18
あび	ない	あびた	නානවා [ෂවරයෙන් ~]	16
い	ない	いた	ඉන්නවා (සප්‍රාණික වස්තු සඳහා යෙදේ)	10
い	ない	いた	ඉන්නවා [දරුවෙකු ~]	11
い	ない	いた	රැඳී සිටිනවා [ජපානයේ ~]	11
いれ	ない	いれた	(ඇතුළට) දානවා	16
うまれ	ない	うまれた	උපදිනවා	22
おき	ない	おきた	අවදිවෙනවා	4
おしえ	ない	おしえた	උගන්නනවා	7
おしえ	ない	おしえた	කියලා දෙනවා, දන්වනවා [ලිපිනය~]	14
おぼえ	ない	おぼえた	මතක තබා ගන්නවා	17
おり	ない	おりた	බහිනවා [දුම්රියෙන් ~]	16
かえ	ない	かえた	මාරු කරනවා, හුවමාරු කරනවා	18
かえ	ない	かえた	වෙනස් කරනවා, මාරු කරනවා	23
かけ	ない	かけた	ගන්නවා [දුරකථන ඇමතුමක් ~]	7
かけ	ない	かけた	පළඳිනවා [උපැස් යුගල ~]	22
かり	ない	かりた	තාවකාලිකව ඉල්ලා ගන්නවා, ණයට ගන්නවා	7
かんがえ	ない	かんがえた	කල්පනා කරනවා, සැලකිල්ලට ගන්නවා	25
き	ない	きた	(කමිසය) ඇඳ ගන්නවා	22
きを つけ	ない	きを つけた	ප්‍රවේශම් වෙනවා	21
くれ	ない	くれた	(මට) දෙනවා	24
しめ	ない	しめた	වහනවා	14
しらべ	ない	しらべた	සොයා බලනවා, පරීක්ෂා කරනවා	20
すて	ない	すてた	විසි කරනවා, ඉවත් කරනවා	18
たべ	ない	たべた	කනවා	6
たり	ない	たりた	ප්‍රමාණවත්, සෑහෙනවා, ඇති	25
つかれ	ない	つかれた	වෙහෙසෙනවා, මහන්සි වෙනවා (මහන්සි දැනුණු බව දැක්වීම සඳහා つかれました යන අතීත කාල රූපය යෙදේ)	13
つけ	ない	つけた	ස්විච්ය දානවා, පත්තු කරනවා, දල්වනවා	14

	ක්‍රියා පදයේ ます රූපය		ක්‍රියා පදයේ て රූපය	ශබ්දකෝෂ රූපය
出かけます	でかけ	ます	でかけて	でかける
できます	でき	ます	できて	できる
出ます[おつりが～]	で	ます	でて	でる
出ます[きっさてんを～]	で	ます	でて	でる
出ます[だいがくを～]	で	ます	でて	でる
止めます	とめ	ます	とめて	とめる
寝ます	ね	ます	ねて	ねる
乗り換えます	のりかえ	ます	のりかえて	のりかえる
始めます	はじめ	ます	はじめて	はじめる
負けます	まけ	ます	まけて	まける
見せます	みせ	ます	みせて	みせる
見ます	み	ます	みて	みる
迎えます	むかえ	ます	むかえて	むかえる
やめます[かいしゃを～]	やめ	ます	やめて	やめる
忘れます	わすれ	ます	わすれて	わすれる

ක්‍රියා පදයේ ない රූපය		ක්‍රියා පදයේ た රූපය	අර්ථය	පාඩම
でかけ	ない	でかけた	පිටත් වෙනවා	17
でき	ない	できた	කළ හැකි, කිරීමට පුළුවන්	18
で	ない	でた	එළියට එනවා [ඉතුරු සල්ලි~]	23
で	ない	でた	පිටත් වෙනවා [තේ කඩෙන්~]	14
で	ない	でた	(උපාධියක් ලබා) පිට වෙනවා [විශ්වවිද්‍යාලයෙන් ~]	16
とめ	ない	とめた	නවත්වනවා	14
ね	ない	ねた	නිදා ගන්නවා, නින්දට යනවා	4
のりかえ	ない	のりかえた	(දුම්රියකින් දුම්රියකට) මාරු වෙනවා	16
はじめ	ない	はじめた	පටන් ගන්නවා, ආරම්භ කරනවා	16
まけ	ない	まけた	පරදිනවා	21
みせ	ない	みせた	පෙන්වනවා	14
み	ない	みた	බලනවා	6
むかえ	ない	むかえた	පිළිගන්නවා, හමුවෙන්න යනවා	13
やめ	ない	やめた	ඉල්ලා අස්වෙනවා [සමාගමෙන් ~], නවතිනවා, අත් අරිනවා	21
わすれ	ない	わすれた	අමතක වෙනවා, අමතක කරනවා	17

179

III වන වර්ගයේ ක්‍රියා පද

	ක්‍රියා පදයේ ます රූපය		ක්‍රියා පදයේ て රූපය	ශබ්දකෝෂ රූපය
案内します	あんないし	ます	あんないして	あんないする
運転します	うんてんし	ます	うんてんして	うんてんする
買い物します	かいものし	ます	かいものして	かいものする
来ます	き	ます	きて	くる
結婚します	けっこんし	ます	けっこんして	けっこんする
見学します	けんがくし	ます	けんがくして	けんがくする
研究します	けんきゅうし	ます	けんきゅうして	けんきゅうする
コピーします	コピーし	ます	コピーして	コピーする
散歩します[こうえんを～]	さんぽし	ます	さんぽして	さんぽする
残業します	ざんぎょうし	ます	ざんぎょうして	ざんぎょうする
します	し	ます	して	する
します[ネクタイを～]	し	ます	して	する
修理します	しゅうりし	ます	しゅうりして	しゅうりする
出張します	しゅっちょうし	ます	しゅっちょうして	しゅっちょうする
紹介します	しょうかいし	ます	しょうかいして	しょうかいする
食事します	しょくじし	ます	しょくじして	しょくじする
心配します	しんぱいし	ます	しんぱいして	しんぱいする
説明します	せつめいし	ます	せつめいして	せつめいする
洗濯します	せんたくし	ます	せんたくして	せんたくする
掃除します	そうじし	ます	そうじして	そうじする
連れて 来ます	つれて き	ます	つれて きて	つれて くる
電話します	でんわし	ます	でんわして	でんわする
勉強します	べんきょうし	ます	べんきょうして	べんきょうする
持って 来ます	もって き	ます	もって きて	もって くる
予約します	よやくし	ます	よやくして	よやくする
留学します	りゅうがくし	ます	りゅうがくして	りゅうがくする

ක්‍රියා පදයේ ない රූපය		ක්‍රියා පදයේ た රූපය	අර්ථය	පාඩම
あんないし	ない	あんないした	(යම් ස්ථානයක්) පෙන්වනවා, හඳුන්වා දෙනවා	24
うんてんし	ない	うんてんした	(රියක්) පදවනවා	18
かいものし	ない	かいものした	මිල දී (බඩු) ගන්නවා, සාප්පු සවාරි යනවා	13
こ	ない	きた	එනවා	5
けっこんし	ない	けっこんした	විවාහ වෙනවා	13
けんがくし	ない	けんがくした	(දැනුම ලබා ගැනීම සඳහා) නැරඹීමට යනවා	16
けんきゅうし	ない	けんきゅうした	පර්යේෂණ කරනවා	15
コピーし	ない	コピーした	ඡායා පිටපත් ලබා ගන්නවා	14
さんぽし	ない	さんぽした	ඇවිදින්න යනවා [උද්‍යානයේ ~]	13
ざんぎょうし	ない	ざんぎょうした	අතිකාල වැඩ කරනවා	17
し	ない	した	කරනවා	6
し	ない	した	පළඳිනවා [ටයිපටිය ~]	22
しゅうりし	ない	しゅうりした	අළුත් වැඩියා කරනවා	20
しゅっちょうし	ない	しゅっちょうした	රාජකාරි ගමනක් යනවා	17
しょうかいし	ない	しょうかいした	හඳුන්වනවා	24
しょくじし	ない	しょくじした	කෑම කනවා	13
しんぱいし	ない	しんぱいした	කනස්සල්ලට පත්වෙනවා	17
せつめいし	ない	せつめいした	විස්තර කරනවා	24
せんたくし	ない	せんたくした	රෙදි සෝදනවා	19
そうじし	ない	そうじした	සුද්ද කරනවා, පිරිසිදු කරනවා	19
つれて こ	ない	つれて きた	කැටුව එනවා, කැඳවා ගෙන එනවා	24
でんわし	ない	でんわした	දුරකථන ඇමතුම් දෙනවා	16
べんきょうし	ない	べんきょうした	ඉගෙන ගන්නවා, පාඩම් කරනවා	4
もって こ	ない	もって きた	(යම් දෙයක්) අරන් එනවා	17
よやくし	ない	よやくした	කලින් (ආසනයක්) වෙන් කර ගන්නවා	18
りゅうがくし	ない	りゅうがくした	අධ්‍යාපනය සඳහා විදේශගත වෙනවා	21

監修 කර්තෘ මණ්ඩල අධීක්ෂක
鶴尾能子（Tsuruo Yoshiko） 石沢弘子（Ishizawa Hiroko）

執筆協力 කර්තෘ මණ්ඩලය
田中よね（Tanaka Yone） 澤田幸子（Sawada Sachiko） 重川明美（Shigekawa Akemi）
牧野昭子（Makino Akiko） 御子神慶子（Mikogami Keiko）

シンハラ語翻訳 සිංහල පරිවර්තකයා
加納満（Kanou Mitsuru）

シンハラ語校閲 සිංහල භාෂා සෝදුපත් පරීක්ෂක
ඉන්දු හේරත්（Indu Herath）

本文イラスト නිදර්ශක චිත්‍ර නිර්මාණ ශිල්පී
田辺澄美（Tanabe Kiyomi） 佐藤夏枝（Sato Natsue）

装丁・本文デザイン පිටකවරය නිර්මාණය සහ පිටු සැකසුම් ශිල්පී
山田武（Yamada Takeshi）

写真提供
栃木県、姫路市、広島県

みんなの日本語 初級 I 第2版
翻訳・文法解説 シンハラ語版

2021年3月22日 初版第1刷発行
2024年4月30日 初版第4刷発行

編著者 スリーエーネットワーク
発行者 藤嵜政子
発 行 株式会社スリーエーネットワーク
〒102-0083 東京都千代田区麹町3丁目4番
トラスティ麹町ビル2F
電話 営業 03（5275）2722
編集 03（5275）2725
https://www.3anet.co.jp/
印 刷 萩原印刷株式会社

みんなの日本語シリーズ

みんなの日本語 初級I 第2版

- 本冊（CD付）..................... 2,750円（税込）
- 本冊 ローマ字版（CD付）... 2,750円（税込）
- 翻訳・文法解説 .... 各2,200円（税込）
  英語版／ローマ字版【英語】／中国語版／韓国語版／
  ドイツ語版／スペイン語版／ポルトガル語版／
  ベトナム語版／イタリア語版／フランス語版／
  ロシア語版（新版）／タイ語版／インドネシア語版／
  ビルマ語版／シンハラ語版／ネパール語版
- 教え方の手引き .... 3,080円（税込）
- 初級で読めるトピック25 .... 1,540円（税込）
- 聴解タスク25 .... 2,200円（税込）
- 標準問題集 .... 990円（税込）
- 漢字 英語版 .... 1,980円（税込）
- 漢字 ベトナム語版 .... 1,980円（税込）
- 漢字練習帳 .... 990円（税込）
- 書いて覚える文型練習帳 ... 1,430円（税込）
- 導入・練習イラスト集 ...... 2,420円（税込）
- CD 5枚セット .... 8,800円（税込）
- 会話DVD .... 8,800円（税込）
- 会話DVD　PAL方式 ..... 8,800円（税込）
- 絵教材 CD-ROMブック ... 3,300円（税込）

みんなの日本語 初級II 第2版

- 本冊（CD付）..................... 2,750円（税込）
- 翻訳・文法解説 .... 各2,200円（税込）
  英語版／中国語版／韓国語版／ドイツ語版／
  スペイン語版／ポルトガル語版／ベトナム語版／
  イタリア語版／フランス語版／ロシア語版（新版）／
  タイ語版／インドネシア語版／ビルマ語版／
  ネパール語版
- 教え方の手引き .... 3,080円（税込）

- 初級で読めるトピック25 .... 1,540円（税込）
- 聴解タスク25 .... 2,640円（税込）
- 標準問題集 .... 990円（税込）
- 漢字 英語版 .... 1,980円（税込）
- 漢字 ベトナム語版 .... 1,980円（税込）
- 漢字練習帳 .... 1,320円（税込）
- 書いて覚える文型練習帳 ... 1,430円（税込）
- 導入・練習イラスト集 ...... 2,640円（税込）
- CD 5枚セット .... 8,800円（税込）
- 会話DVD .... 8,800円（税込）
- 会話DVD　PAL方式 ..... 8,800円（税込）
- 絵教材 CD-ROMブック ... 3,300円（税込）

みんなの日本語 初級 第2版

- やさしい作文 .... 1,320円（税込）

みんなの日本語 中級I

- 本冊（CD付）..................... 3,080円（税込）
- 翻訳・文法解説 .... 各1,760円（税込）
  英語版／中国語版／韓国語版／ドイツ語版／
  スペイン語版／ポルトガル語版／フランス語版／
  ベトナム語版
- 教え方の手引き .... 2,750円（税込）
- 標準問題集 .... 990円（税込）
- くり返して覚える単語帳 ...... 990円（税込）

みんなの日本語 中級II

- 本冊（CD付）..................... 3,080円（税込）
- 翻訳・文法解説 .... 各1,980円（税込）
  英語版／中国語版／韓国語版／ドイツ語版／
  スペイン語版／ポルトガル語版／フランス語版／
  ベトナム語版
- 教え方の手引き .... 2,750円（税込）
- 標準問題集 .... 990円（税込）
- くり返して覚える単語帳 ...... 990円（税込）

- 小説 ミラーさん
  ―みんなの日本語初級シリーズ―
- 小説 ミラーさんII
  ―みんなの日本語初級シリーズ―
  .... 各1,100円（税込）

スリーエーネットワーク

ウェブサイトで新刊や日本語セミナーをご案内しております。
https://www.3anet.co.jp/